公路工程CAD
Gonglu Gongcheng CAD

苏建林　张郃生　主编　　王新敏　主审

内 容 提 要

本书是中等职业教育课程改革国家规划新教材配套教材。主要内容包括:公路工程CAD概述、AutoCAD的安装与绘图环境的设置、二维绘图命令及简易平面线条图、二维图形编辑与整理、文字与尺寸的标注、公路工程图的绘制、桥梁工程图的绘制、公路工程图的打印输出、三维图形的绘制、高级应用技巧、二次开发技术,共11个单元。

本书可作为全国中等职业学校、技工学校公路与桥梁及相关专业的教学用书,也可作为行业从业人员培训教材或参考用书。

本书有配套课件,教师可通过加入职教路桥教学研讨群(QQ561416324)获取。

图书在版编目(CIP)数据

公路工程CAD / 苏建林,张邰生主编. —北京:人民交通出版社,2011.8
 ISBN 978-7-114-09053-0

Ⅰ.①公… Ⅱ.①苏… ②张… Ⅲ.①道路工程 – 计算机辅助设计 – AutoCAD 软件 Ⅳ.①U412.6

中国版本图书馆 CIP 数据核字(2011)第 071795 号

中等职业教育课程改革国家规划新教材配套教材

书　　名:	公路工程CAD
著 作 者:	苏建林　张邰生
责任编辑:	袁　方
出版发行:	人民交通出版社
地　　址:	(100011)北京市朝阳区安定门外外馆斜街3号
网　　址:	http://www.ccpress.com.cn
销售电话:	(010)59757973
总 经 销:	人民交通出版社发行部
经　　销:	各地新华书店
印　　刷:	北京虎彩文化传播有限公司
开　　本:	787×1092　1/16
印　　张:	15.75
字　　数:	352千
版　　次:	2011年8月　第1版
印　　次:	2022年2月　第6次印刷
书　　号:	ISBN 978-7-114-09053-0
定　　价:	32.00元

(如有印刷、装订质量问题的图书由本社负责调换)

出版说明

为贯彻《国务院关于大力发展职业教育的决定》(国发〔2005〕35号)文件精神,落实《教育部关于进一步深化中等职业教育教学改革的若干意见》(教职成〔2008〕8号)文关于"加强中等职业教育教材建设,保证教学资源基本质量"的要求,人民交通出版社约请全国部分交通职业院校、交通技工学校资深一线教师,对2003年出版的公路与桥梁专业中等职业教育国家规划教材配套教材进行了修订,新教材共9种:

《土木工程力学基础学习指导》
《土木工程识图(道路桥梁类)》
《土木工程识图习题集(道路桥梁类)》
《公路施工组织与概预算》
《公路工程现场检测技术》
《公路勘测设计》
《公路施工机电基础》
《公路工程CAD》
《工程测量实训指导书》

新教材紧紧围绕中等职业教育的培养目标,遵循职业教育教学规律,从满足经济社会发展对高素质劳动者和技能型人才的需要出发,在课程结构、教学内容、教学方法等方面进行了新的探索与改革创新。新教材编写充分考虑了职业院校学生的认知特点,文字简洁明了,通俗易懂,版式生动活泼,图文并茂。此外,每单元后附有复习题,部分章节附有实例。

人民交通出版社
2011年3月

前　　言

本书为"中等职业教育课程改革国家规划新教材配套教材"，是根据教育部《教育部办公厅关于申报中等职业教育课程改革国家规划新教材选题的通知》（教职成〔2009〕2号）文件精神，并结合新的技术规范编写的，《公路工程CAD》是利用现代计算机辅助设计技术进行公路工程设计出图的一种实用性很强的技术课程。通过学习AutoCAD并在其基础上掌握计算机绘图的技巧，达到从手工简易绘图、修图到应用开发的目标。

AutoCAD是一个传统的强大的计算机绘图软件，主要用来绘制土木建筑和机械工程图。与其他工程图相比，公路工程图具有其鲜明的特点，主要体现在特殊的线型与特殊的构造、图例、标注等方面。本书针对公路工程图的特点，精选了一些典型实例，全面、系统地介绍了如何用AutoCAD绘制、标注、打印工程图等内容。本书具有以下特点：

（1）采用的例图都是典型的公路与桥梁工程图例，并尽可能将命令的讲解融入绘制典型例图的过程中。

（2）结合绘制平面图、立面图、基础图、钢筋构造图等，描述各种公路与桥梁工程图的绘制要点、可能出现的问题以及相应的处理方法。

（3）对AutoCAD的常用命令，均从其格式、功能和操作多方面讲解。

（4）每单元后都有单元小结，是本章内容的总结和延伸，并说明如何运用本章所学命令来解决实际问题。

（5）每单元后附有多种类型的习题，可帮助读者总结所学知识，巩固所学方法和技巧。

全书由河北交通职业技术学院苏建林、张郐生主编。石家庄铁道学院王新敏教授主审。参加本书编写的有：河北交通职业技术学院苏建林（单元1、3、4、5），河北交通职业技术学院赵维普、孙林（单元2、6、7），石家庄市交通局佟阳（单元10），河北交通职业技术学院张郐生（单元7、8、9、11）。

限于编者经历与水平，错误和不当之处恳请读者予以批评指正。

编者

2011年8月3日

目 录

单元 1　公路工程 CAD 概述 …………………………………………………… 1
  1.1　公路工程 CAD 发展概况 ………………………………………………… 2
  1.2　公路工程 CAD 系统环境 ………………………………………………… 4
  单元小结 …………………………………………………………………………… 6
  自我检测 …………………………………………………………………………… 6

单元 2　AutoCAD 的安装与绘图环境的设置 …………………………………… 7
  2.1　AutoCAD 2008 的安装 …………………………………………………… 8
  2.2　AutoCAD 2008 基本操作 ………………………………………………… 9
  2.3　AutoCAD 2008 坐标系 …………………………………………………… 17
  2.4　AutoCAD 2008 绘图设置 ………………………………………………… 19
  单元小结 …………………………………………………………………………… 27
  自我检测 …………………………………………………………………………… 28

单元 3　二维绘图命令及简易平面线条图 ……………………………………… 29
  3.1　点、直线、折线图形的绘制 ……………………………………………… 30
  3.2　曲线图形绘制 …………………………………………………………… 37
  3.3　图案填充 ………………………………………………………………… 40
  3.4　画法几何与图形捕捉应用 ……………………………………………… 45
  单元小结 …………………………………………………………………………… 50
  自我检测 …………………………………………………………………………… 50

单元 4　二维图形编辑与整理 …………………………………………………… 52
  4.1　对象的选取 ……………………………………………………………… 53
  4.2　常用编辑命令 …………………………………………………………… 53
  4.3　高级编辑命令 …………………………………………………………… 63
  单元小结 …………………………………………………………………………… 71
  自我检测 …………………………………………………………………………… 71

单元 5　文字与尺寸的标注 ……………………………………………………… 74
  5.1　文字的标注 ……………………………………………………………… 75
  5.2　尺寸标注的样式 ………………………………………………………… 86
  5.3　尺寸标注的方法 ………………………………………………………… 93
  5.4　尺寸标注的修改 ………………………………………………………… 99

单元小结 · 102
自我检测 · 102

单元 6 公路工程图的绘制 · 104
6.1 公路工程制图规格 · 105
6.2 道路路线图 · 110
6.3 路基路面工程图 · 122
6.4 路线平面交叉图 · 127
单元小结 · 132
自我检测 · 133

单元 7 桥梁工程图的绘制 · 135
7.1 大中桥布置图 · 136
7.2 桥梁构件图 · 156
7.3 小桥及涵洞 · 166
单元小结 · 170
自我检测 · 172

单元 8 公路工程图的打印输出 · 173
8.1 绘图仪或打印机的设置 · 174
8.2 图形的输出操作 · 176
8.3 利用布局打印 · 183
单元小结 · 187
自我检测 · 188

单元 9 三维图形的绘制 · 189
9.1 用户坐标系 · 190
9.2 三维图形的设置与轴测图观察 · 192
9.3 三维实体绘制及其在道路建模中的应用 · 196
9.4 三维图形的布尔运算及其在桥梁建模中的应用 · 203
9.5 三维图形的透视观察 · 210
单元小结 · 211
自我检测 · 212

单元 10 高级应用技巧 · 213
10.1 高级图形查询 · 214
10.2 Excel、Word 与 AutoCAD 在公路工程中的组合应用 · 216
10.3 图块的应用 · 222
10.4 样板图的应用 · 226
单元小结 · 228
自我检测 · 228

单元 11　二次开发技术 ·· 229
　11.1　各种二次开发方法的使用 ·· 230
　11.2　路线设计图程序开发 ·· 236
　11.3　小桥涵设计图程序开发 ·· 241
　　单元小结 ··· 242
　　自我检测 ··· 243
参考文献 ··· 244

单元 1

公路工程 CAD 概述

 学习目标

1. 了解 CAD 的发展过程。
2. 熟悉公路工程 CAD 的发展过程。
3. 熟悉公路工程 CAD 使用的软硬件环境。
4. 熟悉公路工程 CAD 的特点。
5. 了解公路工程 CAD 的学习方法。

 工作任务

1. 公路工程 CAD 的发展和应用。
2. 公路工程 CAD 使用的软硬件环境。
3. 公路工程 CAD 的学习方法。

 学习指南

　　了解公路工程 CAD 的产生、发展和应用,熟悉公路工程 CAD 的环境,熟练掌握公路工程 CAD 这门技术,把所学的 CAD 知识与专业知识紧密结合起来,更好地为专业服务。

1.1 公路工程 CAD 发展概况

CAD 是 Computer Aided Design 的简称,含义是计算机辅助设计。公路工程 CAD 是公路工程计算机辅助设计的简称,公路工程计算机辅助设计涉及公路路线、路基工程、路面工程、桥涵工程、交通设施等的设计,是一个与多学科联系的综合学科。

一 计算机辅助设计的发展

自 1963 年 MIT(麻省理工学院)的一位研究生首次提出 CAD 的概念至今,各国的科研、设计部门投入了大量的人力、财力进行开发,伴随着计算机及其外围设备的飞速发展,CAD 技术也逐渐成熟和完善,成为一门实用的技术,在工程设计领域得到广泛地应用。

20 世纪 60 年代,由于电子计算机还不具备实用的图形处理功能,计算机在公路设计中的应用,局限于解决单纯的计算问题,很多国家首先将其用于大量重复的计算工作,如平面和纵面几何线形的计算,横断面设计和土石方工程量的计算,以及输出设计数据表等。

20 世纪 70 年代开始,计算机绘图功能的开发,图形软件的逐步完善,以及办公系统的开发,使得工程设计中大量设计图纸的绘制与设计文件的编制工作逐步由计算机完成。

到了 20 世纪 80 年代,公路工程 CAD 系统的发展更加成熟,并逐步走向系统化、集成化、商品化。很多国家已建立了由航测设备、计算机(包括计算机主机、绘图机、数字化仪等硬件)和专用公路设计软件包形成的集成系统,并作为商品软件推向市场,在公路工程设计中发挥了极大的效用。

进入 20 世纪 90 年代以来,随着计算机内存及速度的大幅度提高,各种界面友好、功能强大、资源丰富的操作系统,具有高交互性能的真三维图形支撑系统及面向对象的语言编译系统的相继推出,伴随着多媒体技术、网络技术、可视化技术的发展,公路工程 CAD 系统将以更新、更先进的面貌出现。在数据采集方面,GPS、数字摄影测量、遥感地质判释等新技术、新设备、新理论在公路设计中的应用,使传统的公路测量手段带来巨大的变革,有望实现公路设计所必需的原始地形数据采集工作的自动化,公路设计也将逐步由计算机辅助设计向公路的自动化设计过渡。

目前,CAD 技术在公路测设中的应用,使得传统的公路设计手段、设计方法产生了重大变革,极大地促进了公路交通行业的技术进步和公路学科水平的提高。CAD技术已成为公路设计中必不可少的重要手段,成为公路测设现代化的主要标志之一。

二 国内公路工程CAD的发展

我国公路工程CAD的研究始于20世纪70年代后期,虽然起步较晚,但发展迅速。

自1979年起,同济大学、长安大学、重庆交通学院与重庆公路研究所、交通部第二公路勘察设计院等单位先后对公路的纵断面优化技术、平面及空间线形优化技术等进行了研究,开发了各自的优化设计程序。

20世纪80年代以来,随着我国公路建设的高速发展,大大促进了我国公路工程CAD系统的开发与应用,许多院校、交通设计院相继开发了公路路线微机辅助设计系统、公路中小桥CAD系统、涵洞CAD系统、立交CAD系统等公路设计软件,有不少CAD成果已不同程度地在实际工程设计中得到应用,并在使用和推广过程中不断完善。

从1989年开始,由交通部组织实施的国家"七五"重点科技攻关项目"高等级公路路线综合优化和计算机辅助设计系统"(简称路线CAD系统HICAD)和"高等级公路桥梁计算机辅助设计系统"(简称桥梁CAD系统JT—HBCADS)的开发成功与推广应用,为我国公路行业大规模使用CAD技术作出了重大的贡献。

目前国内有代表性的公路及桥梁软件有:

(1)路线软件:路线大师、互动式道路及立交CAD系统、纬地、海德、海特、海地等,其中路线大师的数字地面模型功能较好,纬地以易于使用见长,互动式道路及立交CAD系统进行互通立交设计见长;以上路线软件多数能为桥梁涵洞的布置图提供必要的数据。

(2)桥涵设计软件:桥梁大师、海地、桥梁通、桥梁博士(力学计算专用)、PCV(涵洞专用)。各有所长,能帮助设计者完成大部分设计工作,在自动化程度方面还有待进一步发展。

(3)路基稳定性及挡土墙设计软件:同济大学的"启明星"软件等。

(4)路面软件:PADS(哈尔滨工业大学)、HPDS(东南大学)等。

三 公路工程CAD的发展趋势

公路工程CAD的发展趋势是向着更广和更深的方向发展,当前计算机技术及相应支撑软件系统的发展日新月异,大大促进了CAD技术的发展。其发展的热点首推CAD系统的可视化、集成化、智能化与网络化技术。

(1)开发三维仿真、易于多方案比选的山区高等级公路设计系统;开发由高速公路安全、监控、通信、计费等子系统组成的交通工程CAD系统;开发高速公路路网和路段的交通流量宏观仿真、交通事故预测、效益评估模型等CAD技术;开发长大隧道和大跨径桥梁设计的CAD系统;开发公路选线专家系统以及覆盖前期工作的规划方法、可行性研究、经济效益分析、评价决策等方面的 CAD 技术;开发交通运输地理信息专家系统;开发在工程项目管理、路桥养护管理、档案管理和办公自动化等方面的 CAD 技术。

(2)采用集成技术、信息技术、网络技术、可视化技术、人工智能技术、多媒体技术等最新成果,提高公路工程 CAD 系统的软件设计水平,促进公路工程 CAD 技术在高交互、集成化、三维造型/动画、智能化以及商品化方面的发展和完善,支持从方案设计、优化设计、初步设计到施工图设计的全过程,提高我国公路行业的设计水平和测设能力。

1.2 公路工程 CAD 系统环境

一 公路工程 CAD 的特点

作为一个完整的计算机辅助设计系统,公路工程 CAD 的主要内容包括:设计方案的构思和形成,方案的比较和选择,工程的计算与优化;设计图表的绘制与设计文件的输出等一系列工作。公路工程 CAD 系统工作流程如图 1-1 所示。

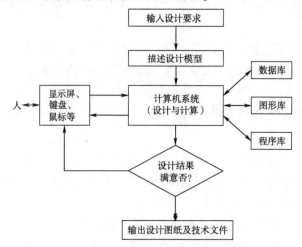

图 1-1 公路工程 CAD 系统工作流程示意图

一个完备的公路工程 CAD 系统,除硬件外,还必须具备:

（1）工程数据库，用来存储与管理设计有关的所有信息，如设计标准与规范、标准设计图集、地形地质等原始数据，设计原始数据，设计过程中生成的中间数据及成果数据等，对工程设计的全过程进行支持。

（2）具有良好界面的高交互性能的图形支撑系统，能对设计过程中二维及三维图形的信息进行处理，并能在此基础上建立工程设计所需的基本图形库，快速产生设计图纸，并提供方便灵活、功能强大的图形交互设计、修改的功能。

（3）具有设计所需的工程设计、分析与绘图等各种应用程序，用以进行工程的计算、分析，生成设计图、表，完成工程设计。

在公路设计中采用 CAD 技术，具有以下明显的特点：

（1）提高设计工作效率，缩短设计周期。

（2）提高设计质量，在数据库、程序库、图形系统支撑下，有利于继承原有的设计经验、设计成果，计算机的高速、准确与人工交互设计相结合，可以方便地进行设计方案的比选，得到优化的设计结果，从而节省工程投资，提高工程设计质量。

（3）使设计人员从繁琐重复性的设计工作中解放出来，以便将其主要精力投入到创造性的设计工作中。

（4）有利于设计工作的规范化及设计成果的标准化。

二 公路工程 CAD 对计算机软件的要求

目前的通用计算机辅助设计图形平台较多，但常用的软件都是以 AutoCAD 为支撑平台。AutoCAD 软件是由 Autodesk 公司出版的著名图形设计软件，有很强的二维和三维图形设计能力，是目前微机用户最广泛的通用图形平台，绝大多数公路工程 CAD 软件都是以此作为开发平台的。AutoCAD 从 1983 年开始出版以来，已经由最早的 1.0 版本发展到今天的 2011 版本。AutoCAD 12.0 的 Windows 版本是一个从 DOS 到 Windows 的阶段性版本，AutoCAD R14 是一个里程碑式的产品，从这个版本开始二次开发工具已经十分全面，汉字录入变得轻松自然；AutoCAD 的最新版本为 AutoCAD 2012。

目前的主流操作系统 Windows XP、Windows 2003、Windows Vista 等均可以运行 AutoCAD 2008。建议在 Windows XP 专业版下使用 AutoCAD 2008。

三 公路工程 CAD 对计算机硬件的要求

目前的主流微型计算机均能满足运行 AutoCAD 2008 的基本要求。考虑到公路 CAD 软件处理 DTM（数字地面模型）对计算机内存、CPU、显示系统的要求，建议采用如下较高配置：

（1）CPU，选择 P4 2.4GHz 或 AMD Athon 64×3000+ 以上主频的 CPU。

（2）内存，DDR400 双通道内存 512MB 以上，有条件时可以选择 1GB 以上。

（3）硬盘，80GB 以上容量，有条件时可以选择串口硬盘或者 SCSI 接口硬盘。

(4)显示器,17英寸以上均可,有条件时选择带宽在200MB以上的产品。

(5)显卡,选择主流128MB的显卡即可,有复杂三维建模要求时可以选择专业图形卡。

(6)光驱,选择主流光驱即可,有条件时选择DVD刻录机,满足大容量图形的备份工作。

(7)键盘、鼠标采用主流设备即可,有条件时可以采用高解析度光电鼠标以提高工作效率。

(8)A3幅激光打印机,经常绘制大型图纸时,还需配置绘图仪。

(9)数字化仪、Modem、网卡等。

图1-2是典型的公路工程CAD系统的硬件组成。

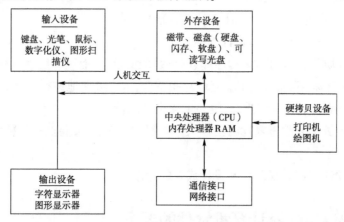

图1-2 公路工程CAD系统的硬件组成

单元小结

本单元是让大家对公路工程CAD这门课程有个简单的了解,主要介绍公路工程CAD的发展与应用,公路工程CAD所需的软件、硬件环境,并对公路工程CAD发展有一个初步的认识,以便能达到熟练应用。

自我检测

1. 公路工程CAD应用的软件平台是什么?并简单说明。
2. 简述公路工程CAD系统工作流程。
3. 公路工程CAD在公路建设中有哪些应用?

单元 2

AutoCAD 的安装与绘图环境的设置

 学习目标

1. 掌握 AutoCAD 2008 的安装方法。
2. 掌握 AutoCAD 2008 的基本操作技巧。
3. 掌握 AutoCAD 2008 的直角坐标和极坐标的概念。
4. 掌握 AutoCAD 2008 绘图设置方法。

 工作任务

1. AutoCAD 2008 的安装。
2. 坐标点输入法。
3. AutoCAD 2008 绘图界面的设置。

 学习指南

根据提示完成 AutoCAD 的安装;启动 AutoCAD,熟悉操作环境,练习坐标点的输入方法;初步设置适合于自己的绘图环境。

2.1 AutoCAD 2008 的安装

AutoCAD 2008 的安装与运行需要一定的计算机软、硬件环境。

一、AutoCAD 2008 对系统的要求

AutoCAD 2008 对用户的计算机系统的基本要求如下:

① 操作系统

推荐采用以下操作系统之一:Windows XP Professional Service Pack 2;Windows XP Home Service Pack 2;Windows Vista。

② Web 浏览器

Web 浏览器应采用 Microsoft Internet Explorer 7.0 Service Pack 1(或更高版本)。

③ 处理器

Pentium Ⅳ以上。

④ 内存(RAM)

512MB 或以上。

⑤ 显示器

1024×768VGA 真彩色(最低要求)。
目前常用的计算机均远高于上述的配置,均能满足使用要求。

二、安装 AutoCAD 2008

AutoCAD 2008 的安装非常方便。将 AutoCAD 2008 光盘插入光驱后,双击光盘上的安装

程序 setup.exe,系统将弹出图 2-1 所示的界面。在此界面中,有"安装产品"、"创建展开"、"安装工具和实用程序"三个选项卡。此时如果单击"安装产品"项,即可启动 AutoCAD 2008 安装向导,开始 AutoCAD 2008 的安装。安装过程中,用户应根据安装向导对各种提示信息给予响应。步骤如下:

(1)在"欢迎使用 AutoCAD 2008 安装向导"界面中,单击"下一步"。

(2)在"选择要安装的产品"界面中,选择要安装的产品。

(3)在"接受许可协议"界面中,查看所适用国家/地区的"Autodesk 软件许可协议",选择"我接受",然后单击"下一步"。

图 2-1　AutoCAD 2008 安装向导初始界面

(4)在"个性化产品"界面中,输入用户信息(在此输入的信息是永久性的,要确保在此输入正确信息,因为过后将无法对其进行更改,除非删除安装产品),然后单击"下一步"。

(5)在"查看-配置-安装"界面中,对选择的产品进行配置,然后单击"安装"。

(6)开始安装相关组件和选择的产品,其中显示了安装进度。安装完成后,将显示"安装完成"界面。在此界面中,单击"完成"。

安装完成后,如有重新启动计算机的提示,则要重新启动计算机后再运行 AutoCAD 程序。然后注册产品后,就可以使用了。

2.2　AutoCAD 2008 基本操作

本节将介绍 AutoCAD 2008 系统的启动与退出、文件操作以及图形的查看方法等。

一、AutoCAD 2008 的启动

在默认情况下,安装完 AutoCAD 2008 后将自动在桌面上生成一个快捷方式图标,在

"开始"菜单中也有对应的子菜单。执行下面三个操作之一就可以启动 AutoCAD 2008。

(1)双击桌面图标。

(2)单击"开始"\"程序"\"Autodesk"\"AutoCAD 2008"\"ACAD"选项。

(3)找到 AutoCAD 2008 的可执行文件 ACAD. EXE,直接双击。

启动后的初始界面如图 2-2 所示。

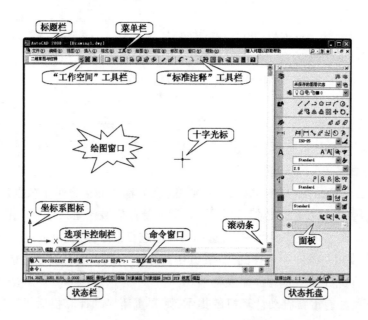

图 2-2　AutoCAD 2008 工作界面

二　AutoCAD 2008 的界面

AutoCAD 2008 的工作界面主要由:标题栏、菜单栏、各种工具栏、面板、绘图窗口、十字光标、坐标系图标、滚动条、选项卡控制栏、命令窗口、状态栏和状态托盘等组成。

① 标题栏

标题栏位于工作界面的最上方,和一般的软件标题栏相似,其左端显示软件的图标、名称、版本级别以及当前图形的文件名称,右端 ▭◻✕ 按钮,可以用来最小化、最大化或者关闭 AutoCAD 2008 的工作界面。

② 菜单栏

菜单栏位于标题栏的下方,包括"文件"、"编辑"、"视图"、"插入"、"格式"、"工具"、"绘图"、"标注"、"修改"、"窗口"和"帮助"等 11 个主菜单项。单击任一主菜单项,屏幕将弹出其下拉菜单。利用下拉菜单可以执行 AutoCAD 2008 的绝大部分命令。

③ 工具栏和面板

工具栏和面板是 AutoCAD 2008 输入命令的另一种方式,单击其上的命令按钮,即可执行相应的命令。当光标移动到工具栏图标上停留片刻,图标旁边将出现相应的命令提示,同时在状态栏中显示该命令的功能介绍。

AutoCAD 2008 提供了众多的工具栏,默认状态下,其工作界面只显示了"工作空间"、"标准注释"两个工具栏。用户可以根据需要调用其他工具栏,在工具栏任何区域单击右键,在弹出的快捷菜单中可以选择要打开的工具栏,如图 2-3 所示。

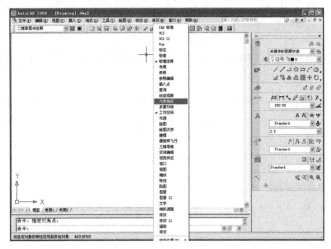

图 2-3　打开工具栏

另外,用户还可以用鼠标拖动工具栏至合适的位置。

④ 绘图窗口、十字光标、坐标系图标、滚动条

绘图窗口是用户利用 AutoCAD 2008 绘制图形的区域,类似于手工绘图时的图纸。

绘图窗口内有一十字光标,随鼠标的移动而移动,其位置不同,形状亦不相同,以反映不同的操作。它主要用于执行绘图、选择对象等操作。

绘图窗口的左下角是坐标系图标,它主要用来显示当前使用的坐标系及坐标的方向。用户可以将该图标关掉,即不显示它。

滚动条位于绘图窗口的右侧和底边,单击并拖动滚动条,可以使图样沿水平或竖直方向移动。

⑤ 选项卡控制栏

通过单击选项卡控制栏中的选项卡标签或按钮,可以方便地实现模型空间与布局之间的切换。

⑥ 命令窗口

命令窗口位于绘图窗口的下方,主要用来接受用户输入的命令和显示 AutoCAD 2008 系

统的提示信息。默认情况下,命令窗口只显示最后两行所执行的命令或提示信息。若想查看以前输入的命令或提示信息,可以单击命令窗口的上边缘并向上拖动,或在键盘上按下<F2>快捷键,屏幕上将弹出"AutoCAD 文本窗口"对话框。

命令窗口中位于最下面的行称为命令行。执行某一命令的过程中,AutoCAD 2008 要在此行给出提示信息,以提示用户当前应进行的响应。当命令行上只有"命令:"提示时,可通过键盘输入新的 AutoCAD 2008 命令(但在执行某一命令的过程中,单击菜单项或工具栏按钮可中断当前命令的执行,以执行对应的新命令)。

⑦ 状态栏和状态托盘

状态栏位于 AutoCAD 2008 工作界面的最下边,它主要用来显示当前的绘图状态,如当前十字光标的位置(坐标),绘图时是否打开了正交、栅格捕捉、栅格显示等功能以及当前的绘图空间等。

状态托盘位于界面的右上角和右下角,其中关于对注释性对象的设置为 AutoCAD 新增的一项功能。通信中心、工具栏/窗口位置锁定、全屏显示、收藏夹等信息图标也在其中显示。

三 文件操作

文件操作包括新建文件、打开文件、保存文件等。

① 新建文件

(1)选择下拉菜单"文件"\"新建"或者直接单击"标准注释"工具栏上的 图标按钮,屏幕上将弹出"选择样板"对话框,如图 2-4 所示。

图 2-4 "选择样板"对话框

(2)在"选择样板"对话框中,可执行下列操作之一:

①单击"打开"按钮,就会新建一个图形文件,文件名将显示在标题栏上。

②单击"打开"按钮右侧的小三角形符号,将弹出一个选项面板,如图 2-5 所示。各选项含义如下:

a. 选择"无样板打开-英制"选项,将新建一个英制的无样板打开的绘图文件。

b. 选择"无样板打开-公制"选项,将新建一个公制的无样板打开的绘图文件。

c. 选择"打开"选项,将新建一个有样板打开的绘图文件。

② 打开文件

通过下拉菜单选择"文件"\"打开",或者直接单击"标准注释"工具栏上的 按钮,即打开如图 2-6 所示的"选择文件"对话框。选择需要打开的图形文件,单击"打开"按钮即可。

图 2-5 "打开"选项面板

图 2-6 "选择文件"对话框

注意:AutoCAD 2008 支持多图档操作,即同时打开多个图形文件。

③ 保存文件

通过下拉菜单选择"文件"\"保存"或单击"标准"工具栏上的 按钮,也可以使用快捷键 <Ctrl> + <S> 保存图形。如果是第一次存储该图形文件,则弹出如图 2-7 所示的"图形另存为"对话框,用户可以将文件命名并保存到想要保存的地方。如果文件已经命名,则

图 2-7 "图形另存为"对话框

直接以原文件名保存。如果要重新命名保存图形,则要选择"文件"\"另存为"选项。
　　单击该对话框右上角的"工具"\"安全选项"按钮,系统将弹出"安全选项"对话框,如图 2-8 所示。在此,用户可以为自己的图形文件加密保护。

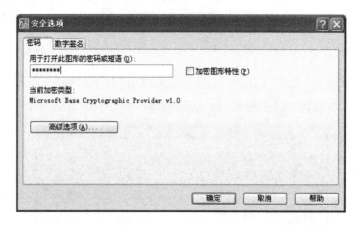

图 2-8　"安全选项"对话框

四 退出 AutoCAD 2008

用户可以通过下列之一操作即可退出 AutoCAD 2008。
(1)下拉菜单选择"文件"\"退出"。
(2)单击标题栏上的 ⊠ 按钮。
(3)在命令行输入"QUIT"或"EXIT"。
退出之前如果未存盘,系统会询问用户是否将修改保存。

五 AutoCAD 2008 命令输入方法

1 命令输入设备

　　AutoCAD 2008 支持的输入设备主要有键盘、鼠标和数字化仪等。其中键盘和鼠标最常用。
　　键盘主要用于命令行输入。尤其是在输入选项或数据时,一般只有通过键盘输入。在输入命令、选项和数据时,字母的大小写是等效的。输入命令、选项或数据后,必须按 <Enter> 键,才能执行。
　　鼠标主要用于控制光标的移动。在菜单输入和工具栏输入时,只需用鼠标点击即可执行 AutoCAD 2008 命令。鼠标的左键主要用于击取菜单、点击按钮、选择对象和定位点等,使用频率最高。单击鼠标右键可以弹出相应的快捷菜单或相当于按 <Enter> 键。

❷ 命令输入方法

AutoCAD 2008 的命令主要有三种基本的输入方法:命令按钮法、下拉菜单法和键盘键入命令法。

(1)命令按钮法:即通过点击工具栏或面板上的图标按钮执行相应的命令。这种命令输入方法方便、快捷,但需要将待用的工具栏调出。例如,单击"绘图"工具栏上的 ╱ 即可执行画线命令。

(2)下拉菜单法:下拉菜单包括了 AutoCAD 2008 的绝大部分命令,执行方法和其他 Windows 应用软件相同。

(3)键盘键入命令法:在用户界面下面的命令输入区可以输入需要的指令来完成指定的任务。当命令窗口出现"命令:"提示时,用键盘输入命令并按 <Enter> 键即可执行命令。AutoCAD 2008 的命令一般采用相应的英语单词表示,以便用户记忆,如 LINE 表示画线,CIRCLE 表示画圆等。另外,为了提高命令的输入速度,AutoCAD 2008 给一些命令规定了别名,如 LINE 命令的别名为 L,CIRCLE 命令的别名为 C 等,输入别名相当于输入命令的全称。键入命令法是最一般的方法,AutoCAD 2008 的所有命令都可通过该方法执行。

除了以上三种基本方法外,对于重新执行上一完成的命令,可以键入 <Enter> 键,即可执行上一命令。也可以利用 <F1> ~ <F12> 功能键来设置某些状态。<Esc> 键可以帮助用户尽快脱离错误操作状态。

在 AutoCAD 2008 的诸多命令中,有些命令可以在其他命令的执行过程中插入执行,这样的命令称为透明命令。例如 HELP、ZOOM、PAN、LIMITS 等都是透明命令。透明命令用键盘输入时要在命令名前键入一个单引号,如"'ZOOM"。透明命令也可以通过下拉菜单或工具栏按钮执行,这时不必键入另外的符号。

注意:本书中主要以键盘键入命令的方法介绍 AutoCAD 2008 在公路工程领域常用的一些绘图命令。

六 图形查看

在查看或绘制尺寸较大的图形或局部复杂的图形时,在屏幕窗口中可能看不到或看不清局部细节,从而使很多操作不便。图形显示缩放功能可以解决这个问题。

❶ 缩放命令

ZOOM(缩放)命令使用户可以放大或缩小图形,就如同照相机的变焦镜头一样。它能将"镜头"对准图形的任何部分放大或缩小观察对象的视觉尺寸,而保持其实际尺寸不变。ZOOM 命令大多数情况下可透明执行。ZOOM 命令在命令窗口的执行过程如下:

命令:ZOOM ↙(或 Z ↙,符号"↙"在书中代表按 <Enter> 键)

指定窗口的角点,输入比例因子（nX 或 nXP）,或者
[全部(A)/中心(C)/动态(D)/范围(E)/上一个(P)/比例(S)/窗口(W)/对象(O)]
<实时>：

各选项含义如下：

①若直接在屏幕上点取窗口的两个对角点,则点取的窗口内的图形将被放大到全屏幕显示。

②若直接输入一数值,系统将以此数值为比例因子,按图形实际尺寸大小进行缩放;若在数值后加上"X",系统将根据当前视图进行缩放;若在数值后加上"XP",系统将根据当前的图纸空间进行缩放。

③若直接按 <Enter> 键,系统将进入实时缩放状态。按住鼠标左键向上移动光标,图形随之放大;向下移动光标,图形随之缩小。按 <Enter> 键或 <Esc> 键,将退出实时缩放。直接单击"标准"工具栏上的 按钮,具有同样的功能。

其他选项：

A——表示在当前视口缩放显示整个图形。

C——表示缩放显示由中心点和缩放比例（或高度）所定义的窗口。高度值较小时放大图形,较大时缩小图形。

D——表示动态调整视图框的大小和位置,将其中的图形平移或缩放,以充满当前视窗。

E——表示将整个图形尽可能地放大到全屏幕显示。

P——表示恢复显示前一个视图。AutoCAD 2008 中文版最多可以恢复此前的 10 个视图。直接单击"标准"工具栏上的 按钮,也可以完成同样的功能。

S——表示以指定的比例因子缩放显示。

W——表示用窗口缩放显示,将由两个对角点定义的矩形窗口内的图形放大到全屏幕显示。

O——缩放以便尽可能大地显示一个或多个选定的对象并使其位于绘图区域的中心。可以在启动 ZOOM 命令前后选择对象。

❷ 平移视图

PAN 命令用于平移视图,以便观察图形的不同部分。PAN 为透明命令。平移视图在命令窗口的执行如下：

命令:PAN↙

执行命令后,光标变成手形,按住鼠标左键移动光标,图形随之移动。

❸ 重画

重画命令用于刷新屏幕显示,以消除屏幕上由于编辑而产生的杂乱信息。重画命令在命令窗口的执行如下：

命令:REDRAWALL↙

重画只刷新屏幕显示,这与数据的重生成不同。

④ 重生成

重生成命令也可以刷新屏幕,但它所用的时间要比重画命令长。因为重生成命令除了刷新屏幕外,还要对数据库操作,使图形显示更加精确。通常情况下,如果用重画命令刷新屏幕后仍不能正确地反映图形,此时应该调用重生成命令。重生成命令在命令窗口的执行如下:

命令:REGEN↙

2.3 AutoCAD 2008 坐标系

与其他图形设计软件相比,AutoCAD 最大的特点在于它提供了精确绘制图形的功能,用户可以按照非常高的精度标准,准确地设计并绘制图形。其独特的坐标系统是准确绘图的重要基础。

一 世界坐标系

世界坐标系(World Coordinate System),又叫通用坐标系,简称 WCS。WCS 是一种笛卡尔坐标系,其原点位于绘图窗口的左下角,X 轴正方向为水平向右,Y 轴正方向为垂直向上,Z 轴正方向为垂直屏幕向外。

二 用户坐标系

有时为了绘图方便,我们要修改坐标系的原点位置和 X、Y 轴的方向,这种适合于用户需要的坐标系叫用户坐标系(User Coordinate System),简称 UCS。

要设置 UCS,可选择"工具"菜单下的"命名 UCS"和"新建 UCS"命令选项,或者在命令行执行 UCS 命令。

三 坐标

在 AutoCAD 2008 中,坐标的表示方法有两种:直角坐标(即笛卡尔坐标)和极坐标。

直角坐标有 X、Y、Z 三个坐标值(一般平面制图只用到 X、Y 的值),分别表示与坐标原点或前一点的相对距离和方向。极坐标用距离和角度表示,表示一点相对于原点或其前一点的距离和角度。其中,相对于原点的坐标值称为绝对坐标值,相对于前一个输入点的坐标值称为相对坐标值。所以,在 AutoCAD 2008 中,点的坐标形式有绝对直角坐标、绝对极坐标、相对直角坐标和相对极坐标四种。

四 点的输入方法

在 AutoCAD 2008 中,点的输入方式有两种:通过键盘输入点的坐标和在绘图窗口中用光标定点。

1 直接键入点的坐标

(1)绝对直角坐标:指定点的 X、Y 坐标确定点的位置,输入格式为"X,Y"。例如图 2-9 中的 A 点,在执行命令过程中需要输入该点坐标时,直接从键盘键入:

60,55 ↙ (符号"↙"在本书中代表按回车键)

注意:坐标输入时的逗号必须用西文逗号。

(2)绝对极坐标:指定相对于坐标原点的距离和角度,输入格式为"距离<角度"。其中,角度是从指定点到坐标原点的连线与 X 轴正向间的夹角。例如图 2-10 中的 A 点,在执行命令过程中需要输入该点坐标时,直接从键盘在命令窗口键入:

80<40 ↙

(3)相对直角坐标:指定相对于上一输入点的 X 和 Y 方向的距离(有正负之分)确定点的位置,输入格式为"@X,Y"。例:如图 2-11 所示,假设画线段 AB 时,A 点作为第一点,当需要输入 B 点时,直接在命令窗口键入:

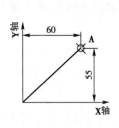
图 2-9　绝对直角坐标

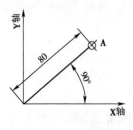
图 2-10　绝对极坐标

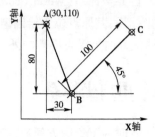
图 2-11　相对直角坐标

@30,-80 ↙

提示:此时用户可假设将坐标系原点移至 A 点来定义 B 点的坐标。

(4)相对极坐标:指定相对于前一输入点的距离和角度,输入格式为"@距离<角度",其中,角度是从指定点到前一输入点的连线与 X 轴正向间的夹角。例如图 2-11 中,假设画线段 BC 时,以 B 点作为第一输入点,C 点相对于 B 点的相对极坐标在命令窗口输入形式为:

@100<45 ↙

② 用光标定点

通过移动鼠标控制光标,当光标到达指定的位置后,单击鼠标左键即可。但是仅仅使用光标定位往往不够精确,可借助绘图辅助工具帮助定位,从而保证绘图精度。关于绘图辅助工具的使用将在后续单元再作介绍。

2.4 AutoCAD 2008 绘图设置

通常,启动新图后首先要设置适合所画图形的绘图环境,例如图形单位、图形界限、图层、颜色、线型、绘图辅助工具等。完整的绘图环境设置是获得精确绘图结果的基础。

一 设置图形单位

单位定义了对象是如何计量的,不同的行业通常所用的表示单位不同,因此用户应使用与自己建立的图形相适合的单位类型。选择下拉菜单"格式"\"单位"选项,即可打开"图形单位"对话框,如图 2-12 所示。在对话框的左边"长度"栏中选择所需要的长度单位类型和精度,在右边"角度"栏中设置角度单位类型和精度。

"图形单位"对话框中:

①"顺时针"选项用于设定角度的正方向,默认设置是逆时针为正,若需改变,则选中此项。

图 2-12 "图形单位"对话框

②"方向"按钮用于设置基准角度的方向,系统默认为0°(向东)方向为起点。
注意:以上两项在本书讲解中均取默认值。

二 设置图形界限

图形界限定义了一个虚拟的、不可见的绘图边界。选择下拉菜单"格式"\"图形界限"选项运行 LIMITS 命令即可设置图形界限。LIMITS 命令在命令窗口的执行过程如下:

命令:LIMITS

重新设置模型空间界限:

指定左下角点或 [开(ON)/关(OFF)] <0.0000,0.0000>:↙

(指定一点或输入选项,"< >"符号内的数值为默认值,直接按<Enter>键即使用默认值)

指定右上角点 <420.0000,297.0000>:3000,2500↙　　　　　　(指定另一点)

通过指定左下角点和右上角点来设置图形界限。各选项含义如下。

①选项 ON 表示打开界限检查,当打开界限检查时,AutoCAD 将会拒绝输入图形界限外部的点。

②选项 OFF 表示关闭界限检查,关闭后,对于超出界限的点依然可以画出。

提示 1:在 AutoCAD 2008 中,图形界限的设置不受限制,因此,所绘制的图形大小也不受限制,完全可以按1:1的比例来作图,省去了比例变换。可以等图形绘制好后,再按一定的比例输出图形。

提示 2:在绘图实践中,通常,左下角点用默认值(0,0),图形界限的大小应设置得略大于图形的绝对尺寸。例如,要绘制一个总体尺寸为2000个绘图单位的工程图时,可设置左下角为(0,0),右上角为(3000,2500)定义图形界限。

注意:在设定图形界限后,绘图区域的大小并没有即时改变,应用 ZOOM 命令调整显示范围。执行 ZOOM 命令并选择"ALL"选项可以将 LIMITS 设定的区域全部置于屏幕可视范围内。

三 图层的使用

图层可以理解为一种没有厚度的透明胶片。在绘制复杂图形时,通常把不同的内容分开布置在不同的图层上,而完整的图形则是各图层的叠加。

AutoCAD 2008 对图层的数量没有限制,原则上在一幅图中可以创建任意多个层。每个层上所能容纳的图形实体个数也没有限制,用户可以在一个层上绘制任意多对象。各层的图形既彼此独立,又相互联系。用户既可以对整幅图形进行整体处理,又可以对某一层上的图形进行单独操作。每一图层可以有自己不同的线型、颜色和状态,对某一类对象进行操作时,可以关闭、冻结或锁住一些不相关的内容,从而使图面清晰,操作方便。同时,各个图层具有相同的坐标系、相同的绘图界限和缩放比例,各图层间是严格对齐的。

每一图层都有一个层名。0 层是 AutoCAD 2008 自己定义的,系统启动后自动进入的就是 0 层。其余的图层要由用户根据需要自己创建,层名也是用户自己给定。用户不能修改 0 层的层名,也不能删除该层,但可以重新设置它的其他属性。图层的默认颜色为白色,默认线型为实线。

正在使用的图层称为当前层,用户只能在当前层上绘图。用户可以将已建立的任意层设置为当前层,但当前层只能有一个。

图层可以根据需要被设置为打开或关闭。只有打开的图层才能被显示和输出。关闭的图层虽然仍是图形的一部分,但不能显示和输出。

图层可以被冻结或解冻。冻结了的图层除了不能被显示、编辑和输出外,也不能参加重新生成运算。在复杂图形中冻结不需要的层,可以大大加快系统重新生成图形的速度。

图层可以被锁定或解锁。锁定了的图层仍然可见,但不能对其上的实体进行编辑。给图层加锁可以保证该层上的实体不被选中和修改。

图层可以设置成可打印或不可打印。关闭了打印设置的图层即使是可见的,也不能打印输出。

1 图层的设置

图层的设置可以通过单击"图层"工具栏上的 按钮,或通过下拉菜单选择"格式"\"图层",也可以使用命令 LAYER。命令执行后,系统将弹出"图层特性管理器"对话框,如图 2-13 所示。

图 2-13 "图层特性管理器"对话框

(1)新建图层

单击"新建图层"按钮 ,列表中出现一个名为"图层 1"的新图层。该图层的名称被高亮显示,以便用户能够立即为该图层输入一个新的名称。当输入名称后,按 <Enter> 键或在对话框中间空白处单击即可。

(2)设置图层特性

①设置名称。如果要重新定义现有图层的名称,单击要改名的图层名称,然后再单击一次,即可重新输入图层名称。也可以通过下拉菜单"格式"\"重命名"菜单项或使用命令RENAME,打开"重命名"对话框修改图层名称,如图 2-14 所示。利用该命令还可以修改其他命名对象的名称。

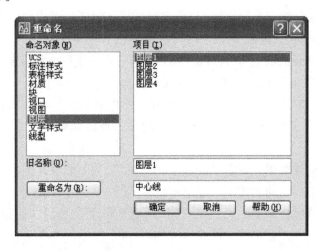

图 2-14 "重命名"对话框

②设置颜色。要修改图层的默认颜色设置,将光标移动到该图层同一排设置中的颜色框上,单击鼠标打开"选择颜色"对话框,如图 2-15 所示。单击想要设置的颜色,然后单击"确定"按钮,返回"图层特性管理器"对话框。

图 2-15 "选择颜色"对话框

AutoCAD 2008 为用户提供了七种标准颜色,即红、黄、绿、青、蓝、洋红和白。建议用户尽量采用标准颜色。因为这七种标准颜色区别较大,便于识别。

除了索引颜色,AutoCAD 2008 还提供了真彩色和配色系统。真彩色选项卡通过对颜色的描述能够使用户更准确地定义颜色,配色系统选项卡显示了系统颜色库中的所有颜色。用户可根据情况合理选择。

③设置线型。设置线型与设置颜色的方法类似,不同的是在第一次设置线型前,必须先加载所需的线型。要改变默认的线型设置,将光标移动到该图层同一排设置中的线型上,单击鼠标左键打开"选择线型"对话框,如图 2-16 所示。单击"加载"按钮,弹出"加载或重载线型"对话框,如图 2-17 所示。

图 2-16 "选择线型"对话框

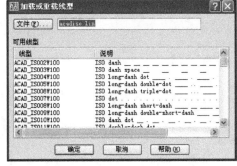
图 2-17 "加载或重载线型"对话框

选择一个或多个需要的线型,单击"确定"回到"选择线型"对话框,现在就可以为图层定义线型了。

④设置线宽。线宽是为打印输出作准备的,此宽度表示在输出对象时绘图仪的笔的宽度。在"图层特性管理器"对话框中单击该图层同一排设置的线宽,屏幕上出现"线宽"对话框,如图 2-18 所示。从列表中选择一种线宽值,然后单击"确定"按钮,返回"图层特性管理器"对话框。

注意:状态栏上的"线宽"按钮用于选择显示或隐藏线宽。

⑤设置图层状态。创建了图层以后,就可对它及其上的对象状态进行修改。通过"图层"工具栏中的下拉列表可改变一些图层的状态,其他设置必须在"图层特性管理器"对话框中进行修改。单击指定图层的状态图标,就可以切换图层的状态。例如,要冻结一个图层,单击该图层列表项中的太阳图标,将其切换为雪花图标,该层即被冻结。

图 2-18 "线宽"对话框

(3)设置当前层

在绘图的过程中,用户经常要改变当前层,以选择将要进行作业的图层。切换当前层可执行下列操作之一。

①在"图层特性管理器"对话框中的图层列表中选择要使之成为当前层的图层(单击该图层名称),单击"置为当前"按钮 ，然后单击"确定"退出即可把所选图层设置为当前层。

②在"图层特性管理器"对话框中的图层列表中双击要使之成为当前层的图层名称,然后单击"确定"退出也可把所选图层设置为当前层。

③从"图层"工具栏的下拉列表中单击要设置为当前层的图层名称。

④通过"图层"工具栏上的 按钮也可改变当前层。

(4) 删除图层

对于没有图形对象的空层,为了节省存储图形占用的空间,可以将它们删除。在"图层特性管理器"对话框中选择一个或多个要删除的图层,单击"删除"按钮,然后单击"确定"即可删除所选图层。

有些图层是始终都不允许删除的,包括：0 层、当前层、定义点的图层、包含图形对象的图层和外部引用的图层等。

有时很难确定哪个图层中没有对象,这时可以使用 AutoCAD 2008 的另一命令(PURGE)。选择"文件"\"绘图实用程序"\"清理"菜单项,AutoCAD 打开"清理"对话框,如图 2-19 所示。通过该对话框不仅可以删除空图层,还可清除

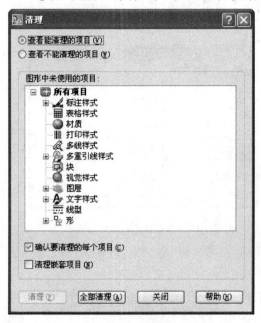

图 2-19 "清理"对话框

图形文件中其他所有无用的项目。

❷ 对象特性的设置

(1) 利用"特性"工具栏设置对象特性

颜色、线型和线宽是从属于图形对象的三个重要特性,默认时为"随层",即继承了它们所在图层的颜色、线型和线宽。利用"特性"工具栏,如图 2-20 所示。可以快速查看和改变对象的颜色、线型和线宽。改变后只对后续绘图有效,对已有的图形没有影响。

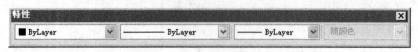

图 2-20 "特性"工具栏

提示："格式"下拉菜单中的"颜色"、"线型"和"线宽"选项分别与"对象特性"工具栏中的相应下拉列表等效。

(2) 设置线型比例

线型定义一般是由一连串的点、短画线和空格组成的。线型比例因子直接影响着每个绘图单位中线型重复的次数。线型比例因子越小,短画线和空格的长度就越短,于是在每个绘图单位中重复的次数就越多。

线型比例分为全局线型比例和对象线型比例两种。全局比例因子将影响所有已经绘制和将要绘制的图形对象。对于每个图形对象,除了受全局线型比例因子的影响外,还受到当前对象的缩放比例因子的影响,对象最终所用的线型比例因子等于全局线型比例因子与当前对象缩放比例因子的乘积。

选择下拉菜单"格式"\"线型",打开"线型管理器"对话框,单击"显示细节"按钮,在"详细信息"栏中即可设置线型比例,如图 2-21 所示。也可使用命令 LTSCALE 设置全局线型比例。

图 2-21 设置线型比例

四 栅格与捕捉

AutoCAD 2008 可在屏幕绘图区内显示类似于坐标纸一样的可见点阵,称之为栅格。通过单击状态栏中的"栅格"按钮或按 <F7> 键,可以随意显示或隐藏栅格。显示栅格点可有效地判定绘图的方位,确定图形上点的位置。栅格只是一种辅助工具,不会被打印输出。

仅凭栅格模式还难以用肉眼控制点的位置,为此,AutoCAD 2008 提供了捕捉模式。利用它就可以在绘图过程中精确地捕捉到栅格点。单击状态栏中的"捕捉"按钮或按 <F9> 键就可以打开或关闭捕捉模式。

通过下拉菜单选择"工具"\"草图设置",或者在状态栏"栅格"或"捕捉"按钮上单击右键并选择"设置"选项,系统将打开"草图设置"对话框,如图 2-22 所示。在"捕捉和栅格"选项卡中,用户可以对栅格和捕捉特性进行设置。

提示:为了既能准确定位,又能看到栅格点,通常将捕捉间距设置为与栅格间距相等或是它的倍数。

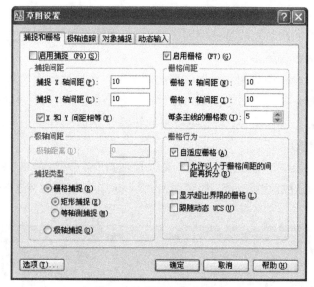

图 2-22 "草图设置"对话框

五、正交

在正交模式下,光标被约束在水平或垂直方向上移动(相对于当前用户坐标系),方便于画水平线和竖直线。单击状态栏上的"正交"按钮或按 <F8> 键即可打开或关闭正交模式。

提示:捕捉模式可以影响正交模式的作用。如果捕捉栅格已旋转,正交模式也能相应的旋转,这样便于绘制有倾斜角度的相互垂线。如果与等轴测捕捉一起使用,正交模式将使光标沿等轴测平面(用 <F5> 键可切换等轴测平面)的两条轴测轴移动,便于绘制与轴测轴平行的直线,如图 2-23 所示。

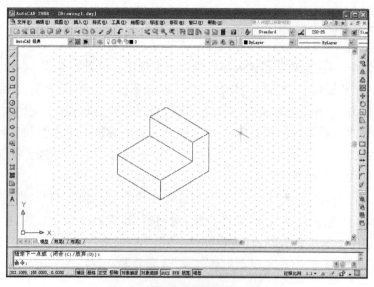

图 2-23 利用正交和栅格捕捉绘图

注意：正交模式不影响从键盘上输入点。

单元小结

本单元介绍了 AutoCAD 2008 的安装方法，图层和绘图前的一些基本设置与操作，直角坐标、极坐标和图层的建立、删除、修改，图层中线型、颜色、线宽等的设置方法，特征点的捕捉，这对绘图的规范性和提高绘图效率有指导作用。主要内容和基本操作见表 2-1。

主要内容和基本操作　　　　　　　　　　　　　　　表 2-1

工 作 任 务	主 要 内 容	主要命令或操作
2.1 AutoCAD 2008 的安装	AutoCAD 2008 对系统的要求	查看操作系统 查看软硬件基本配置
	安装 AutoCAD 2008	AutoCAD 2008 安装步骤及各选项的含义
2.2 AutoCAD 2008 基本操作	AutoCAD 2008 的启动	三种启动方法
	AutoCAD 2008 界面的介绍	工具栏的显示与隐藏
	文件操作	NEW（新建文件） OPEN（打开文件） SAVE（保存文件）
	退出 AutoCAD 2008	QUIT（退出 AutoCAD） EXIT（退出 AutoCAD）
	AutoCAD 2008 命令输入方法	命令按钮法 下拉菜单法 键盘键入命令法 ＜Esc＞键脱离错误操作状态
	图形查看	ZOOM PAN REDRAWALL REGEN
2.3 AutoCAD 2008 坐标系	世界坐标系	WCS
	用户坐标系	UCS
	坐标	直角坐标 极坐标
	点的输入方法	绝对坐标输入法 相对坐标输入法
2.4 AutoCAD 2008 绘图设置	设置图形单位	UNITS
	设置图形界限	LIMITS
	图层的使用	LAYER
	栅格与捕捉	DSETTINGS、SNAP、GRID
	正交	ORTHO

自我检测

1. 如何进行 AutoCAD 2008 的安装？
2. AutoCAD 2008 绘图坐标如何选择？
3. 图层有什么作用，如何设置？
4. 用 AutoCAD 2008 绘图前需做好哪些准备工作？

单元 3

二维绘图命令及简易平面线条图

 学习目标

1. 掌握点、直线、曲线图形的参数化绘制方法。
2. 掌握图案填充的基本方法。
3. 结合公路工程制图,掌握利用图形捕捉功能实现画法几何的技巧。

 工作任务

1. 应用 AutoCAD 2008 平台绘制点、直线、曲线等简单的图素。
2. 快速应用二维绘图命令绘制公路工程平面简图。

 学习指南

启动 AutoCAD 2008,先熟悉掌握二维绘图的基本命令,再结合公路工程常用图进行简单的绘图。在绘图过程中,熟练掌握二维绘图的命令,掌握软件强大的图形捕捉功能实现画法几何中作平行线、垂线、切线、公切圆等的技巧。

公路与桥梁工程图,主要由直线、圆曲线、回旋线等组成,有时也含有少量的椭圆、椭圆弧、截交线等曲线。本单元结合公路桥梁专业制图需要,介绍一些常用的绘图命令。

3.1 点、直线、折线图形的绘制

一、绘制点

点是组成图形的最基本的实体对象之一。利用 AutoCAD 2008,可以方便地绘制出各种形式的点。

1 绘制单点

AutoCAD 2008 可以在指定的一个位置绘制点对象。
（1）绘制单点命令的激活方式
激活单点命令,可选择下列方式之一：
①选择"绘图"下拉菜单中的"点"\"单点"选项。
②在命令行输入 POINT 或 PO。
（2）命令格式
采用绘制点命令格式时,其执行过程如下：
命令：POINT ↙
当前点模式：PDMODE＝0 PDSIZE＝0.0000
指定点：　　　　　　　　　　　　　　　　　　　　　　　　　（指定点的位置）
上述各项含义如下：
①提示的第一行说明当前所绘制点的样式与大小。
②在"指定点："提示下通过光标拾取或输入坐标值(绝对坐标值或相对坐标值)指定点的位置,AutoCAD 2008 即在该位置绘制出相应的点。
③设置点的样式和大小。AutoCAD 2008 提供了多种样式的点,用户可根据需要进行设置。设置点样式的命令是 DDPTYPE,对应的下拉菜单是"格式"\"点样式"。执行设置点样

式命令,AutoCAD 2008弹出如图3-1所示的"点样式"对话框。

在对话框中列出了20种点的类型,单击所要的任一种点的类型,如小框颜色变黑,则表明用户已选中这种点的类型。

用户可以通过"点大小"文本框设置点的大小。

在该对话框的最下面有两个单选按钮"相对于屏幕设置大小"和"按绝对单位设置大小",用户可以利用这两项来确定在"点大小"文本框中确定的点尺寸是相对于绘图屏幕的百分比,还是绝对尺寸。

② 绘制多点

AutoCAD 2008也可以在指定的多个位置绘制点对象。当需要绘制多个点时,采用绘制多点的方法方便、快捷,可提高绘图效率。

(1) 绘制多点命令的激活方式

激活多点命令,可选择下列方式之一:

①单击面板的二维绘图控制台中的 ▪ 。

②单击"绘图"工具栏上的 ▪ 。

③选择"绘图"下拉菜单中的"点"\"多点"选项。

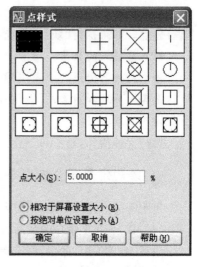

图3-1 "点样式"对话框

(2) 命令格式

采用命令格式时,绘制多点的执行过程如下:

命令:POINT ✓

当前点模式:PDMODE=0 PDSIZE=0.0000

指定点:

在该提示下确定点的位置后,AutoCAD 2008绘制出相应的点,而后AutoCAD 2008继续提示"指定点:",即要求用户继续确定点的位置。在该提示下可以绘制出一系列的点,直到用户按<Esc>键,结束命令的执行。

③ 绘制定数等分点命令 DIVIDE

定数等分点命令,可以在选定的图形对象(如直线、圆弧、圆、多段线等)的等分处放置点或插入块,而不将所选图形对象分割成若干子对象。

(1) DIVIDE命令的激活方式

激活DIVIDE命令,可选择下列方式之一:

①选择"绘图"下拉菜单中的"点"\"定数等分"选项。

②在命令行输入 DIVIDE。

(2) 命令格式

采用命令格式时,其执行过程如下:

命令:DIVIDE↙
选择要定数等分的对象:　　　　　　　　　　　　　　(选择要等分的对象)
输入线段数目或[块(B)]:
在此提示下,直接输入等分数,并按<Enter>键,AutoCAD 2008 即在指定的对象上绘制出等分点。如果执行"块(B)"选项,即输入 B 并按<Enter>键,系统将提示:
输入要插入的块名:
表示将在等分点处插入块,输入块名并按<Enter>键后,AutoCAD 2008 提示:
是否对齐块和对象?[是(Y)/否(N)]<Y>:　　(确定插入的块是否要与对象对齐)
输入线段数目:　　　　　　　　　　　　　　　　　(确定对象的等分数)
执行上述操作后,AutoCAD 2008 在等分点处插入块。有关块的使用详见单元 10。

❹ 绘制定距等分点命令 MEASURE

定距等分点是按给定的长度在图形对象上放置等分点标记或插入块。
(1) MEASURE 命令的激活方式
激活 MEASURE 命令,可选择下列方式之一:
① 选择"绘图"下拉菜单中的"点"\"定距等分"选项。
② 在命令行输入 MEASURE。
(2) 命令格式
采用命令格式时,其执行过程如下:
命令:MEASURE↙
选择要定距等分的对象:　　　　　　　　　　　　　(选择要等分的对象)
指定线段长度或[块(B)]:
在此提示下,直接输入长度值并按<Enter>键,AutoCAD 2008 在对象上的各相应位置绘制出点。如果执行"块(B)"选项,表示要在等分点处插入块,后续提示为:
输入要插入的块名:　　　　　　　　　　　　　　　(输入要插入块的名字)
是否对齐块和对象?[是(Y)/否(N)]<Y>:　　(确定块插入时是否要与对象对齐)
指定线段长度:　　　　　　　　　　　　　　　　　(确定每段的长度值)
执行上述操作后,AutoCAD 2008 在对象上按指定的长度插入块。
提示:用 MEASURE 命令绘制点时,在"选择要定距等分的对象:"提示下选择对应的对象后,AutoCAD 2008 总是从离选择点近的一端开始绘制点。

二 绘制直线命令 LINE

LINE 命令是最基本的绘图命令,几乎所有的直线图形都可以用此命令绘制。

❶ LINE 命令的激活方式

激活 LINE 命令,可选择下列方式之一:

①单击面板的二维绘图控制台中的 /。

②单击"绘图"工具栏上的 /。

③选择"绘图"下拉菜单中的"直线"选项。

④在命令行输入 LINE 或 L。

❷ 命令格式

采用 LINE 命令格式时,其执行过程如下:

命令:LINE↙

指定第一点:

指定下一点或[放弃(U)]:

指定下一点或[放弃(U)]:

指定下一点或[闭合(C)/放弃(U)]:

输入直线的起点后,AutoCAD 2008 将反复提示输入下一点,直至用 < Enter > 键、< Esc > 键或输入 C 结束 LINE 命令。

关于命令行提示的其他说明如下:

①在"指定下一点或[放弃(U)]:"提示下,可以用光标确定端点的位置,也可以输入端点的坐标值来定位,还可以将光标放在所需方向上,然后输入距离值来定义下一个端点的位置(常与极轴追踪或正交模式结合使用)。

②若在"指定下一点或[放弃(U)]:"的提示后以"U"响应,则删除最后画的一段线。连续使用 U 选项可以沿线段退回到起点。

③若在"指定下一点或[闭合(C)/放弃(U)]:"提示后以"C"响应,则自动形成封闭的多边形并结束 LINE 命令。

④如果前面画了一条线,在"指定第一点:"提示下直接按 < Enter > 键,则从最后所画线的端点开始画线。若最后画的是一个圆弧,按 < Enter > 键将从圆弧端点开始画线,且所绘制的线与圆弧相切。

【实例3-1】 绘制图3-2所示直线。

命令:LINE↙

指定第一点: (用光标指定一点 A)

指定下一点或[放弃(U)]:@0,-500↙ (指定 B 点)

指定下一点或[放弃(U)]:@645,0↙ (指定 C 点)

指定下一点或[闭合(C)/放弃(U)]:@0,70↙ (指定 D 点)

指定下一点或[闭合(C)/放弃(U)]:C↙

完成图形。

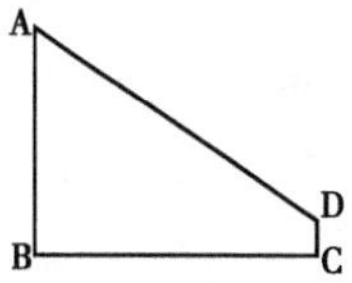

图 3-2 绘制直线例图

三 绘制多段线命令 PLINE

PLINE 命令用于创建二维多段线。多段线由连续的线段和圆弧组成,这些线段和圆弧可以有不同的宽度。

❶ PLINE 命令的激活方式

激活 PLINE 命令,可选择下列方式之一:
① 单击面板的二维绘图控制台中的 [图标]。
② 单击"绘图"工具栏上的 [图标]。
③ 选择"绘图"下拉菜单中的"多段线"选项。
④ 在命令行输入 PLINE 或 PL。

❷ 命令格式

采用 PLINE 命令格式时,其执行过程如下:
命令:PLINE ↙
指定起点:
当前线宽为 0.0000
指定下一个点或 [圆弧(A)/半宽(H)/长度(L)/放弃(U)/宽度(W)]:
指定下一点或 [圆弧(A)/闭合(C)/半宽(H)/长度(L)/放弃(U)/宽度(W)]:A↙
指定圆弧的端点或[角度(A)/圆心(CE)/闭合(CL)/方向(D)/半宽(H)/直线(L)/半径(R)/第二个点(S)/放弃(U)/宽度(W)]:

命令行提示说明如下:
① 在"指定下一点或 [圆弧(A)/闭合(C)/半宽(H)/长度(L)/放弃(U)/宽度(W)]:"提示下,默认方式是指定线段的另一端点。其他各选项的含义分别为:

A——切换到画圆弧方式。
C——连接当前位置与起点,画一线段使多段线闭合。
H——指定线宽的一半值。线宽包括起点宽度和终点宽度。线宽为 0 时表示最细,并且不受图形放大的影响。
L——沿着上一条直线(或圆弧切线)方向连续画一指定长度的线段。
U——放弃最后所画的线段或圆弧。
W——指定线宽。

② 在"指定圆弧的端点或[角度(A)/圆心(CE)/闭合(CL)/方向(D)/半宽(H)/直线(L)/半径(R)/第二个点(S)/放弃(U)/宽度(W)]:"提示下,默认方式是指定一点作为圆弧的终点,该圆弧与上一线段或圆弧相连并且相切。其他各选项的含义分别为:

A——指定圆弧的圆心角。正值时,逆时针画弧;负值时,顺时针画弧。
CE——指定圆弧的圆心。
CL——用一段圆弧将此多段线闭合,用于闭合的圆弧与上一线段或圆弧相切。
D——指定圆弧的起点切向。
H——指定圆弧线宽的一半值。

L——切换到画直线方式。
R——指定圆弧的半径。
S——指定圆弧的第二点。然后再指定圆弧的端点,以三点定弧方式画圆弧。
U——放弃最后所画的线段或圆弧。
W——指定圆弧的线宽。

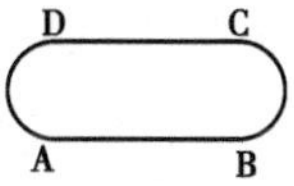

【实例 3-2】 绘制图 3-3 所示的重力式桥墩平面投影图。

图 3-3 绘制重力式桥墩墩顶示例

命令:PLINE↙
指定起点: (用光标指定一点 A)
当前线宽为 0.0000
指定下一个点或 [圆弧(A)/半宽(H)/长度(L)/放弃(U)/宽度(W)]:W↙
指定起点宽度 <0.0000>:0.5↙ 指定端点宽度 <0.5000>:↙
指定下一个点或 [圆弧(A)/半宽(H)/长度(L)/放弃(U)/宽度(W)]:@50,0↙
(指定 B 点)
指定下一点或 [圆弧(A)/闭合(C)/半宽(H)/长度(L)/放弃(U)/宽度(W)]:A↙
指定圆弧的端点或[角度(A)/圆心(CE)/闭合(CL)/方向(D)/半宽(H)/直线(L)/半径(R)/第二个点(S)/放弃(U)/宽度(W)]:@0,25↙ (指定 C 点)
指定圆弧的端点或[角度(A)/圆心(CE)/闭合(CL)/方向(D)/半宽(H)/直线(L)/半径(R)/第二个点(S)/放弃(U)/宽度(W)]:L↙
指定下一点或 [圆弧(A)/闭合(C)/半宽(H)/长度(L)/放弃(U)/宽度(W)]:@-50,0↙
(指定 D 点)
指定下一点或 [圆弧(A)/闭合(C)/半宽(H)/长度(L)/放弃(U)/宽度(W)]:A↙
指定圆弧的端点或[角度(A)/圆心(CE)/闭合(CL)/方向(D)/半宽(H)/直线(L)/半径(R)/第二个点(S)/放弃(U)/宽度(W)]:CL↙
完成图形。

四 绘制矩形命令 RECTANG

RECTANG 命令用于绘制矩形多段线。矩形可带有圆角或倒角。

1 RECTANG 命令的激活方式

激活 RECTANG 命令,可选择下列方式之一:
①单击面板的二维绘图控制台中的 ▭。
②单击"绘图"工具栏上的 ▭。
③选择"绘图"下拉菜单中的"矩形"选项。
④在命令行输入 RECTANG 或 REC。

② 命令格式

采用 RECTANG 命令时,其执行过程如下:

命令:RECTANG↙

指定第一个角点或 [倒角(C)/标高(E)/圆角(F)/厚度(T)/宽度(W)]:

指定另一个角点或 [面积(A)/尺寸(D)/旋转(R)]:

命令行提示说明如下:

①执行命令后,默认方式是分别指定矩形的两个对角点画矩形,矩形的边平行于当前用户坐标系的 X 轴和 Y 轴。

②其他各选项含义如下:

C——指定矩形两个方向的倒角距离,绘制带倒角的矩形。

E——指定矩形的标高,用于三维绘图。

F——指定矩形的圆角半径,绘制带圆角的矩形。

T——指定矩形的厚度,用于三维绘图。

W——指定矩形边线的线宽。

A——指定矩形的面积和长度(或宽度)绘制矩形。

D——指定矩形的长度和宽度绘制矩形。

R——指定矩形的旋转角度,绘制任意角度的矩形。

提示:倒角距离、标高、圆角半径、厚度、线宽等数据设置后,以后再执行 RECTANG 命令则把这些数值作为当前值。

【**实例 3-3**】 绘制图 3-4 所示的矩形。

命令:RECTANG↙

指定第一个角点或 [倒角(C)/标高(E)/圆角(F)/厚度(T)/宽度(W)]:F↙

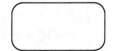

图 3-4 绘制矩形例图

指定矩形的圆角半径 <0.0000>:10↙

指定第一个角点或 [倒角(C)/标高(E)/圆角(F)/厚度(T)/宽度(W)]:W↙

指定矩形的线宽 <0.0000>:1↙

指定第一个角点或 [倒角(C)/标高(E)/圆角(F)/厚度(T)/宽度(W)]:
(用光标指定矩形左下角点)

指定另一个角点或 [面积(A)/尺寸(D)/旋转(R)]:@60,30↙ (指定矩形右上角点)

完成图形。

五 绘制正多边形命令 POLYGON

POLYGON 命令用于创建等边闭合多段线。可以绘制 3~1024 条边的正多边形。

1 POLYGON 命令的激活方式

激活 POLYGON 命令,可选择下列命令之一:
①单击面板的二维绘图控制台中的 ⬠。
②单击"绘图"工具栏上的 ⬠。
③选择"绘图"下拉菜单中的"正多边形"选项。
④在命令行输入 POLYGON 或 POL。

2 命令格式

采用 POLYGON 命令格式时,其执行过程如下:
命令:POLYGON↙
输入边的数目 <4>:　　　　　　　　　　　　　　　　　(输入多边形的边数)
指定正多边形的中心点或[边(E)]:　　　　　　　　　(指定一点或输入选项 E)
①若指定一点作为中心点,系统提示:
输入选项[内接于圆(I)/外切于圆(C)] <I>:　　　　　(输入选项 I 或 C)
指定圆的半径:　　　　　　　　　　　　(输入多边形外接圆或内切圆的半径)
选项 I 和 C 分别表示以指定正多边形外接圆或内切圆半径的方式画正多边形。
②若输入 E 并按 <Enter> 键,系统提示:
指定边的第一个端点:
指定边的第二个端点:
表示以指定一条边两端点的方法绘制正多边形。此时,系统将以指定边为第一条边并按逆时针方向绘制正多边形。

3.2 曲线图形绘制

一 绘制圆命令 CIRCLE

CIRCLE 用于通过多种方法创建圆对象。

❶ CIRCLE 命令的激活方式

激活 CIRCLE 命令,可选择下列方式之一:
①单击面板的二维绘图控制台中的 ⊙。
②单击"绘图"工具栏上的 ⊙。
③选择"绘图"下拉菜单中的"圆"子菜单(如图 3-5 所示),根据需要选择相应的画圆方式。
④在命令行输入 CIRCLE 或 C。

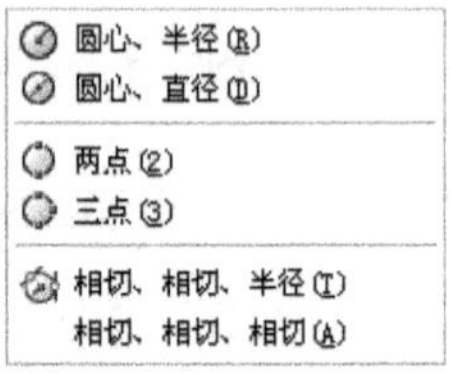

图 3-5 "圆"子菜单

❷ 命令格式

采用 CIRCLE 命令格式时,其执行过程如下:
命令:CIRCLE ↙
指定圆的圆心或[三点(3P)/两点(2P)/相切、相切、半径(T)]:
①默认方式是指定圆心。指定圆心后,系统提示:
指定圆的半径或[直径(D)]:
默认方式是指定圆的半径,此时键入半径值或用光标确定圆上一点即可将圆确定下来。若输入 D 并按 <Enter> 键,则是通过指定圆的直径画圆。
②其他各选项的含义是:
3P——指定圆周上的三点画圆。
2P——指定直径的两个端点画圆。
T——指定与圆相切的两个对象和半径画圆。
提示:通过下拉菜单选择"绘图"\"圆",即可显示如图 3-5 所示的子菜单,上面列出了 6 种画圆的方法。

【实例 3-4】 绘制图 3-6 所示已知直线和圆(右圆)的公切圆(左圆)。
绘制步骤:
①在命令行输入:
命令:CIRCLE ↙
指定圆的圆心或[三点(3P)/两点(2P)/相切、相切、半径(T)]:T ↙
指定对象与圆的第一个切点:
②将光标移至已知直线上,当出现如图 3-7a)所示提示时,单击左键,AutoCAD 2008 提示:
指定对象与圆的第二个切点:
③将光标移至已知圆上,当出现如图 3-7b)所示提示时,单击左键,AutoCAD 2008 提示:
指定圆的半径 <当前值>　　(输入公切圆的半径,按 <Enter> 键结束,结果见图 3-6)

图 3-6　绘制公切圆实例　　　　　图 3-7　绘制公切圆

二 绘制圆弧命令 ARC

ARC 命令用于通过多种方法创建圆弧。

1 ARC 命令的激活方式

激活 ARC 命令，可选择下列方式之一：

①单击面板的二维绘图控制台中的 ⌒。

②单击"绘图"工具栏上的 ⌒。

③选择"绘图"下拉菜单中的"圆弧"子菜单（如图3-8所示），根据需要选择相应的画弧方式。

④在命令行输入 ARC 或 A。

2 命令格式

采用 ARC 命令格式时，其执行过程如下：

命令：ARC↙

指定圆弧的起点或 [圆心(C)]：

AutoCAD 2008 提供了 11 种画圆弧的方法，默认方式下是通过依次指定圆弧的起点、第二点和端点创建圆弧，其他方式要结合选项输入。

若通过下拉菜单选择"绘图"\"圆弧"，即可显示如图 3-8 所示的子菜单，上面列出了 11 种创建圆弧的方法，其中"继续"是指通过上一个对象的终点并与之相切创建圆弧。

图 3-8　"圆弧"子菜单

三 绘制圆环命令 DONUT

1 DONUT 命令的激活方式

激活 DONUT 命令，可选择下列方式之一：

①选择"绘图"下拉菜单中的"圆环"选项。
②在命令行输入 DONUT 或 DO。

2 命令格式

采用 DONUT 命令时,其执行过程如下:
命令:DONUT
指定圆环的内径 < 当前值 > :　　　　　　　　　　　　　　　(输入圆环的内径)
指定圆环的外径 < 当前值 > :　　　　　　　　　　　　　　　(输入圆环的外径)
指定圆环的中心点或 < 退出 > :　　　　　　　　　　　　　　(指定圆环的中心点)
……
指定圆环的中心点或 < 退出 > :　　　　　　　　　　　(按 < Enter > 键结束命令)
当前值是上一次执行该命令时输入的数值,若直接按 < Enter > 键表示使用该数值。若要绘制填充的圆,可以指定内径为 0,工程图中常用此绘制钢筋断面图,如图 3-9a)所示。

对于像圆环这样有内部填充的命令,可以使用 FILL 命令来打开或关闭填充模式。
命令: FILL↙
输入模式 [开(ON)/关(OFF)] < 开 > :
选择"ON"表示打开填充模式;选择"OFF"表示关闭填充模式,如图 3-9b)所示。

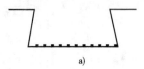

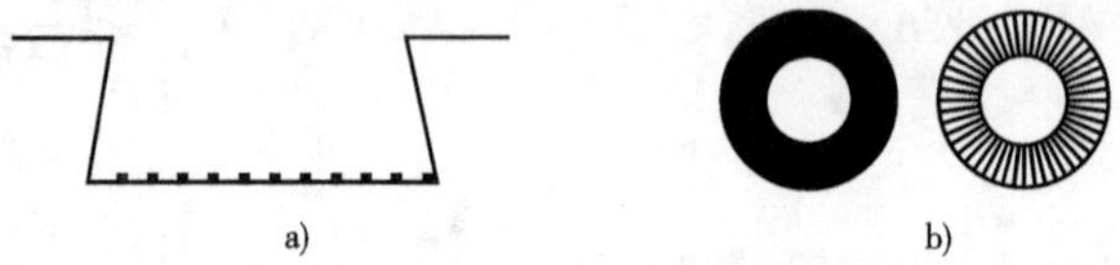

a)　　　　　　　　　　　b)

图 3-9　绘制圆环例图

3.3 图案填充

在公路施工设计图中,常常需要用某种形式的图案填充某些区域,用来表示剖切面的材料。AutoCAD 2008 提供了丰富的图案填充类型以满足用户的需要。

一 图案填充的概念

图案填充是在一个封闭的区域内进行的,填充区域的边界称为填充边界。填充边界可以是一个对象(如圆、矩形等),也可以是由多个对象连接而成。填充区域的内部,可能嵌套有另外一些较小的封闭区域,这些填充区域内部的封闭区域称为孤岛。对于孤岛可以进行填充也可以不进行填充,有普通、外部和忽略三种填充方式。

(1)普通方式

普通方式从外部边界向内填充,如果遇到了一个内部交点,将关闭填充,直到遇到另一个交点为止。也就是说,从填充区域外部算起由奇数交点分隔的区域将被填充,由偶数交点分隔的区域不填充,填充交替进行。如图3-10a)所示。

(2)外部方式

外部方式也是从外部边界向内填充,但在下一个边界处就停止填充,内部区域将不再考虑。如图3-10b)所示。

(3)忽略方式

忽略方式将忽略内部边界,填充外部边界所围成的整个区域。如图3-10c)所示。

提示:如果图案填充线遇到了文字、属性、形、宽线或实体填充对象,并且这些对象被选作边界集的一部分,AutoCAD 2008将不填充这些对象。如图3-11所示。

  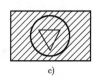

a)   b)   c)

图3-10 图案填充的不同方式
a)普通方式;b)外部方式;c)忽略方式

图3-11 文字作为边界

二 图案填充的操作与说明

1 命令激活方式

激活图案填充命令,可选择下列方式之一:
①单击面板的二维绘图控制台中的 ▨ 。
②单击"绘图"工具栏上的 ▨ 。
③选择"绘图"下拉菜单中的"图案填充"选项。
④在命令行输入 BHATCH 或 BH。

2 命令格式

命令执行后,系统将弹出如图3-12所示的"图案填充和渐变色"对话框。对话框上有

"图案填充"和"渐变色"两个选项卡。图 3-12 显示的是"图案填充"选项卡。

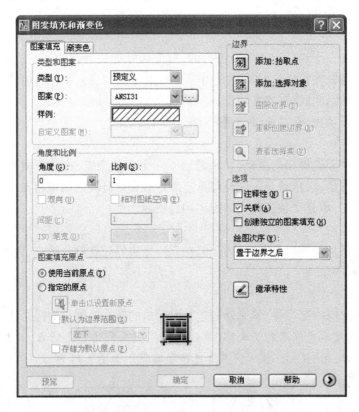

图 3-12 "边界图案填充"对话框

在"图案填充"选项卡中,"类型"列表框内有 3 个选项:预定义、用户定义和自定义,用以选择填充图案的类型。"图案"列表框中显示可用的预定义图案,单击列表框右边的按钮可打开如图 3-13 所示的"填充图案选项板"对话框,从中可以查看所有预定义和自定义图案的预览图案,以便用户作出选择。选中图案的样式显示在"样例"条形框内。"角度"列表框用于指定填充图案的角度。"比例"列表框用于放大或缩小预定义或自定义的填充图案,以调节图案的疏密程度。"双向"和"间距"选项只在使用"用户定义"图案时才能使用。"图案填充原点"用来控制填充图案生成的起始位置。

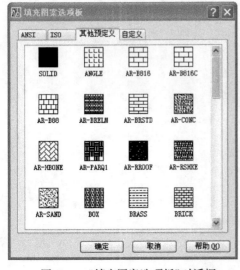

图 3-13 "填充图案选项板"对话框

"图案填充和渐变色"对话框右边的"拾取点"按钮用于通过拾取封闭区域内一点的方法自动搜索填充边界。"选择对象"按钮用于通过选取对象构成填充边界,此时 AutoCAD 2008 并不自动检测内部对象,用户必须在选定边界内选择对象,以确保按照当前"孤岛检测样式"填充这些对象。"删除边界"按钮用于从已定义的边界中删除以前添加的任何对象。"重新创建边界"按钮用来围绕选定的图案填充对象创建多段线或面域,编辑图案时可用。"查看选择集"按钮可显示当前定义的边界。"关联"选项用于控制图案填充与边界之间是否关联,关联即如果图案填充的边界被修改了,则该图案填充也被更新,不关联则图案填充独立于边界。"创建独立的图案填充"选项用于控制当指定了几个独立的闭合边界时,是创建为一个图案填充对象,还是创建多个独立的图案填充对象。"继承特性"按钮可用来继承图形中已有的填充图案为当前填充图案。

单击"图案填充和渐变色"对话框右下角的"更多选项"按钮 ⊙,用于选择孤岛检测方式、边界对象类型、边界允许的间隙及其他一些高级设置,如图 3-14 所示。

图 3-14 "更多选项"按钮

"图案填充和渐变色"对话框中的"渐变色"选项卡用于填充渐变色图案。

【实例 3-5】 进行图 3-15 所示的箱涵材料的图案填充,图中三部分分别是砂砾垫层、混凝土基础和钢筋混凝土涵身。

操作步骤:

①执行 BHATCH 命令,打开图 3-12 所示对话框。

②单击"图案"列表框右边的按钮打开如图 3-13 所示的"填充图案选项板"对话框,从中选择所需图案,然后单击"确定"按钮。

③单击对话框右边的"拾取点"按钮,通过拾取封闭区域内一点的方法选择填充边界(如图 3-16 所示),选择完成后按 <Enter> 键确认。

④单击"预览"按钮,查看图案的填充结果。如果符合要求,按<Enter>键确认;否则,按<Esc>键返回图 3-12 所示对话框,根据需要适当调整图案的比例和角度,直到满足要求为止。

⑤重复执行 BHATCH 命令,按同样的方法填充其他区域内的图案。

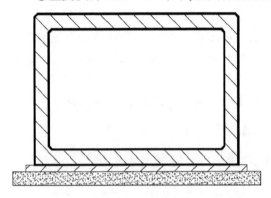

图 3-15 图案填充实例

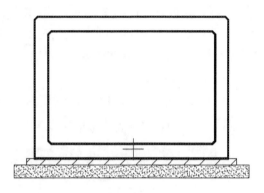

图 3-16 选择图案填充边界

三 图案填充的编辑

1 命令激活方式

激活图案填充的编辑命令,可选择下列方式之一:

①单击"修改Ⅱ"工具栏上的 。

②选择"修改"下拉菜单中的"对象"\"图案填充"选项。

③在命令行输入 HATCHEDIT 或 HE。

2 命令格式

采用命令格式时,图案填充编辑的执行过程如下:

命令:HATCHEDIT

选择图案填充对象:

(选择要编辑的图案填充对象)

选定要编辑的图案后,系统弹出如图 3-17 所示的"图案填充编辑"对话框。该对话框与"图案填充和渐变色"对话框相同。利用"图案填充编辑"对话框,用户可以对已有的图案填充进行编辑。

图 3-17 "图案填充编辑"对话框

3.4 画法几何与图形捕捉应用

计算机绘图与传统手工绘图相比,最大的优点是提高了绘图精度和效率。要想精确绘图,关键是精确定位图形上的点。通过键盘输入点的坐标可以精确确定点的位置,但通常情况下不可能知道所有点的坐标值,且数据量大容易录入错误。通过移动光标定点,尽管可以通过状态栏上的坐标数值了解到当前光标的位置,但想精确点取也非常困难。为此,AutoCAD 2008 提供了对象捕捉功能,利用该功能,可以迅速、准确地捕捉到某些特殊点,从而能够迅速、准确地绘制图形。

表 3-1 列出了图 3-18 所示工具栏按钮和图 3-19 所示菜单选项的主要功能和对应的缩写。

利用 AutoCAD 2008 提供的"对象捕捉"工具栏(如图 3-18 所示)和"对象捕捉"快捷菜单(如图 3-19 所示,均可执行对应的对象捕捉功能。打开"对象捕捉"快捷菜单的方式是:按下 <Shift> 键后单击鼠标右键或通过键盘输入缩写。

图 3-18 "对象捕捉"工具栏　　　　　图 3-19 "对象捕捉"快捷菜单

对 象 捕 捉 模 式　　　　　　　　　　表 3-1

菜单项	工具栏按钮	缩写	功　能
临时追踪点	（临时追踪点）	TT	确定临时追踪点
自	（捕捉自）	FROM	临时指定一点为基点,用其来确定另一点
两点之间的中点	无	M2P	定位两点的中点
点过滤器	无	.X 或 .Y 或 .Z 或 .XY 或 .XZ 或 .YZ	确定与指定点某一坐标分量相同的点
端点	（捕捉到端点）	END	捕捉线段、圆弧、椭圆弧、多段线、样条曲线、射线等对象的端点
中点	（捕捉到中点）	MID	捕捉线段、圆弧、椭圆弧、多线、多段线、样条曲线等对象的中点
交点	（捕捉到交点）	INT	捕捉线、圆弧、圆、椭圆、椭圆弧、多线、多段线、射线、样条曲线、构造线等对象之间的交叉点
外观交点	（捕捉到外观交点）	APP	如果延伸线段、圆弧等对象之后它们之间能够相互交叉,捕捉对应的交叉点
延长线	（捕捉到延长线）	EXT	通过将已有线或弧的端点假想地延伸一定距离来确定另一点
圆心	（捕捉到圆心）	CEN	捕捉圆、圆弧、椭圆、椭圆弧的圆心
象限点	（捕捉到象限点）	QUA	捕捉圆、圆弧、椭圆、椭圆弧上的象限点
切点	（捕捉到切点）	TAN	捕捉切点
垂足	（捕捉到垂足）	PER	捕捉垂足
平行线	（捕捉到平行线）	PAR	确定与指定对象平行的线上的一点
节点	（捕捉到节点）	NOD	捕捉用 POINT、DIVIDE、MEASURE 等命令生成的点对象以及尺寸定义点、尺寸文字定义点
插入点	（捕捉到插入点）	INS	捕捉块、文字等的插入点
最近点	（捕捉到最近点）	NEA	捕捉离拾取点最近的线段、圆、圆弧等对象上的点
无	（无捕捉）	NON	取消捕捉模式

一 使用对象捕捉

用 AutoCAD 2008 绘图或执行其他某些操作时,当 AutoCAD 2008 提示用户确定点时(如确定圆心、端点、位移基点等),均可以用对象捕捉方式捕捉对应点。具体方法是:单击对应的菜单项或单击"对象捕捉"工具栏上的对应按钮,然后根据提示进行对应的操作。下面通过几个画法几何中常见的实例说明各对象捕捉模式的含义及其使用方法。

【实例3-6】 已知直线 AB 和直线外一点 M,过点 M 绘制直线 AB 的平行线,如图 3-20a)所示。

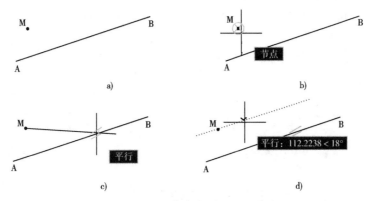

图 3-20 绘制平行线例图

操作步骤:

①输入 LINE 命令,开始绘制过已知点与已知线段平行的线段。

命令:LINE✓

指定第一点:NOD✓

于

②将光标移至点 M 附近,当出现如图 3-20b)所示提示时,单击拾取键,AutoCAD 2008 提示:

指定下一点或[放弃(U)]:PAR✓

到

③将光标移至直线 AB 上,当出现如图 3-20c)所示提示时,将光标移开至使所画直线与直线 AB 大致平行的位置,当出现如图 3-20d)所示提示时,拾取一点或输入一段距离即可完成线段。

【实例3-7】 绘制两个圆的公切线(如图 3-21 所示)。

操作步骤:

①输入 LINE 命令,开始绘制两个圆的公切线。

命令:LINE✓

指定第一点:TAN✓

到

②将光标移至第一个圆上,当出现如图 3-22a)所示提示时,单击拾取键,AutoCAD 2008 提示:

指定下一点或[放弃(U)]:TAN ↙

到

③将光标移至第二个圆上,当出现如图 3-22b)所示提示时,单击拾取键,即可完成第一条切线的绘制。

④按同样的方法绘制第二条切线,只是在定切点时将光标移至圆的下边即可,绘制完成后见图 3-21。

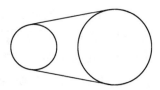

图 3-21 绘制公切线例图

【实例 3-8】 绘制已知直线 AB 的垂直平分线(如图 3-23 所示)。

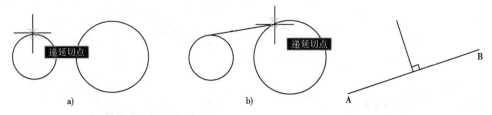

图 3-22 绘制公切线　　　　　　图 3-23 绘制垂直平分线例图

操作步骤:

①输入 LINE 命令,开始绘制已知线段的垂直平分线。

命令:LINE ↙

指定第一点:　　　　　　　　　　(在直线 AB 外任一位置用鼠标点取一点)

指定下一点或[放弃(U)]:PER ↙

到

②将光标移至直线 AB 上,当出现如图 3-24a)所示提示时,单击拾取键,完成垂线的绘制。下面用 AutoCAD 2008 的移动命令(详细内容请查询单元 4.2)将垂线移至直线 AB 的中点位置。

命令:MOVE ↙

选择对象:　　　　　　　　　　　[用拾取框选择所画垂线,如图 3-24b)所示]

选择对象:↙

指定基点或 [位移(D)] <位移>:END ↙

于

③将光标移至直线 AB 上的垂足附近,当出现如图 3-24c)所示提示时,单击拾取键,AutoCAD 2008 提示:

指定第二个点或 <使用第一个点作为位移>:MID ↙

于

④将光标移至直线 AB 的中点附近,当出现如图 3-24d)所示提示时,单击拾取键,完成图形(如图 3-23 所示)。

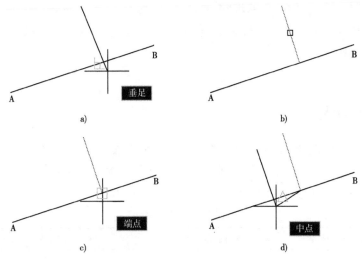

图 3-24 绘制已知直线的垂直平分线

二、使用自动对象捕捉

虽然前面介绍的对象捕捉功能可以大大提高绘图效率与准确性,但绘图时当多次要使用对象捕捉功能时,需要频繁单击"对象捕捉"工具栏按钮或对应菜单项,并要根据对应提示选择对应对象。AutoCAD 2008 提供了自动对象捕捉功能。即预先设置好需要的多个对象捕捉点,在绘图过程中,只要不关闭对象捕捉功能,当要求输入点时,就自动选择相应的对象捕捉功能进行捕捉。单击状态栏中的"对象捕捉"按钮或按 < F3 > 键即可打开或关闭自动捕捉模式。

通过"草图设置"对话框中的"对象捕捉"选项卡,即可设置对象捕捉点的类型,如图3-25所示。

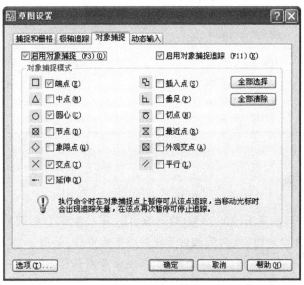

图 3-25 "草图设置"对话框

另外,对话框中的"启用对象捕捉"复选框用于确定是否打开自动对象捕捉功能。

注意:对象捕捉作为一种点的输入方法,不能单独执行,只有在执行某一绘图命令需要输入点时才能调用。

单元小结

本单元介绍了点、直线、曲线图形等的参数化绘制方法,介绍了图案填充的基本方法,结合公路工程制图内容,介绍了利用图形捕捉功能实现几何画法的技巧,对实现简单图形的绘制有较好指导作用。本单元的主要内容和基本操作见表3-2。

主要内容和基本操作　　　　　　　　　　表3-2

工作任务	主要内容	主要命令或操作
3.1 点、直线、折线图形的绘制	绘制单点和多点 设置点的样式和大小 利用图块绘制定数等分点 利用相对坐标绘制直线或多段线 多段线线宽变化 多段线画圆弧 绘制矩形和正多边形	POINT(绘制单点命令) DIVIDE(绘制定数等分点命令) MEASURE(绘制定距等分点命令) LINE(绘制直线命令) PLINE(绘制多段线命令) RECTANG(绘制矩形命令) POLYGON(绘制正多边形命令)
3.2 曲线图形绘制	绘制圆和圆弧 利用圆环的绘制参数绘制钢筋断面图	CIRCLE(绘制圆命令) ARC(绘制圆弧命令) DONUT(绘制圆环命令)
3.3 图案填充	图案的选择与格式设置 图案边界的选择 图案填充的编辑	BHATCH(图案填充命令)
3.4 画法几何与图形捕捉应用	对象捕捉的设置 工具栏捕捉按钮的选择 常用捕捉的缩写名称 点过滤器的使用	END(端点)、MID(中点)、INT(交点) CEN(圆心)、QUA(捕捉到象限点)、TAN(切点) PER(垂足)

自我检测

1. 过点 A(30,100) 和点 B(150,200) 作直线 AB,点 C 和点 D 将直线 AB 分成三等分;分别以点 C 和点 D 为圆心画圆,使两圆相切于直线 AB 的中点,如图 3-26 所示。

2. 已知直线 BC 是弧 AB 和弧 CD 的切线,弧 AB 角度为 180°,BC 长度为 50 个单位,如图 3-27 所示。利用绘制多段线命令(PLINE)按图中给出的 A、B、D 三点的坐标完成图形。

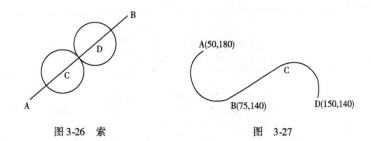

图 3-26 索　　　　　　　　　图　3-27

3. 绘制如图 3-28 的图形(箭杆的宽度为 5,长度为 90;箭头的尾部宽度 15,箭头的端部宽度为 0,箭头长度为 40)。

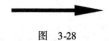

图　3-28

单元 4

二维图形编辑与整理

 学习目标

1. 掌握常用编辑命令和高级编辑命令的基本操作。
2. 结合单元 3 的图形绘制知识及专业图形知识,掌握选择恰当的编辑命令来提高图形绘制效率的技巧。

 工作任务

1. 掌握二维图形编辑命令。
2. 快速运用二维编辑命令编辑公路工程图。

 学习指南

图形编辑是对已有图形进行的删除、复制、移动等操作。灵活运用各种图形编辑方法,可以简化作图过程,减少重复操作,显著提高绘图的效率。

4.1 对象的选取

通常,大多数编辑命令执行之后,都会出现"选择对象:"的提示。在选择过程中,选中的对象醒目显示(图线变为虚线),"选择对象:"提示反复出现,直到按<Enter>键确认,结束选择集的操作。下面列出一些常用的对象选择方法。

(1)拾取框的选择。用拾取框逐个点取。

(2)窗口选择。即用鼠标拖出一个窗口,选取被包围的图形对象。该种方式分为两种情况:从左到右设置窗口,只能选中完全被包围的对象;从右到左设置窗口,将选中完全被包围以及被边框触及的对象。

(3)选择全部。在"选择对象:"的提示下输入 ALL 并按<Enter>键,将选中除了被锁住或被冻结对象以外的全部图形对象。

(4)栏选。在"选择对象:"提示下输入 F 并按<Enter>键,然后画一条折线,将选中与其相交的所有图形对象。使用栏选方式可以很容易地从复杂图形中选择非相邻的对象。

(5)扣除方式。在"选择对象:"提示下输入 R 并按<Enter>键,系统提示"删除对象:",此后选中的对象将从选择集中扣除。若要重新回到选择对象模式,在"删除对象:"提示下输入 A 并按<Enter>键即可。用户也可以按住<Shift>键选择对象完成扣除功能。

注意:默认情况下,AutoCAD 2008 允许用户先执行编辑命令再选取对象,也可以先选择对象再执行编辑命令。

4.2 常用编辑命令

一 删除命令 ERASE

1 ERASE 命令的激活方式

激活 ERASE 命令,可选择下列方式之一:

(1)单击"修改"工具栏上的图标 ✏。
(2)选择"修改"下拉菜单中的"删除"选项。
(3)在命令行输入 ERASE 或 E。

❷ 命令格式

采用 ERASE 命令时,其执行过程如下:
命令:ERASE ✓
选择对象: (选择一个或多个要删除的对象)
……
选择对象:✓   (选择完成后按 <Enter> 键确认)
这时将删除选中的所有对象。

提示:用户也可以使用快捷菜单删除对象,先选择需要删除的对象,在绘图区单击右键,弹出快捷菜单,在其上选择"删除"选项即可。复制、移动、旋转等其他操作也可以通过右键快捷菜单执行,后面就不再叙述了。

二、复制命令 COPY

❶ COPY 命令的激活方式

激活 COPY 命令,可选择下列方式之一:
(1)单击"修改"工具栏上的图标 ⌘。
(2)选择"修改"下拉菜单中的"复制"选项。
(3)在命令行输入 COPY 或 CO。

❷ 命令格式

采用 COPY 命令时,其执行过程如下:
命令:COPY ✓
选择对象: (选择一个或多个要复制的对象)
……
选择对象:✓   (选择完成后按 <Enter> 键确认)
指定基点或 [位移(D)/ 模式(O)]:<位移>:   (用鼠标拖动复制到指定位置)
指定第二个点或 [退出(E)/放弃(U)] <退出>:✓

命令中各项含义表述如下:
(1)此时若指定第二点,系统即以两点所确定的位移进行复制。
(2)指定位移,即键入 X、Y(三维还有 Z)方向的位移分量,中间用逗号分开,并忽略"指定位移的第二点或 <用第一点作位移>:"的系统提示,即直接按 <Enter> 键确认。

(3)选项 O 表示复制模式,[单个(S)/多个(M)],输入 M,可以连续多次复制所选择的对象。

三 镜像命令 MIRROR

镜像用于对选定的对象按照用户指定的镜像线(对称轴)对称复制。原对象可以删除,也可以保留。

1 MIRROR 命令的激活方式

激活 MIRROR 命令,可选择下列方式之一:
(1)单击"修改"工具栏上的图标 ⚎ 。
(2)选择"修改"下拉菜单中的"镜像"选项。
(3)在命令行输入 MIRROR 或 MI。

2 命令格式

采用 MIRROR 命令时,其执行过程如下:
命令:MIRROR ↙
选择对象: (选择一个或多个要镜像的对象)
……
选择对象:↙ (选择完成后按<Enter>键确认)
指定镜像线的第一点:
指定镜像线的第二点:
是否删除源对象?[是(Y)/否(N)] <N>:

【实例 4-1】 在图 4-1a)基础上利用镜像命令绘制图 4-1b)。

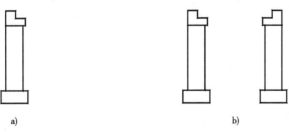

图 4-1 图形的镜像
a)镜像前;b)镜像后

命令:MIRROR ↙
选择对象: (选择桥台的左半部分)
选择对象:↙ (选择完成后按<Enter>键确认)
指定镜像线的第一点: (利用对象捕捉拾取对称轴线的上端点)

指定镜像线的第二点：　　　　　　　　　（利用对象捕捉拾取对称轴线的下端点）
是否删除源对象？[是(Y)/否(N)]＜N＞:↙　　（直接按＜Enter＞键，保留源对象）
完成图形。

四 阵列命令 ARRAY

ARRAY 命令用于对选定的对象按指定的方式（矩形或环形）进行多重复制。

1 ARRAY 命令的激活方式

激活 ARRAY 命令，可选择下列方式之一：
(1)单击"修改"工具栏上的图标 。
(2)选择"修改"下拉菜单中的"阵列"选项。
(3)在命令行输入 ARRAY 或 AR。

2 命令格式

激活 ARRAY 命令后，弹出如图 4-2 所示的"阵列"对话框，在该对话框中可以选择创建矩形阵列或环形阵列。

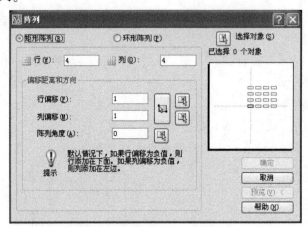

图 4-2 "阵列"对话框

(1)矩形阵列

在"阵列"对话框中选中"矩形阵列"单选按钮，可以设置矩形阵列的相关参数，包括行数、列数、行间距和列间距，还可以预览阵列的效果图。如果设置了阵列角度，还可以创建倾斜的矩形阵列。

偏移行间距、列间距和阵列角度的正负将影响阵列的方向，间距为正值将使阵列沿 X 轴或 Y 轴正方向阵列，阵列角度为正值将使阵列沿逆时针方向阵列，负值则相反。

(2)环形阵列

在"阵列"对话框中选中"环形阵列"单选按钮，如图 4-3 所示，可以设置环形阵列的相关参数，包括环形阵列的中心点、项目总数、填充角度和项目间角度，还可预览阵列的效果图。如果选中"复制时旋转项目"单选按钮，则阵列时将复制出旋转的对象。

单击"详细"按钮，还可以自定义对象基点。

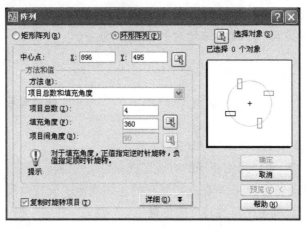

图 4-3　环形阵列

五　移动命令 MOVE

1　MOVE 命令的激活方式

激活 MOVE 命令，可选择下列方式之一：

(1) 单击"修改"工具栏上的图标 ✥。

(2) 选择"修改"下拉菜单中的"移动"选项。

(3) 在命令行输入 MOVE 或 M。

2　命令格式

激活 MOVE 命令后，操作方法与复制基本相同，只是移动后，原有图形不复存在。

六　旋转命令 ROTATE

1　ROTATE 命令的激活方式

激活 ROTATE 命令，可选择下列方式之一：

(1) 单击"修改"工具栏上的图标 ↻。

(2) 选择"修改"下拉菜单中的"旋转"选项。

(3) 在命令行输入 ROTATE 或 RO。

② 命令格式

执行 ROTATE 命令格式时,起执行过程如下:

命令:ROTATE ↙

UCS 当前的正角方向:ANGDIR = 逆时针 ANGBASE = 0

选择对象: (选择一个或多个需要旋转的对象)

……

选择对象:↙ (选择完成后按 <Enter> 键确认)

指定基点: (指定旋转中心)

指定旋转角度,或 [复制(C)/参照(R)]:

命令执行到这一步,可以采用不同的方式完成对对象的旋转。

(1)可以通过移动光标,光标所在点与基点的连线决定了旋转角度,当图形移至合适的位置后,单击鼠标左键,确定图形旋转后的位置。

(2)若输入一数值,系统将认定此数值为指定的旋转角度,正值逆时针旋转,负值顺时针旋转。

(3)若键入 C 并按 <Enter> 键,则将选中的对象复制后旋转。

(4)若键入 R 并按 <Enter> 键,系统接下来提示:

指定参照角 <0>: (指定一个参照角)

指定新角度: (指定新的旋转角度)

此时系统将把新角度与参照角度的差值作为最终旋转角度进行旋转。

七 缩放命令 SCALE

① SCALE 命令的激活方式

激活 SCALE 命令,可选择下列方式之一:

(1)单击"修改"工具栏上的图标 ▫ 。

(2)选择"修改"下拉菜单中的"比例"选项。

(3)在命令行输入 SCALE 或 SC。

② 命令格式

采用 SCALE 命令时,其执行过程如下:

命令:SCALE ↙

选择对象: (选择一个或多个需要缩放的对象)

……

选择对象:↙ (选择完成后按 <Enter> 键确认)

指定基点： （指定在比例缩放中的基准点，即缩放中心点）
指定比例因子或[复制(C)/参照(R)]： （指定一个比例因子或输入选项 C/R）
命令执行到这一步，可以采用不同的方法完成对对象的缩放。
(1)若指定一个比例因子，系统将按此比例放大(比例因子大于1)或缩小(比例因子小于1)选定的对象。
(2)如果键入 C 并按<Enter>键，则按比例(放大或缩小)复制出选中的对象。
(3)如果键入 R 并按<Enter>键，系统提示：
指定参照长度 <1>： （指定一个参照长度）
指定新长度： （指定一个新长度）
此时系统将按新长度和参照长度的比值作为比例因子缩放所选对象。

八 修剪命令 TRIM

TRIM 命令是用一些对象定义的剪切边去修剪另外的对象。

1 TRIM 命令的激活方式

激活 TRIM 命令，可选择下列方式之一：
(1)单击"修改"工具栏上的图标 -/-。
(2)选择"修改"下拉菜单中的"修剪"选项。
(3)在命令行输入 TRIM 或 TR。

2 命令格式

采用 TRIM 命令时，其执行过程如下：
命令：TRIM ↵
当前设置：投影=UCS,边=无
选择剪切边...
选择对象<或全部选择>： （用鼠标拾取对象）
……
选择对象：↵ （剪切边选择完成后，按<Enter>键确认）
选择要修剪的对象,或按住<Shift>键选择要延伸的对象,或[栏选(F)/窗交(C)/投影(P)/边(E)/删除(R)/放弃(U)]：
命令执行到这一步，可以采用不同的方法完成对对象的修剪。
(1)先选择参照的对象，再用栏选(F)或窗交(C)模式选择被修剪对象的被剪去部分。
(2)若按住<Shift>键选择要延伸的对象，剪切边将变为延伸边界，将选择的对象延伸至与剪切边相交。
(3)其他选项的含义：

P——指定修剪对象时使用的投影模式。
E——设置修剪边的隐含延伸模式。
R——将删除被修剪对象。
U——取消上一次的操作。

九 延伸命令 EXTEND

EXTEND 命令用于将指定的对象延伸到另一个指定的对象。

❶ EXTEND 命令的激活方式

激活 EXTEND 命令，可选择下列方式之一：

(1)单击"修改"工具栏上的图标 ⊣ 。

(2)选择"修改"下拉菜单中的"延伸"选项。

(3)在命令行输入 EXTEND 或 EX。

❷ 命令格式

采用 EXTEND 命令时，其执行过程如下：

命令：EXTEND ↙

当前设置：投影 = UCS，边 = 无

选择边界的边…

选择对象： （选择一个或多个对象作为其他对象的延伸边界）

……

选择对象：↙ （边界选择完成后按<Enter>键确认）

选择要延伸的对象，或按住<Shift>键选择要修剪的对象，或［栏选(F)/窗交(C)/投影(P)/边(E)/放弃(U)］：

用栏选(F)或窗交(C)模式选择要延伸的对象，该对象将延伸至距离光标拾取处最近的边界。其他选项的用法与修剪一样。

十 倒角命令 CHAMFER

❶ CHAMFER 命令的激活方式

激活 CHAMFER 命令，可选择下列方式之一：

(1)单击"修改"工具栏上的图标 ╱ 。

(2)选择"修改"下拉菜单中的"倒角"选项。

(3)在命令行输入 CHAMFER 或 CHA。

② 命令格式

采用 CHAMFER 命令时,其执行过程如下:

命令:CHAMFER ↙

("修剪"模式) 当前倒角距离1＝当前值,距离2＝当前值

选择第一条直线或 [放弃(U)/多段线(P)/距离(D)/角度(A)/修剪(T)/方式(E)/多个(M)]:D↙　　　　　　　　　　　　　　　　(一般都先指定倒角的大小)

指定第一个倒角距离 ＜当前值＞:　　　　　　　(输入第一条边的倒角距离)

指定第二个倒角距离 ＜当前值＞:　　　　　　　(输入第二条边的倒角距离)

选择第一条直线或 [放弃(U)/多段线(P)/距离(D)/角度(A)/修剪(T)/方式(E)/多个(M)]:　　　　　　　　　　　　　　　　　　　　　　(选择一条边)

选择第二条直线:　　　　　　　　　　　　　　　　(选择另一条边)

完成倒角。其他各选项含义为:

U——表示放弃刚才的输入。

P——表示对多段线作倒角编辑。

A——表示通过第一条边的倒角距离和角度。

T——设定修剪模式,控制是否将选定边修剪到倒角线端点。

E——控制设定倒角的方法。

M——表示对多条边作倒角编辑。

十一 圆角命令 FILLET

① FILLET 命令的激活方式

激活 FILLET 命令,可选择下列方式之一:

(1)单击"修改"工具栏上的图标 ⌒ 。

(2)选择"修改"下拉菜单中的"圆角"选项。

(3)在命令行输入 FILLET 或 F。

② 命令格式

采用 FILLET 命令时,其执行过程如下:

命令:FILLET ↙

当前设置:模式＝修剪,半径＝当前值

选择第一个对象或 [放弃(U)/多段线(P)/半径(R)/修剪(T)/多个(M)]:R↙

指定圆角半径 ＜当前值＞:　　　　(输入圆角半径值,输入一个具体值就可)

选择第一个对象或 [放弃(U)/多段线(P)/半径(R)/修剪(T)/多个(M)]:

(选择一个对象)

选择第二个对象,或按住<Shift>键选择要应用角点的对象：　　　　（选择另一个对象）
完成圆角。其他选项的应用与倒角一样。

十二 偏移命令 OFFSET

偏移用于对选定的对象进行等距离(即平行)的复制,如图 4-4 所示。

图 4-4　偏移图形举例

❶ OFFSET 命令的激活方式

激活 OFFSET 命令,可选择下列方式之一：
(1)单击"修改"工具栏上的图标 。
(2)选择"修改"下拉菜单中的"偏移"选项。
(3)在命令行输入 OFFSET 或 O。

❷ 命令格式

采用 OFFSET 命令时,其执行过程如下：
命令：OFFSET↙
当前设置：删除源 = 否,图层 = 源 OFFSETGAPTYPE = 0
指定偏移距离或[通过(T)/ 删除(E)/图层(L)] < 通过 >：
(1)若键入偏移距离并按<Enter>键,系统提示：
选择要偏移的对象或<退出>：　　　　　　　　　（选择要偏移的对象）
指定点以确定偏移所在一侧：　　　　　（在要偏移对象的一侧指定一点）
选择要偏移的对象或<退出>：　　（继续选择对象或按<Enter>键退出命令）
(2)若键入 T 并按<Enter>键,系统提示：
选择要偏移的对象或 <退出>：　　　　　　　　　（选择要偏移的对象）
指定通过点：　　　　　　　　　（指定一点,对象偏移后将通过该点）
选择要偏移的对象或 <退出>：　　（继续选择对象或按<Enter>键退出命令）
(3)若键入 E 并按<Enter>键,系统提示：
要在偏移后删除源对象吗？[是(Y)/否(N)] < 否 >：
　　　　　　　　　　　　　　　　　　（输入 Y 或 N 后继续下面的操作）
(4)若键入 L 并按<Enter>键,系统提示：
输入偏移对象的图层选项？[当前(C)/源(S)] < 源 >：
　　　　　　　　　　　　　　　　　　（输入 C 或 S 后继续下面的操作）

十三 分解命令 EXPLODE

EXPLODE命令可以将块、尺寸、多段线等组合对象分解成它们的组成成分,分解后可对它们的各个组成部分单独进行操作。

1 EXPLODE命令的激活方式

激活EXPLODE命令,可选择下列方式之一:
(1)单击"修改"工具栏上的图标 。
(2)选择"修改"下拉菜单中的"分解"选项。
(3)在命令行输入EXPLODE。

2 命令格式

采用EXPLODE命令时,其执行过程如下:
命令:EXPLODE ↙
选择对象:　　　　　　　　　　　　　(选择要分解的一个或多个对象)
……
选择对象:↙　　　　　　　　　　　　(选择完成后按<Enter>键或单击右键确认)
完成分解。

4.3 高级编辑命令

一 打断命令 BREAK

打断命令用于切掉图形对象的一部分,或将其切断为两部分。

1 BREAK命令的激活方式

激活BREAK命令,可选择下列方式之一:

(1) 单击"修改"工具栏上的图标 。

(2) 选择"修改"下拉菜单中的"打断"选项。

(3) 在命令行输入 BREAK 或 BR。

❷ 命令格式

采用 BREAK 命令时,其执行过程如下:

命令:BREAK ↙

选择对象: (选择要断开的对象)

指定第二个打断点或[第一点(F)]:

命令执行到这一步,可采用不同的方法断开对象。

(1) 若指定一点,系统将把选择对象时所定义的第一点和该点之间的部分切去。

(2) 若输入 F 并按 <Enter> 键,系统提示:

指定第一个打断点: (定义第一断点)

指定第二个打断点: (定义第二断点)

提示:若第二断点和第一断点重合,即可将对象在该点分为两部分。

二 拉伸命令 STRETCH

拉伸(STRETCH)命令与 MOVE 命令功能类似,它可以移动图形的指定部分,同时保持其与图形未动部分相连。

❶ STRETCH 命令的激活方式

激活 STRETCH 命令,可选择下列方式之一:

(1) 单击"修改"工具栏上的图标 。

(2) 选择"修改"下拉菜单中的"拉伸"选项。

(3) 在命令行输入 STRETCH 或 S。

❷ 命令格式

采用 STRETCH 命令时,其执行过程如下:

命令:STRETCH ↙

以交叉窗口或交叉多边形选择要拉伸的对象…

选择对象: (交叉窗口或交叉多边形选择要拉伸的对象)

选择对象: (继续选择对象或以 <Enter> 确认选择完成)

指定基点或[位移(D)]: (指定拉伸的基点或拉伸的位移)

指定第二个点或 <使用第一个点作为位移>:

命令执行到这一行,可采用不同的方法拉伸对象。

(1)如果输入第二点,对象将从基点到第二点拉伸矢量距离。
(2)如果输入 D 按 <Enter> 键,系统提示指定位移,输入位移值(X,Y,Z)后则拉伸位移值坐标确定的距离。

三 编辑多段线命令 PEDIT

编辑多段线(PEDIT)命令是对于用 PLINE 命令画出的多段线的专门编辑命令。

1 PEDIT 命令的激活方式

激活 PEDIT 命令,可选择下列方式之一:
(1)单击"修改Ⅱ"工具栏上的图标 。
(2)选择"修改"下拉菜单中的"对象"\"多段线"选项。
(3)在命令行输入 PEDIT 或 PE。

2 命令格式

采用 PEDIT 命令时,其执行过程如下:
命令:PEDIT↙
选择多段线或[多条(M)]:　　　　　　　　　　　(选择要编辑的多段线)
此时可采用两种操作方式对多段线进行编辑。
(1)"选择多段线"选项的操作方式。当选择某个多段线对象后,AutoCAD 2008 提示:
输入选项[闭合(C)/合并(J)/宽度(W)/编辑顶点(E)/拟合(F)/样条曲线(S)/非曲线化(D)/线型生成(L)/放弃(U)]:

提示:执行 PEDIT 命令后,如果选择的对象不是多段线,AutoCAD 2008 提示:
选定的对象不是多段线
是否将其转换为多段线? <Y>
如果用 Y 响应,AutoCAD 2008 则将该对象转换为多段线,并进行编辑操作。
"输入选项[闭合(C)/合并(J)/宽度(W)/编辑顶点(E)/拟合(F)/样条曲线(S)/非曲线化(D)/线型生成(L)/放弃(U)]:"提示中各选项含义如下:
①闭合(C) 封闭多段线。执行该选项,AutoCAD 2008 会封闭所编辑的多段线,然后给出提示:
输入选项[打开(O)/合并(J)/宽度(W)/编辑顶点(E)/拟合(F)/样条曲线(S)/非曲线化(D)/线型生成(L)/放弃(U)]:
即把"闭合(C)"选项换成了"打开(O)"选项。若此时执行"打开(O)"选项,AutoCAD 2008 会把多段线从封闭处打开,而提示中的"打开(O)"选项又换成"闭合(C)"选项。
②合并(J) 将已有线段、圆弧或多段线连接到所编辑的非闭合多段线上。执行该选项,AutoCAD 2008 提示:

选择对象：

在此提示下选择各对象后按＜Enter＞键，AutoCAD 2008 将它们连成一条多段线。

提示：执行该选项进行连接时，欲连接的各相邻对象必须在形式上彼此已经首尾相连，否则 AutoCAD 2008 提示：

0 条线段已添加到多段线

③宽度(W)：确定所编辑多段线的新宽度。执行该选项，AutoCAD 2008 提示：

指定所有线段的新宽度：

在该提示下输入新的线宽值后按＜Enter＞键，所编辑多段线的各线段均变成该宽度。

④编辑顶点(E)：编辑多段线的顶点。执行该选项，AutoCAD 2008 提示：

输入顶点编辑选项[下一个(N)/上一个(P)/打断(B)/插入(I)/移动(M)/重生成(R)/拉直(S)/切向(T)/宽度(W)/退出(X)]＜N＞：

各选项含义如下：

下一个(N)——执行"编辑顶点(E)"选项进入编辑多段线顶点操作后，AutoCAD 2008 在屏幕上用一个小叉标记出多段线上的第一点，表示该顶点为当前编辑点。利用"下一个(N)"选项，AutoCAD 2008 可以把小叉标记移到多段线上的下一个顶点，即将此点设为当前编辑点。

上一个(P)——执行该选项，AutoCAD 2008 把小叉标记移到前一个顶点处，即将当前编辑顶点前移。

打断(B)——删除多段线上指定两顶点之间的线段。很显然，执行此删除操作后，AutoCAD 2008 将原多段线分为两段。执行"打断(B)"选项，AutoCAD 2008 把当前编辑顶点作为第一断点，并提示：

输入选项[下一个(N)/上一个(P)/执行(G)/退出(X)]＜N＞：

其中"下一个(N)"和"上一个(P)"选项分别用于使编辑顶点后移或前移，以确定第二断点；"执行(G)"选项用于执行对位于第一断点到第二断点之间的多段线的删除操作，"退出(X)"选项用于退出打断操作，返回到上一级提示。

插入(I)——在当前编辑的顶点后面插入一个新顶点。执行该选项，AutoCAD 2008 提示：

指定新顶点的位置：

在该提示下确定新顶点的位置即可。

移动(M)——将当前的编辑顶点移动到新位置。执行该选项，AutoCAD 2008 提示：

指定标记顶点的新位置：

在该提示下确定新位置即可。

重生成(R)——该选项用来重新生成多段线。

拉直(S)——拉直多段线中位于指定两顶点之间的线段。执行该选项，AutoCAD 2008 把当前编辑顶点作为第一拉直端点，并给出如下提示：

输入选项[下一个(N)/上一个(P)/执行(G)/退出(X)]＜N＞：

其中"下一个(N)"和"上一个(P)"选项用于确定第二个拉直点;"执行(G)"选项用于执行对应于两顶点之间的线段的拉直,即用一条直线代替它们;"退出(X)"选项表示退出拉直操作,返回到上一级提示。

切向(T)——改变当前所编辑顶点的切线方向。执行该选项,AutoCAD 2008 提示:

指定顶点切向:

用户可以直接输入表示切向方向的角度值,也可以确定一点。确定一点后,AutoCAD 2008 以多段线上的当前点与该点的连线方向作为切线方向。确定顶点的切线方向后,Auto-CAD 2008 用箭头表示其方向。

宽度(W)——改变多段线中位于当前编辑顶点之后的那一条线段的起点宽度和终点宽度。执行该选项,AutoCAD 2008 将提示:

指定下一条线段的起点宽度 <0.0000>:

指定下一条线段的端点宽度 <0.0000>:

重新设置宽度后,对应线段按新宽度显示。

退出(X)——退出编辑顶点操作,返回到执行相应的 PEDIT 命令后给出的提示。

⑤拟合(F):用双圆弧曲线拟合所编辑的多段线。

⑥样条曲线(S):用样条曲线拟合所编辑的多段线,且拟合时以多段线的各顶点作为样条曲线的控制点。

提示:系统变量 SPLINETYPE 控制通过拟合所得到的样条曲线的类型。当 SPLINETYPE 的值为 5 时,生成二次 B 样条曲线;当值为 6 时,生成三次 B 样条曲线(系统变量 SPLINE-TYPE 的默认值为 6)。系统变量 SPLINESEGS 可以控制通过拟合所得到的样条曲线的精度,其值越大,精度也就越高;系统变量 SPLFRAME 可以控制是否显示样条曲线的线框,当变量值为 0 时(默认值),只显示样条曲线,当值为 1 时,同时显示样条曲线和曲线的线框。

⑦非曲线化(D):对样条曲线进行反拟合操作,删除在上述执行"拟合(F)"或"样条曲线(S)"选项操作时插入的额外顶点,并且拉直多段线中的所有线段,同时保留多段线顶点的所有切线信息。

⑧线型生成(L):确定非连续型多段线在各顶点处的画线方式。执行该选项,AutoCAD 2008 提示:

输入多段线线型生成选项[开(ON)/关(OFF)]<关>:

⑨放弃(U):取消 PEDIT 命令的上一次操作。用户可重复使用该选项。

(2)"选择(M)"选项的操作,"多条(M)"选项则允许用户同时编辑多条多段线。在"选择多段线或[多条(M)]:"提示下执行"多条(M)"选项,AutoCAD 2008 提示:

选择对象:

在此提示下用户可以选择多个对象。选择完成按 <Enter> 键后,AutoCAD 2008 提示:

输入选项[闭合(C)/打开(O)/合并(J)/宽度(W)/拟合(F)/样条曲线(S)/非曲线化(D)/线型生成(L)/放弃(U)]:

上面提示中的各选项中,除了"合并(J)"选项外,其余项与前面介绍的同名项的功能相同。利用这些选项,用户可以同时对多条多段线进行编辑操作。提示中的"合并(J)"选项可以将用户选择的并没有首尾相连的多条多段线合并成一条多段线。执行"合并(J)"选项,AutoCAD 2008 提示:

合并类型＝延伸

输入模糊距离或[合并类型(J)] <0.0000>:

对上面两行命令说明如下。

①提示中的第一行说明当前的合并类型。

②第二行提示中两选项的功能如下:

a. 输入模糊距离:确定模糊距离。应使模糊距离足够大,以便能够将欲连接的端点包含进去,从而使 AutoCAD 2008 实现相应的连接。

b. 合并类型(J):确定合并类型。执行该选项,AutoCAD 2008 提示:

输入合并类型[延伸(E)/添加(A)/两者都(B)] <延伸>:

延伸(E)——通过延伸或修剪靠近端点的线段来实现连接。

添加(A)——通过在相近的两个端点处添加直线段实现连接。

两者都(B)——如果可能,通过延伸或修剪靠近端点的线段实现连接,否则通过在相近的两个端点处添加直线段实现连接。

四 属性编辑修改

AutoCAD 2008 提供了用于编辑图形特性的通用工具——"特性"对话框。该对话框主要用于浏览、修改 AutoCAD 2008 对象的特性。

1 命令的激活方式

激活特性修改命令,可选择下列方式之一:

(1)单击"标准"工具栏上的图标 。

(2)选择"修改"下拉菜单中的"特性"选项,或者选择"工具"下拉菜单中的"对象特性管理器"选项。

(3)在命令行输入 PROPERTIES 或 PR。

2 命令格式

命令执行后,系统弹出"特性"窗口,如图 4-5 所示(在 AutoCAD 2008 中,双击某一图形对象,AutoCAD 2008 一般会自动打开"特性"窗口,并在窗口中显示出该对象的全部特性)。用户可以改变"特性"窗口的位置,调整它的大小。

在"特性"对话框中可以修改选中对象的属性和几何参数。对话框中的具体内容与选定的对象的个数和类型有关。打开"特

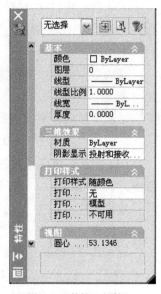

图 4-5 "特性"对话框

性"窗口后,如果没有选中图形对象,窗口中显示出当前环境的特性及其当前设置。例如,在"基本"栏中,显示出当前的绘图颜色、图层、线型、线宽等。如果选中单一对象,"特性"对话框中会列出该对象的全部特性及其当前设置。如果选择同一类型的多个对象,"特性"对话框中列出这些对象的共有特性及其当前设置。如果选择的是不同类型的多个对象,"特性"对话框中则列出这些对象的基本特征以及它们的当前设置。

另外,"特性"窗口中还有 ![] (选择对象)和 ![] (快速选择)两个按钮。

(1) ![] (选择对象)用于选择对象以在"特性"对话框中显示指定对象的特性。单击该按钮,AutoCAD 2008 提示:

选择对象:

在此提示下选择对象后按 <Enter> 键,在"特性"对话框中就会显示出这些对象的特性或公共特性。

(2) ![] (快速选择)按钮用于快速选择对象。单击该按钮,会弹出如图 4-6 所示的"快速选择"对话框。快速选择是指根据指定的条件创建选择集。

对话框中主要项的功能如下:

"应用到"下拉列表——确定选择条件的适用范围。可以通过下拉列表从"整个图形"和"当前选择"(如果已经选择了对象,则下拉列表中有该项)中选择,即确定要将选择条件应用到整个图形,还是只应用于指定的对象。

"对象类型"下拉列表——确定要满足选择条件的对象类型(如是圆还是线等),从相应的下拉列表中选

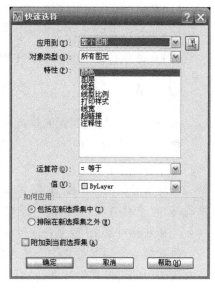

图 4-6 "快速选择"对话框

择即可,默认为所有对象。如果"应用到"下拉列表中选择了"整个图形","对象类型"下拉列表会包括图形中绘制的所有对象类型,包括用户定制的类型。如果在"应用到"下拉列表中选择"当前选择","对象类型"下拉列表只包含所选择的对象类型。

"特性"列表框——确定要满足条件的对象特性。"特性"列表框列出了在"对象类型"下拉列表中所确定的对象类型的所有特性。

"运算符"下拉列表——根据简单的运算符构造选择条件。对于在"特性"列表框中选择的对象特性,用户可以在"等于"、"不等于"、"大于"、"小于"、"全部选择"之间选择。

"值"下拉列表——确定满足选择条件的特性值。如果用户选择的对象特性的值是固定的几个值,则应从列表中选择,否则要输入具体的值。

"如何应用"选项组——确定是将满足选择条件的对象加入到选择集中还是排除在选择集外。"包括在新选择集中"单选按钮表示新创建的选择集中的对象均要满足选择条件,而"排除在新选择集之外"单选按钮则表示所创建的选择集中的对象均不满足选择条件。

"附加到当前选择集"单选按钮——确定是否将由快速选择确定的选择集附加到当前集中。

确定选择条件及对象范围后,单击"确定"按钮,在当前图形中就会选中指定条件的图形。

五 特性匹配

1 命令的激活方式

激活特性匹配命令,可选择下列方式之一:

(1)单击"标准"工具栏上的图标 ▱ 。
(2)选择"修改"下拉菜单中的"特性匹配"选项。
(3)在命令行输入 MATCHPROP 或 MA。

2 命令格式

采用命令时,特性匹配的执行过程如下:
命令:MATCHPROP✓
选择源对象:
当前活动设置:颜色 图层 线型 线型比例 线宽 厚度 打印样式 标注 文字 填充图案 多段线 视口 表格材质 阴影显示 多重引线
选择目标对象或[设置(S)]:

先选择一个图形对象作为源对象,再选择需要修改的目标对象,这时,从属于源对象的所有可应用的特性都将被自动地复制到目标对象上。

如果只需要将源对象的部分特性复制到目标对象上,可使用"设置(S)"选项,打开"特性设置"对话框选择要复制的特性,如图4-7所示。

图4-7 "特性设置"对话框

单元小结

本单元介绍了基本编辑命令中的删除、复制、镜像、阵列、移动、旋转、缩放、修剪、延伸、倒角、圆角、偏移、分解图形等命令的使用;介绍了打断、拉伸图形、多段线的编辑和属性编辑修改命令的使用技巧。本单元内容对精确、高效绘制专业图形有较好的指导意义。涉及的主要内容和基本操作详见表4-1。

主要内容和基本操作　　　　　　　　　　　　　表4-1

工作任务	主要内容	主要命令或操作
4.1 对象的选取	对象的单个拾取 对象的多个拾取	用拾取框逐个点取个点取 窗口选择 选择全部 栏选 扣除方式
4.2 常用编辑命令	各命令的功能 各命令的操作步骤 各命令的操作技巧	ERASE(删除命令) COPY(复制命令) MIRROR(镜像命令) ARRAY(阵列命令) MOVE(移动命令) ROTATE(旋转命令) SCALE(缩放命令) TRIM(修剪命令) EXTEND(延伸命令) CHAMFER(倒角命令) FILLET(圆角命令) OFFSET(偏移命令) EXPLODE(分解命令)
4.3 高级编辑命令	各命令的功能 各命令的操作步骤 各命令的操作技巧 各命令在专业图绘制中的应用	BREAK(打断命令) STRETCH(拉伸命令) PEDIT(编辑多段线命令) ATTEDIT(特性编辑修改) MATCHPROP(特性匹配)

自我检测

1. 以点(90,160)为圆心作一半径为60的圆,在圆周上均匀作出八个边长为10的正方形,且正方形的中心点落在圆周上,如图4-8所示。

2. 按照所给尺寸绘制图形(如图4-9所示)并填充图案。

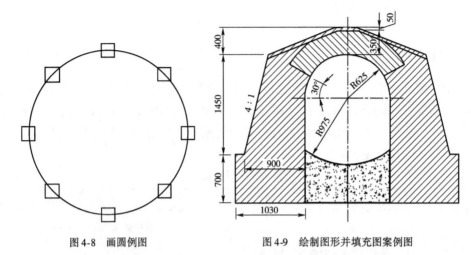

图 4-8　画圆例图　　　　图 4-9　绘制图形并填充图案例图

3. 利用矩形阵列绘制等间距钢筋网,如图 4-10 所示。

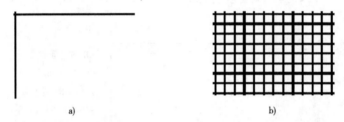

图 4-10　矩形阵列示例

4. 利用环形阵列绘制灌注桩钢筋,如图 4-11 所示。

提示:先利用 LIST 命令测试箍筋周长,根据主筋间距和箍筋周长计算阵列的个数。

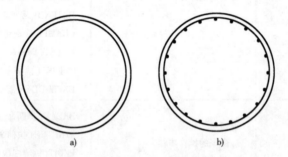

图 4-11　环形阵列例图

5. 利用修剪命令绘制十字路口,如图 4-12 所示。

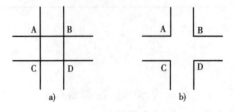

图 4-12　修剪例图

6. 利用圆角命令绘制两端带弯钩的直筋,如图 4-13 所示。

图 4-13　圆角例图

7. 利用偏移命令绘制拱圈,如图 4-14 所示。

提示:先制作被偏移对象,然后再用捕捉端点方式画图 4-14b)中的两个短直线。

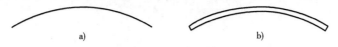

图 4-14　偏移例图

单元 5

文字与尺寸的标注

 学习目标

1. 理解文字标注与尺寸标注的概念。
2. 掌握文字标注与尺寸标注的样式并能灵活运用。

 工作任务

1. 文字的标注流程。
2. 尺寸的标注流程。

 学习指南

在图形中,使用文字可标明图形的各个部分,或是给图形添加必要的注解。使用尺寸标注可以显示对象的测量值,例如基础的长度、柱的直径或建筑物的面积。通过向图形添加文字和尺寸标注,可向施工人员提供足够的图形尺寸信息,帮助其准确理解设计者的整体构思,还可以由此得到工程效果的有关信息。

文字标注的流程:定义格式→标注→调整。

尺寸标注的流程:定义(尺寸标注用)文字格式→定义尺寸标注样式(注意比例、数字位数设置)→标注→检查→调整。

5.1 文字的标注

一 文字样式

在 AutoCAD 2008 图形界面添加文字之前,首先要定义使用文字的样式,包括文字的字体、字高、文字倾角等参数。如果在创建文字之前未对文字样式进行定义,键入的所有文字都将使用当前文字样式。

1 文字样式的激活方式

激活文字样式命令,可选择下列方式之一:
(1)单击"样式"工具栏上的"文字样式"图标按钮 。
(2)选择"格式"下拉菜单中的"文字样式"选项。
(3)命令行输入 STYLE。
激活文字样式(STYLE)命令后,就可以看到图 5-1 的对话框。

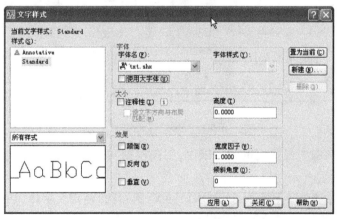

图 5-1 文字样式对话框

2 文字样式名称

如图 5-1 所示,对样式名的操作主要包括下列几项内容:

(1)创建新样式:点击"文字样式"对话框中的"新建(N)"按钮,弹出"新建文字样式"对话框,在样式名编辑框内输入新定义的样式名,单击"确定"按钮返回"文字样式"对话框。"样式"区域的下拉列表中将显示新定义的样式名。

(2)改变当前样式:在"样式"栏下拉列表中,选择"所有样式"则"样式"框中包含有当前图形中已定义的样式名,当前样式则直接显示。从下拉列表中选择一个样式,点击"置为当前(C)"按钮,该样式即被选为当前样式。

(3)样式改名:单击选择"样式"框列表中要修改样式,右击弹出"重命名"按钮,单击选择,即可在出现的对话框中输入新名字,单击<Enter>键确定。需要注意的是缺省名Standard,不可以对之改名。

(4)删除闲置样式:在"样式"区域的下拉列表表中选择欲删除的字型,点击"删除(D)"按钮,该字型即从当前图形中删除。Standard字型和图中文字正使用的字型无法删除。

❸ 文字样式的字体、大小

文字样式字体的操作包括:字体名(F)、字体样式(Y)及是否使用亚洲语种的大字体选项(U)。文字样式大小的操作包括:高度(T)、注释性(I)、指定文字为Annotative,及指定图纸空间视口中的文字方向与布局方向匹配的使文字方向与布局匹配(M),如果清除选项"注释性",则该选项不可用,如图5-2所示。

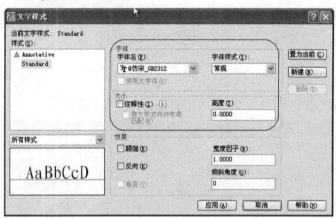

图5-2 "字体"、"大小"栏

在路桥工程制图中最常用的为仿宋字,字高根据实际需要从2、3、5、7、10中任选其一即可。

如果要使用外部矢量字库如BIGFONT.SHX,则勾选"使用大字体(U)"单选按钮后,单击其出现的"大字体(B)"选项的下拉列表,可选择上述字体。

❹ 文字样式的效果

文字样式的效果包括:颠倒(E)、反向(K)、垂直(V)、宽度比例(W)、倾斜角度(O)。

一般在路桥工程制图中,只把宽高比定义为0.7;字符的倾角为0,其他选项一般不选。

5 确认文字样式的设置

对设置的文字样式进行预览,如果对其效果满意,单击"应用"按钮,AutoCAD 2008将各选项的设置应用到图形中,并作为当前样式使用;若不单击"应用"按钮,则当选择改变当前样式时,弹出关闭"文字样式"对话框提示,如图5-3所示;单击"是(Y)"按钮,AutoCAD 2008即可保存对文字样式所做的更改,并切换到另一样式;若不单击"应用"按钮,则单击"关闭",设置样式不能保存。

图5-3 修改样式并切换对话框提示

二 单行文字的录入

对于不需要使用多种字体的简短内容,可使用AutoCAD 2008提供的TEXT、- TEXT或DTEXT命令来创建。TEXT、- TEXT、DTEXT命令可创建单行或多行文字,在结束每行文字时按<Enter>键,创建的每行文字都是一个独立的对象,可以对其重新定位、调整格式或进行其他修改等操作。下面就"- TEXT"命令作介绍。

1 命令格式及启动

激活 - TEXT单行文字命令,采用下列方式:
在命令行输入 - TEXT命令按<Enter>键,则出现如图5-4所示的命令行。

图5-4 - TEXT命令显示窗口

2 对齐方式操作

(1)各种对齐格式对应的文字插入点

图5-5是对文字插入位置的详细描述。例如,对于英文字体可以在文字高度方向用"四线三格"来理解:这四条线从上到下依次为Top、Middle、Base Line和Bottom,但是三个格并不等距,前两个格高度相等[即Middle(中线)与顶线和基线的距离相等],最后一个格高度较小。在左右方向把文字范围等分为两份——左中右三条线用英文分别表示为Left、Center和Right,这三条竖线与刚才讲的"四线三格"共有12个交点,各交点(基线交点除外)分别以相交两条线名称的第一个字母组合命名,如MC就是Middle(上下方向)、Center(左右方向)和在一起的缩写。

图 5-5 中的各标出点为文字的插入点,各符号的意义如下:

TL——顶部左侧。
TC——顶部中间。
TR——顶部右侧。
ML——中间左侧。
MC——中间中间。
MR——中间右侧。
BL——底部左侧。
BC——底部中间。
BR——底部右侧。
M(Middle)——中心。
Start——基线左端。
Center——基线中心。
Right——基线右端。

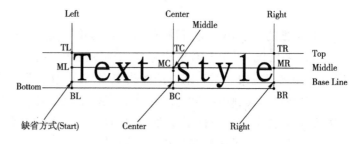

图 5-5 文字插入位置示意图

对于单行汉字文字不必掌握的像英文字体那么复杂,一般能记住与基线有关的三个点(Start、Center、Right)和 Middle 就能满足常用的要求。在此需要强调的一点就是文字的高度并不是从 Top 到 Bottom 的高差,对于英文字体和汉字要区别对待。从图 5-5 可以看出一般的英文字体的高度为:大写字母介于 Top(顶线)和 Baseline(基线)之间,小写字母的下边界为 Bottom。而从图 5-6 看出常用汉字的高度(仿宋体、宋体)与英文的高度有较大差别,汉字下部从 Bottom 起直到超出 Top 以上大约为 Bottom 至 Base Line 的高差,换句话讲,汉字的指定高度要小于其实际高度;汉字体中唯一实际高度与指定高度完全一致的为隶书字体。

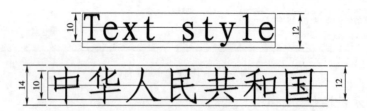

图 5-6 汉字高度与英文高度的对比(尺寸单位:mm)

(2)各种格式的操作

①选择当前文字字型。其在命令行的执行过程如下:

命令:-TEXT↙ （启动"-TEXT"命令）
指定文字的起点或[对正(J)/样式(S)]:S↙ （键入 S 选择 STYLE 选项）
输入样式名或[?]<Standard>: （输入字型名）

用户可以输入字型名,或按<Enter>键沿用当前字型,可查询当前图形中已定义的字型及其相关参数。这样,所指定的字型即成为系统的当前字型。

②对齐方式的选择。对正(J)选项用来控制文字的方式。所谓文字的对齐方式是指文字上的那一点对准用户指定的对齐点(图5-5)。其在命令行的执行过程如下：

命令：-TEXT ✓ （启动"-TEXT"命令）
指定文字的起点或[对正(J)/样式(S)]：J ✓ （键入J选择对正选项）
输入选项
[对齐(A)/调整(F)/中心(C)/中间(M)/右(R)/左上(TL)/中上(TC)/右上(TR)/左中(ML)/正中(MC)/右中(MR)/左下(BL)/左下(BL)/中下(BC)/右下(BR)]：

键入关键字选择相应的对齐方式，然后根据提示指定对齐点。选择不同的对齐方式，系统的提示有所不同。

a. 两端变高对齐(ALIGN)。
指定文字的起点或[对正(J)/样式(S)]：A ✓ （键入A选择两点变高对齐方式）
输入文字基线的第一个端点：5,5 ✓ （输入文字基线起点5,5）
输入文字基线的第二个端点：6,9 ✓ （输入文字基线终点6,9）

这种方法将根据当前字型的宽度因子、指定两点的距离及输入文字的字符个数，计算文字字符的高度，使所输入的文字正好嵌入在这两点之间。文字串越长，文字的高度就愈小。文字的倾斜角度也由这两点决定。

b. 两点变宽对齐(F)。
指定文字的起点或[对正(J)/样式(S)]：F ✓ （键入F选择两点变宽对齐方式）
输入文字基线的第一个端点：8,5 ✓ （输入文字基线起点8,5）
输入文字基线的第二个端点：9,5 ✓ （输入文字基线终点9,5）
指定高度<2.5>：0.4 ✓ （输入文字高度0.4）
输入文字：FIT ✓ （输入文字内容FIT）

这种对齐方式将根据输入两点的距离、文字高度及文字串的长度决定文字的宽度因子，在指定的两点间写出文字，文字的倾斜角度也由这两点决定。

c. 其他对齐方式。

默认对齐方式(Strat)、Center对齐方式和Right对齐方式都是相当于基线而言的，Middle对齐方式与底线和顶线距离相等。其他对齐方式见图5-5所示。

例如：键入C选择Center对齐方式后，系统提示：
指定文字的中心点： （输入基线中心对齐点）

③确定字符高度、旋转角度并输入文字字符。
指定字高<0>：0.5 ✓ （输入文字高度0.5）
指定文字的旋转角度<0>：30 ✓ （输入文字旋转角度30°）
输入文字：AutoCADtext ✓ （输入文字"AutoCADtext"）
输入文字：✓ （结束文字录入工作）

重要提示：如果选用字体为固定高度（即定义该样式时指定了非 0 字高），或者对齐方式为对齐(A)，–TEXT 命令不会提示字高；如果指定的当前方式为两端变高对齐(A)或两点变高对齐(F)，–TEXT 命令不会提示旋转角度。

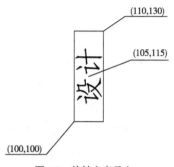

【实例 5-1】 完成如图 5-7 所示的文字录入。

命令：– TEXT ↙ （启动"– TEXT"命令）
指定文字的起点或[对正(J)/样式(S)]：M ↙
　　　　　　　　（键入 M 直接选择 Middle 选项）
指定文字的中间点：105,115 ↙
指定高度 <2.5000>：7 ↙
指定文字的旋转角 <0>：90 ↙
输入文字：设计 ↙
输入文字：↙

图 5-7 旋转文字录入
（插入点坐标为 105,115）
（给定文字高度）
（文字旋转角度）
（输入文字）
（结束该操作）

提示：动态文字录入命令可参照 –TEXT 命令执行。

三 多行文字的录入

一个多行文字具有统一的宽度，可以由任意一个文字行和文字段落（Paragraph）组成。不管文字有多少行，一次 MTEXT 命令产生的若干段落只是一个实体，实体类型为 MTEXT。用户可以对多行文字中的词汇和字符进行格式控制。

1 命令启动及命令的功能

（1）启动 MTEXT 命令。要启动 MTEXT 命令，可选择下列方式之一：
①点击"绘图"工具条下的图标 **A**。
②选择下拉菜单的"绘图"\"文字"\"多行文字"菜单项。
③在命令行输入 MTEXT 命令或命令缩写 MT。
（2）命令的功能。创建多行文字实体，并为设置多行文字实体的整体格式和选择文字的字符格式，提供了快捷方便的方法。图形中比较长或比较复杂的文字，可以使用 MTEXT 命令进行标注。

2 多行文字录入步骤及常见问题

命令：MT(MTEXT) ↙
MTEXT 当前文字样式："Standard" 文字高度：2.5 注释性：否
指定第一角点： （输入第一角点）
指定对角点或[高度(H)/对正(J)/行距(L)/旋转(R)/样式(S)/宽度(W)/栏(C)]：
（1）指定文字边界的宽度和文字流的方向。
①可用两个对角点确定的边界框指定文字边界的宽度和文字流的方向。左右拖拽边界

框确定文字边界的宽度,上下拖拽边界框确定文字流的方向。边界框中的箭头指示在当前对齐方式下输入文字流的方向。

指定第一角点:第一角点坐标

指定对角点或[高度(H)/对正(J)/行距(L)/旋转(R)/样式(S)/宽度(W)/栏(C)]:第二角点坐标

②选择:"宽度(W)"选择项在命令行输入宽度。

指定第一角点:第一角点坐标

指定对角点或[高度(H)/对正(J)/行距(L)/旋转(R)/样式(S)/宽度(W)/栏(C)]:

W↙ (选择宽度项)

指定宽度:50↙ (输入文字边界的宽度)

(2)确定多行文字的字符高度、对齐方式、流动方向、旋转角度和当前字型。分别使用高度(H)、栏(C)、对正(J)、旋转(R)、样式(S)选项可完成相应设置。在确定新文字或选择的文字相对于文字边界矩形的对齐方式和流动方向时,默认对齐方式为 TL,即标注多行文字第一行的左上角对准边界矩形的左上角,其他各行向下标注,与第一行左边对齐。利用矩形上的九个对齐点中的一个,在矩形内对齐文字。

在矩形的宽度方向,文字可以左齐(Left)、右齐(Right)或居中(Center)对齐。文字流动方向控制一个段落中的文字自顶向下(Top)、自底向上(Bottom)还是从中间向上下(Middle)流动。即在最后的多行文字实体的高度方向上,文字是上齐、下齐还是中间对齐。

(3)"文字格式"对话框。指定对角点或进行设置后,弹出文字格式多行文字的"文字格式"对话框(图 5-8):

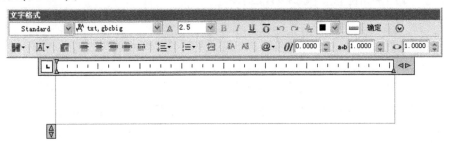

图 5-8 "文字格式"对话框

在"文字格式"对话框中,可以输入多行文字。在输入完文字后,AutoCAD 2008 把在对话框中输入的文字,插入到段落宽度范围内。

(4)多行文字特性修改。当选择多行文字时,在"特性"对话框中的"文字"特性中选择"内容"选项,并单击其右列的按钮,弹出"文字格式"对话框,如图 5-8 所示。

用户可在"文字格式"编辑器中对多行文字进行编辑,也可以在"特性"对话框中进行编辑。在"特性"对话框中,与编辑单行文字相同的选项就不再多介绍了。下面针对多行文字的特性选项做一下介绍。

①方向:从该下拉列表中选择"水平"、"垂直"或"随样式",以确定多行文字与显示字符的对齐方式。

②行距比例:在该文字框中键入比例值以确定多行文字行距的宽度。
③行距样式:从该下拉列表中选择"至少"或"精确"选项。

【实例 5-2】 进行图 5-9 所示的多行文字录入。

命令:MTEXT↙

MTEXT 当前文字样式:"Standard"文字高度:2.5 注释性:否

指定第一角点:100,50↙

指定对角点或[高度(H)/对正(J)/行距(L)/旋转(R)/样式(S)/宽度(W)/栏(C)]:W↙

指定宽度:180↙

出现图 5-8 的对话框后,录入文字后出现图 5-9 的样式,在文字区录完文字后可以选择"确定"退出对话框,在图形工作区的对应位置得到了我们所需要的文字。

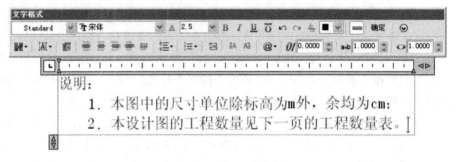

图 5-9　多行文字录入示例

四 文字的拼写检查、查找和替换

1 拼写检查

AutoCAD 2008 虽然是一个专业的绘图软件,但对于有些图形,文字起到举足轻重的作用。因此,对标注的文字进行拼写检查就显得非常有必要。AutoCAD 2008 具有拼写检查的功能,它可以检查图形中所有文字的拼写,包括单行文字、多行文字、属性值中的文字、块参照及其关联的块定义中的文字,以及嵌套块中的文字。

执行"工具"\"拼写检查"命令,或在命令行中键入 SPELL 按 <Enter> 键,AutoCAD 2008 都会出现"拼写检查"对话框,如图 5-10 所示。

选择"要进行检查的位置(W)"下拉列表中的"整个图形"\"当前空间/布局"\"选定的对象"菜单项,然后按 <开始> 键进行检查。如果 AutoCAD 2008 找不到拼错的词语,会出现一条"拼写检查完成"的信息。如果 AutoCAD 2008 找到错误拼写,就会在"拼写检查"对话框中标出拼错的词语。

2 查找和替换

当要对文字标注中的某个字或词进行修改时,可以使用 AutoCAD 2008 提供的查找和替换功能可以方便快捷地修改文字对象。

激活查找和替换命令,可选择下列方式之一:

(1)选择下拉菜单的"编辑"\" 查找(F)"菜单项。

(2)终止所有活动命令,在绘图区域单击鼠标右键然后选择"查找(F)"。

就弹出"查找和替换"对话框如图5-11所示。

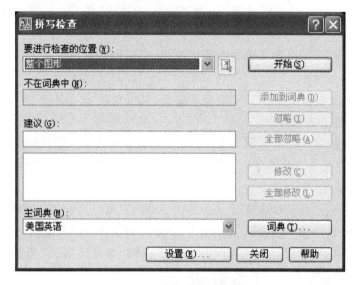

图5-10 "拼写检查"对话框

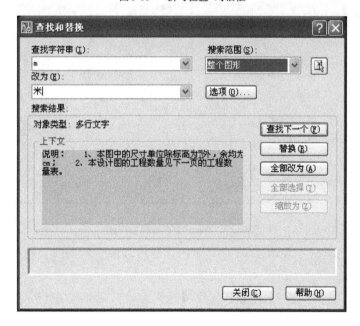

图5-11 "查找和替换"对话框

下面对该对话框中各个选项的功能及设置做简要介绍。

①"搜索范围(S)"选项用来指定是查找整个图形还是查找当前所选择的对象。如果选

择了要查找的对象,在该下拉列表中选择"当前选择"以查找选定对象内的文字。如果没有选择要查找的对象,AutoCAD 2008 将以默认选项"整个图形"进行查找。

当要指定查找对象时,可单击"搜索范围"选项右边的 ![] (选择对象)按钮 AutoCAD 2008 将自动切换到绘图窗口。选择至查找的对象后,按 <Enter> 键即可再次切换到对话框。

②"查找字符串(I)"选项用来键入要查找的字符串,或在下拉列表中选择最近常用的字符串。

③"改为(E)"选项用来键入要替换的字符串,也可以在其下拉列表中选择要替换的字符串。

④单击"选项(O)"按钮,可打开"查找和替换选项"对话框,如图 5-12 所示。"查找和替换选项"对话框中各项含义如下:

包含——在该选项组中可自定义查找和替换时包含的内容。默认情况下,包含"块属性值"、"表格文字"、"标注注释文字"、"多行文字、动态文字和文字"、"超链接说明"和"超链接"六个单选按钮。

区分大小写——选择该单选按钮,AutoCAD 2008 将以区分大小写的属性进行查找。

全手匹配——选择该单选按钮,AutoCAD 2008 将以支持全字匹配的属性进行查找。

对查找和替换选项设置完成后,单击"确定"按钮,即可返回到"查找和替换选项"对话框。

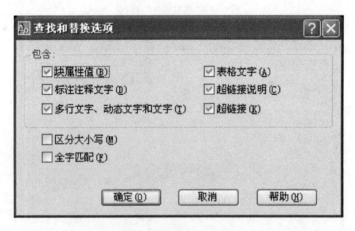

图 5-12 "查找和替换选项"对话框

⑤搜索结果。当在"查找字符串"选项中键入要查找的字符串时,"搜索结果"栏处于可用状态。

查找——单击该按钮以指定文字查找所选内容。随后该按钮显示为"查找下一个"按钮。

替换——单击该按钮,AutoCAD 2008 将以"改为"选项中指定的替换内容替换查找的内容。

全部改为——单击该按钮,AutoCAD 2008 将以"改为"选项中指定的字符串替换整个文字或所选文字中查找的字符串。

全选选择——单击该按钮,将全部选中当前查找的字符串所在的文字。

缩放为——通过该按钮可以方便地查找文字所在的位置。

上下文——该选框中高亮显示查找的内容。

在"查找和替换"对话框中完成要查找和替换的文字内容后,可单击"关闭"按钮关闭该对话框。

五 特殊字符的录入

1 百分引法

双百分号打头的字符串,对应的格式及输入结果如下:

%%O——控制是否加上划线。

%%U——控制是否加下划线。

%%D——绘制度数符号"°"。

%%P——绘制正负公差符号"±"。

%%C——绘制表示圆直径的符号"Φ"。

%%%——绘制百分比符号"%",这只对"-TEXT"命令有效。

%%nnn——绘制编号为"nnn"的特殊字符,nnn 为该字符的三位十进制 ASCII 码。

例如,下述输入生成的文字结果如下。

%%U 汉字	汉字
37.5%%d	37.5°
%%P37.5	±37.5
%%C89.3	Φ89.3
85%%%	85%

%%nnn 控制方式可输入任意字符,也包括键盘上的字符。如输入"A",可用%%065,但这种方法通常只在需要输入专用字符时使用它。

2 键盘输入法

利用智能狂拼和紫光拼音输入法等汉字输入法,可以利用其自带的多种符号软键盘输入希腊字母、数学符号、标点符号、罗马数字等符号;使用完毕后要注意返回计算机键盘。

3 粘贴法

有些特殊符号如"⊇"、"$\sqrt{12}$"、"α"、"⇔"、"≧"、"~"、"√"、"∞"等可以从 Word、WPS、Mathcad(美国 MathSoft 出版的数学软件)中复制或剪切后再粘贴到 AutoCAD

2008 的文字录入位置(单行、多行均可),在确认后即可以在图形工作区得到我们所需的字符。

4 图形法

AutoCAD 2008 是一款功能十分丰富的图形软件,绘制图形是它的强项,所以对于十分复杂的符号也可以用软件直接绘制,这时要求使用者要有熟练的操作技巧。

5.2 尺寸标注的样式

AutoCAD 2008 的尺寸标注(Dimensioning)功能是通过测量被指定的两点或已绘制的目标,将测得的尺寸标注在指定的位置处。AutoCAD 2008 提供了尺寸标注的三种基本类型,即线性尺寸(Linear,如图 5-13 的水平尺寸和垂直尺寸)、半径尺寸(Radius,图 5-13 左端半圆的半径标注)和角度尺寸(Angular,如图 5-13 的右下角的直角标注)等。

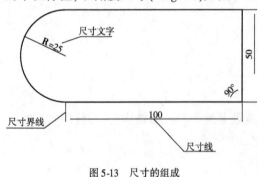

图 5-13 尺寸的组成

标注样式控制着标注的格式和外观。通常情况下 AutoCAD 2008 使用默认的标注样式来创建标注。如果没有指定默认样式,AutoCAD 2008 将使用默认的 STANDARD 样式来创建标注。通过对标注样式的设置,可以对标注的尺寸界线、尺寸线、箭头、中心标记或中心线,以及标注文字的内容和外观等进行修改。

一 尺寸的组成

1 尺寸线(Dimension line)

尺寸线是指示尺寸的方向和范围的线条。尺寸线以尺寸界线为界,代表量度的范围。对于线性尺寸,尺寸线通常是与被标注实体平行、两端带有箭头的直线;对于半径和直径尺寸,尺寸线为过圆心带箭头的径向直线;而对于角度尺寸,尺寸线为带箭头的弧线。

② 尺寸界线(Extension line)

尺寸界线是界定量度范围的直线,一般应与被注实体和尺寸线垂直。如果在某些特殊情况下垂直标注有困难,也允许倾斜标注。

尺寸界线一般应该与被标注的实体离开一定的距离,以便清楚地辨认图形的轮廓与尺寸界线。有的制图标准规定了尺寸界线离开轮廓线的最小距离为2mm。

尺寸界线应超出尺寸线,制图标准规定了尺寸界线应超出尺寸线约为2mm。

③ 尺寸箭头(Dimension arrow)

尺寸箭头位于尺寸线的端部。AutoCAD 2008 支持国际标准中规定的三种箭头方式,即箭头(Arrow)、圆点(Dot)和短斜线(Tick)。不同行业、不同专业有不同的规定和习惯,如建筑工程制图中的尺寸起止符号习惯采用短斜线。AutoCAD 2008 允许用户自己用块定义其他形式的尺寸起止符号。

④ 尺寸文字(Dimension text)

尺寸文字通常是用来表示图形实际尺寸大小的字符串。尺寸文字也可以附带前缀(Prefixes)、后缀(Suffixes)和公差。

⑤ 引出线(Leader)

引出线由从标注位置引出的带有箭头的直线或折线和注释文字组成,如图5-14a)所示。当图形实体比较密集,尺寸文字、注释和文字说明不能标注在被注实体附近时,使用引出线可将这些文字信息引出标注到合适的位置上。

与尺寸标注命令不同,引出线并不测量距离。

⑥ 圆心标记(Center mark)和中心线(Center line)

圆心标记是标记圆和圆弧的圆心位置的十字标记,如图5-14b)所示。中心线是正交于圆心的两条在圆心断开的直线,与圆或弧相交于其象限点,如图5-14c)所示。

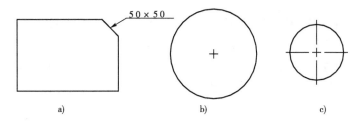

图 5-14 引出线、圆心标记和中心线标记(尺寸单位:mm)
a)引出线;b)圆心标记;c)中心线标记

二 尺寸样式

1 命令启动

激活尺寸样式的定义，可选择下列三种方式之一：
(1) 点击"样式"工具条上的图标 。
(2) 选择下拉菜单的"标注"\"标注样式"菜单项。
(3) 在命令行输入 DDIM 或 DIMSTYLE 命令。

2 尺寸样式创建

启动 DDIM 命令后，弹出"标注样式管理器"对话框，如 5-15 所示。

在"标注样式管理器"对话框中单击"新建"按钮，即可打开"创建新标注样式"对话框，如图 5-16 所示。

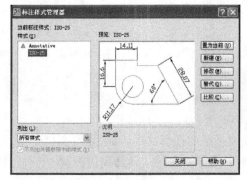
图 5-15 "标注样式管理器"对话框

图 5-16 "创建新标注样式"对话框

"创建新标注样式"对话框中各项含义如下：
(1) "新样式名"选项用于键入新样式的名字。
(2) "基础样式"选项用于在该下拉列表中选择一种样式用作基础样式。
(3) "用于"选项用于在该下拉列表中选择新建样式的适用范围，其范围选项包括"所有标注"、"线性标注"、"角度标注"、"半径标注"、"直径标注"、"坐标标注"和"引线与公差"。

在"创建新标注样式"对话框中确定新样式的名称后，可单击"继续"按钮，即可打开"新标注样式"对话框，如图 5-17 所示。该对话框中共包括"线"、"符号和箭头"、"文字"、"调整"、"主单位"、"换算单位"和"公差"七个选项卡。选择相应的选项后，单击"确定"按钮，即可存储新尺寸样式的设置。点击"关闭"按钮，关闭对话框。

三 尺寸标注的几何特征

图 5-17 所示，在"新建标注样式"对话框中的"线"选项卡可对直线尺寸的几何特征进行

设置,"符号和箭头"选项卡可对箭头尺寸的几何特征进行设置。

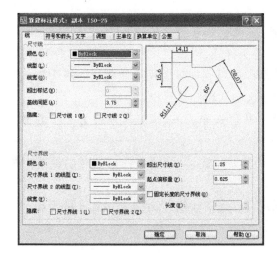 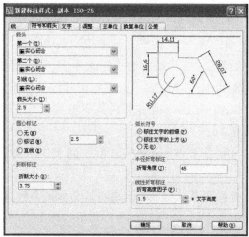

图 5-17 "新建标注样式"对话框

1 设置控制尺寸线的参数

"尺寸线"一栏用来设置尺寸线的格式,其各项含义如下:

①"颜色"项用来设置尺寸线和箭头的颜色。在其下拉列表中选择一种颜色,或选择"选择颜色"选项,在弹出的"选择颜色"对话框中选择需要的颜色。

②"线型"项用来设置尺寸线的类型,在其下拉列表中选择合适的线类型即可。

③"线宽"项用来设置尺寸线的宽度,在其下拉列表中选择合适的线宽值即可。

④"超出标记"项的作用是当尺寸箭头使用倾斜、建筑标记、小点、积分或无标记时,使用该选项来确定尺寸线超出尺寸界线的长度。

⑤"基线间距"项用来设置基线标注中各尺寸线之间的距离,在该文本框中键入数值或通过单击上下箭头按钮来进行设置。

⑥"隐藏"项用来控制是否省略第一段、第二段尺寸线及相应的箭头。选中"尺寸线 1"复选框,将省略第一段尺寸线及与之相对应的箭头;选中"尺寸线 2"复选框,将省略第二段尺寸线及与之相对应的箭头。

2 设置控制尺寸界线的参数

"尺寸界线"一栏用来设置尺寸界线的格式,其各项含义如下:

"颜色"、"线型"和"线宽"项的设置与尺寸线相应项的设置相同。

①"超出尺寸线"项用于设置尺寸界线超出尺寸线的距离。

②"起点偏移量"项用于设置尺寸界线的实际起始点相对于其定义点的偏移距离。

③"隐藏"项用来控制是否省略第一段和第二段尺寸界线。选中"尺寸界线 1"复选,即可省略第一段尺寸界线;选中"尺寸界线 2"复选框,即可省略第二段尺寸界线。

③ 设置控制尺寸箭头的参数

"尺寸箭头"一栏用来设置尺寸线两端的箭头样式,其各项含义如下:

①"第一个"用来在其下拉列表中选择一种箭头样式,以指定尺寸线的一端的箭头样式。如果使尺寸线两端的箭头样式相同,只设置该选项即可。如果使尺寸线两端的箭头样式不相同,可通过"第二个"选项对尺寸线另一端的箭头样式单独进行设置。

②"第二个"项用来在其下拉列表中选择一种箭头样式,以指定尺寸线另一端的箭头样式。

③"引线"项用来在其下拉列表中选择一种箭头样式,以设置引线标注时引线起点的样式。

④"箭头大小"项用来在其文本框中键入数值,或调整数值,以确定尺寸箭头的大小。

④ 设置圆心标记和中心线

"圆心标记"一栏用来设置圆或圆弧的圆心标记的类型和大小。

当选择"标记"选项时,表示对圆或圆弧绘制圆心标记;当选择"直线"选项时,表示对圆或圆弧绘中心线;当选择"无"选项时,表示没有任何标记。

四 尺寸文字的格式控制

在"新建标注样式"对话框中单击"文字"标签,以打开"文字"选项卡,如图 5-18 所示。

1 文字外观

"文字外观"一栏用来设置标注文字的格式和大小,其各项含义如下:

①在"文字样式"项的下拉列表中选择一种文字样式,以指定标注文字的样式。单击该选项右边的按钮,从弹出的"文字样式"对话框可对文字样式进行设置。有关该对话框的选项设置见本单元 5.1 在此不再赘述。

②从"文字颜色"项下拉列表中选择一种颜色,以指定标注文字的颜色。

③从"填充颜色"项下拉列表中选择一种颜色,以指定标注文字背景的颜色。

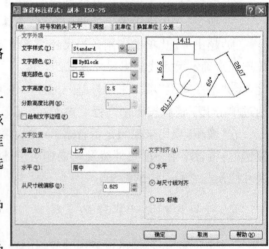

图 5-18 "文字"选项卡

④在"文字高度"文本框中键入数值或调整数值,可以设置文字的高度。

⑤"分数高度比例"项用来设置标注文字中的分数相对于其他标注文字的缩放比例,并将该比例值与标注文字高度的乘积作为分数的高度。

⑥选中"绘制文字边框"复选框,将给标注文字加上边框。

❷ 文字位置

"文字位置"一栏用来设置标注文字的位置,其各项含义如下:

①"垂直"项用来控制标注文字相对于尺寸线在垂直方向上的放置方式。该下拉列表中共提供了"置中"、"上方"、"外部"和"JIS"四个选项,用户可从中选择。当选择"置中"选项时,AutoCAD 2008 将标注文字放在尺寸线的中间;当选择"上方"选项时,AutoCAD 2008 将标注文字放在尺寸线的上方;当选择"外部"选项时,AutoCAD 2008 将标注文字放在远离第一定义点的尺寸线的外侧;当选择 JIS 选项时,AutoCAD 2008 将标注文字按 JIS 规则放置。

②"水平"项用来控制标注文字相对于尺寸线和尺寸界线在水平方向上的位置。该下拉列表提供了"置中"、"第一条尺寸界线"、"第二条尺寸界线"、"第一条尺寸界线上方"和"第二条尺寸界线上方"五个选项。

③"从尺寸线偏移"项用来控制标注文字与尺寸线之间的间隙。

❸ 文字对齐

"文字对齐"一栏用来设置标注文字的对齐方式。当选中"水平"单选按钮时,标注文字水平放置;当选择"与尺寸线对齐"单选按钮时,标注文字方向与尺寸线方向一致;当选择"ISO 标准"单选按钮时,标注文字在尺寸界线之内时,标注文字的方向与尺寸线方向一致,标注文字在尺寸界线之外时水平放置。

五 尺寸标注的样式调整

在"新建标注样式"对话框中单击"调整"标签,打开"调整"选项卡,如图 5-19 所示。该选项卡用来控制标注文字、尺寸线和尺寸箭头等的位置。

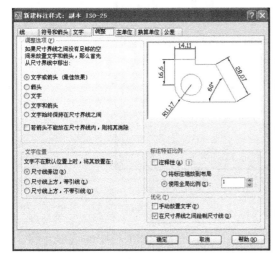

图 5-19 "调整"选项卡

❶ 调整选项

如果没有足够的空间同时放置标注文字和箭头时,可通过"调整选项"一栏进行调整,以决定先移出标注文字还是箭头。

"调整选项"一栏提供了"文字或箭头,取最佳效果"、"箭头"、"文字"、"文字和箭头"和"文字始终保持在尺寸界线之间"五个单选按钮,用户可从中选择。用户还可根据需要选择"若不能放在尺寸界线内,则消除箭头"单选按钮。

❷ 文字位置

当文字不在默认位置时,用户可通过"文

字位置"一栏中的选项来指定文字放置的位置。"文字位置"一栏包括"尺寸线旁边"、"尺寸线上方,加引线"和"尺寸线上方,不加引线"三个单选按钮。

③ 标注特征比例

"标注特征比例"一栏用来设置全局标注比例值或图纸空间比例。

当要给全部尺寸样式设置缩放比例时,可选中"使用全局比例"单选按钮,并在其文本框中键入数值或选择数值以设置全局比例值。当要以相对于图纸的布局比例来缩放尺寸标注,可选中"将标注缩放到布局"单选按钮。

④ 优化

"优化"一栏用来对标注尺寸进行附加调整,其附加选项包括"手动放置文字"和"在尺寸界线之间绘制尺寸线",用户可根据需要对其单选按钮进行选择。

六 尺寸标注的样式主单位

"主单位"选项卡用来设置主单位的格式与精度,以及标注文字的前缀和后缀。其选项设置如图 5-20 所示。

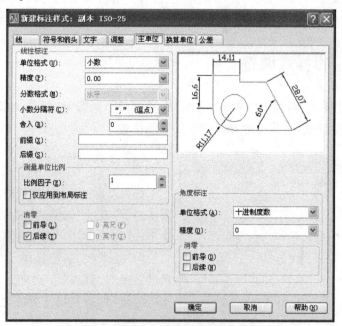

图 5-20 "主单位"选项卡

① 线性标注

"线性标注"一栏用来设置线性标注的格式与精度。以下是对该选项栏中的选项介绍。

①"单位格式"项可为各个标注类型(角度标注除外)选择尺寸单位。该下拉列表提供"科学"、"小数"、"工程"、"建筑"、"分数"和"Windows 桌面"六个选项,用户可从中选择。

②"精度"项用来指定标注尺寸(除了角度标注尺寸之外)的小数位数。

③"分数格式"项的作用是当标注单位是分数时,用来指定分数的标注格式。可从其下拉列表中选择"水平"、"对角"或"非堆叠"选项,来指定分数的标注格式。

④"小数分隔符"项用来指定小数之间的分隔符类型。用户可在其下拉列表中选择"句点"、"逗点"和"空格"选项来对分隔符进行设置。

⑤"舍入"项用来设置尺寸测量值(角度尺寸除外)的舍入值。可在舍入文本框中直接键入值或通过右边的上下箭头按钮调整舍入值。

⑥"前缀"项用来在其文本框中键入标注文字的前缀。

⑦"后缀"项用来在其文本框中键入标注文字的后缀。

⑧ 在"测量单位比例"栏中的"比例因子"文本框中键入测量尺寸的缩放比例值。如果要将设置的比例关系仅适用于布局,可选中"仅应用到布局标注"单选按钮。

⑨"消零"栏用来设置是否显示尺寸标注中的前导或后续零。用户可选择"前导"或"后续"单选按钮,或两者都选。

2 角度标注

"角度标注"一栏用来设置角度标注的单位、精度以及是否消零,下面对该选项组中的选项功能逐一介绍。

①"单位格式"项用来对标注角度时的单位进行设置。该下拉列表提供了"十进制度数"、"度/分/秒"、"百分度"和"弧度"四个选项,用户可根据需要从中选择。

②"精度"项用来确定标注角度尺寸时的精确度。

③"消零"项用来确定是否消除角度尺寸的前导或后续零。

5.3 尺寸标注的方法

一 尺寸标注的启动及操作步骤

1 尺寸标注的操作步骤

(1)选择尺寸格式。在标注尺寸之前,应该首先选择尺寸格式。否则默认使用当前尺寸格式。如果用户尚未创建任何尺寸格式,则使用 AutoCAD 2008 的标准尺寸格式 STANDARD,可以对标准尺寸格式进行改名和修改设置等操作。

(2)启动尺寸标注命令并选择需要标注的尺寸类型。

(3)指点尺寸界线的原点。直线段、多段线线段和弧,尺寸界线的默认原点为它们的端点;对于圆,尺寸界线的默认原点为指定角度直径的两端点。

(4)确定尺寸线的位置。

(5)输入尺寸文字。

❷ 尺寸标注命令的启动

激活尺寸标注命令,可选择下列方式之一:

(1)选择下拉菜单"标注"中相应的菜单项。

(2)在"尺寸标注"工具条中选择相应的工具按钮。

提示:要打开"标注"工具条,应该选择下拉菜单的"视图(V)/工具栏(O)"菜单项,弹出"自定义"对话框,选中其中"工具栏"一栏中的"标注"单选按钮,屏幕作图区上方将显示"标注"工具条(图5-21),拖动该工具条将其放在合适的位置。与尺寸标注有关的命令均以图标形式列于其中。

图5-21　Dimension(尺寸标注)工具条

(3)在命令行输入尺寸标注命令。

AutoCAD 2008 提供的尺寸标注命令有:

水平和垂直尺寸标注命令——DIMLINEAR。

对齐尺寸标注命令——DIMALIGNED。

连续尺寸标注命令——DIMCONTINUE。

基线尺寸标注命令——DIMBASELINE。

角度尺寸标注命令——DIMANGULAR。

弧长尺寸标注命令——DIMARC。

直径尺寸标注命令——DIMDIAMETER。

半径尺寸标注命令——DIMRADIUS。

引出线标注命令——LEADER。

坐标标注命令——DIMORDINATE。

圆心半径和中心线标注命令——DIMCENTER。

二 线性尺寸的标注

线性尺寸是水平尺寸、垂直尺寸、对齐尺寸和旋转尺寸的总称,它们之间的区别只是尺寸线的角度不同。

单元 5　文字与尺寸的标注

1　水平尺寸和垂直尺寸的标注

(1) 水平尺寸的标注。选择"标注"\"线性"菜单项,启动线性标注选项,交互内容见实例 5-3。

【实例 5-3】　完成图 5-22 的水平尺寸的标注。

命令:_dimlinear　　　　　　　　　　　　　　　(启动线性尺寸的标注)

指定第一条尺寸界线原点或 <选择对象>：

　　　　　　(选择第一根尺寸界线的原点,在端点捕捉模式下,用鼠标选择"A"点)

指定第二条尺寸界线原点：　　(选择第二根尺寸界线的原点,用鼠标选择"B"点)

指定尺寸线位置或[多行文字(M)/文字(T)/角度(A)/水平(H)/垂直(V)/旋转(R)]：　　　　　　　　(输入尺寸线的位置,用鼠标在 AB 下侧点取"C"点)

标注文字 =100　　　　　　　　　　(输入尺寸"100",计算机自动标注文字)

(2) 垂直尺寸的标注。选择"标注"\"线性"菜单项,启动线性标注选项,交互内容见实例 5-4。

【实例 5-4】　完成图 5-23 的垂直尺寸的标注。

命令:_dimlinear　　　　　　　　　　　　　　　(启动线性尺寸的标注)

指定第一条尺寸界线原点或 <选择对象>：

　　　　　　(选择第一根尺寸界线的原点,在端点捕捉模式下,用鼠标选择"A"点)

指定第二条尺寸界线原点：　　(选择第二根尺寸界线的原点,用鼠标选择"B"点)

指定尺寸线位置或[多行文字(M)/文字(T)/角度(A)/水平(H)/垂直(V)/旋转(R)]：@7.5,-7(输入尺寸线的位置,此处为用键盘输入"C"点相对于被标注对象"AB"的位置 – C 相对于 AB 直线向右 7.5 个单位、向下 7 个单位,此处的两个数值主要是水平相对位移起作用)

标注文字 = 25　　　　　　　(输入尺寸的文字"25",此处由计算机自动标注文字)

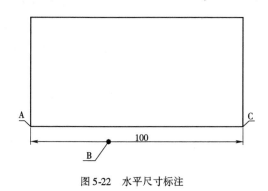

图 5-22　水平尺寸标注

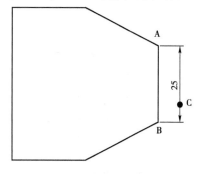

图 5-23　垂直尺寸的标注

2　对齐尺寸标注

选择"标注"\"对齐"菜单项,启动选择对齐标注选项,交互内容见实例 5-5。

【实例 5-5】　完成图 5-24 的对齐尺寸的标注。

命令：_dimaligned
指定第一条尺寸界线原点或<选择对象>：（选择第一根尺寸界线的原点，在端点捕捉模式下，用鼠标选择"A"点）
指定第二条尺寸界线原点：　　　　（选择第二根尺寸界线的原点，用鼠标选择"B"点）
指定尺寸线位置或[多行文字(M)/文字(T)/角度(A)]：（输入尺寸线的位置，用鼠标在AB下侧点取"C"点）

标注文字 = 28（输入尺寸的文字"28"，此处由计算机自动标注文字）

由实例5-5可见，DIMALIGNED命令的功能是创建对齐尺寸，对齐尺寸其实是旋转线性尺寸的特例，尺寸线的旋转角度由指定两点（如图5-24中的A、B两点）或被标注实体（AB直线）的角度确定。在对齐尺寸中，尺寸线平行于两尺寸界线原点的连线（如图5-24中的尺寸线∥AB）。选择标注实体或指定尺寸界线原点后，对齐尺寸线自动画出。

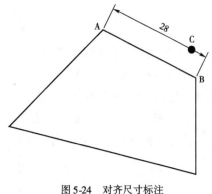

图5-24　对齐尺寸标注

三　直径尺寸和半径尺寸的标注

1　直径尺寸的标注

选择下拉菜单的"标注"\"直径"菜单项，启动直径尺寸标注命令，交互内容见实例5-6。

【实例5-6】　完成图5-25的直径尺寸的标注。

命令：_dimdiameter
择圆弧或圆：　　　　　　　　　　　　　　　　　（用鼠标点击图5-25中的圆周）
注文字 =50　　　　　　　　　　　　　　　　　　　（软件自动测试的直径值）
定尺寸线位置或[多行文字(M)/文字(T)/角度(A)]：（用鼠标点击圆周外的一点如图5-25中的"E"点，完成指定尺寸线的位置）

提示：系统的默认设置是将直径尺寸标注箭头指向圆或弧的选择点，朝向选择的圆弧。直径尺寸的引出线既可在圆内，也可在圆外（见图5-25）。如果希望直径尺寸标注的形式按照用户的要求进行，必须对直径尺寸的标注模式进行设置。

2　半径尺寸的标注

选择下拉菜单的"标注"\"半径"菜单项，启动半径尺寸标注 DIMRADIUS 命令后，交互内容见实例5-7。

【实例5-7】　完成图5-26的半径尺寸的标注。

命令：_dimradius

选择圆弧或圆： (选择圆或弧)
标注文字 = 25 (系统自动测试到的数据)
指定尺寸线位置或[多行文字(M)/文字(T)/角度(A)]：(确定尺寸线的位置,半径的标注放在圆的内部如图5-26,可以在圆周内随意点取)

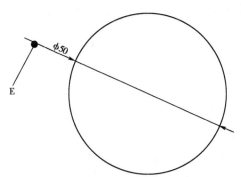
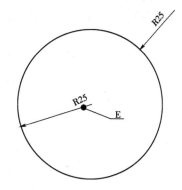

图 5-25 直径尺寸的标注　　　　图 5-26 半径尺寸的标注

标注圆或弧的半径尺寸时,尺寸文字前冠以符号"R"。选择圆或弧的选择点决定了尺寸线的方向。半径尺寸的标注过程与直径尺寸完全相同。半径尺寸线只有一个箭头,半径尺寸的引出线既可在圆内,也可在圆外(见图 5-26 右上侧的半径标注)。

四 角度尺寸的标注

选择下拉菜单的"标注"\"角度"菜单项,启动角度标注命令。
角度的标注包括两条直线的夹角、三点(角的顶点及射线终点)决定的角、弧对应的圆心角和圆上两点间对应的圆心角的标注,下面将分别对其进行说明。

1 标注两条不平行直线的夹角(见实例5-8)

【实例 5-8】 完成图 5-27 所示的两相交直线的夹角角度标注。
命令:_dimangular (从菜单上启动角度标注命令)
选择圆弧、圆、直线或<指定顶点>：
　　　　(选择所标注的第一条直线)
选择第二条直线：
　　　　(选择所标注的第二条直线)
指定标注弧线位置或[多行文字(M)/文字(T)/角度(A)]：
(指定尺寸线的位置,如图 5-27 的 A、B、C 三点中的任一点)
标注文字 =35 　　(系统自动测试的数值)

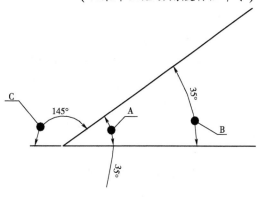

图 5-27 标注相交两直线的角度

2 标注弧的圆心角及其弧长

(1) 圆心角标注

启动角度标注命令后,依据提示进行操作即可完成圆心角的标注工作见实例 5-9。

【实例 5-9】 完成 5-28a)图的圆心角标注。

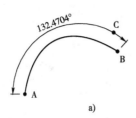 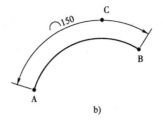

图 5-28 圆心角及弧长标注
a)圆心角标注;b)弧长标注

命令:_dimangular

选择圆弧、圆、直线或<指定顶点>:

(用鼠标点取圆弧 AB,系统自动捕捉 A、B 为端点,并根据圆心位置计算该圆弧的圆心角大小)

选择圆弧、圆、直线或<指定顶点>:

(缺省为输入尺寸线位置,用鼠标点击图 5-28a)中 C 点)

指定标注弧线位置或[多行文字(M)/文字(T)/角度(A)]:

标注文字 = 132.4704 (系统自动测试的圆弧角度—单位为度)

弧的圆心和弧的两端点为定义点。两端点为尺寸界线的原点。一段弧有两个圆心角,定义尺寸线的位置点决定了要标注的是哪一个圆心角和尺寸线的位置。当图 5-28a)的尺寸线位置点向 AB 圆弧内侧时,所标注的角度为 360°减去圆弧的实际圆心角。

(2) 弧长标注

弧长的标注在 AutoCAD 2008 中可以直接选择图 5-21 中的图标 启动弧长标注,详细操作见实例 5-10 的说明。

【实例 5-10】 完成图 5-28b)的弧长标注。

命令:_dimarc (启动弧长尺寸的标注)

选择弧线段或多段线弧线段:(用鼠标左键选择图 5-28a)中的圆弧 AB 上任一点即可)

指定弧长标注位置或[多行文字(M)/文字(T)/角度(A)/部分(P)/引线(L)]:

(缺省为输入尺寸线位置,用鼠标点击图 5-28b)中 C 点)

标注文字 = 150

(系统自动测试的圆弧长度,如果需要人工输入,应在上一步中输入"T"选项)

五 引出线标注命令 LEADER

如果图中空间不够(如图 5-29 的桥台帽的倒角尺寸标注),可以用引出线引到适当的地方注写文字说明。引出线是把注释连接到某图形中的一线条。引出线和注释是关联的,也就是说,修改注释引出线会自动更新。

在命令行输入"Leader"命令启动引出线标注命令,交互内容见实例5-11。

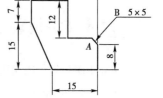

图 5-29　引出线标注

【**实例 5-11**】　完成图 5-29 上的引出线标注。

命令：Leader ↙　　　　　　　　　　　（启动命令）

指定引线起点：　　　　　　　　　　　　　（选择引出原点为倒角斜线的中点）

指定下一点：　（用鼠标选择恰当的"B"点,或用相对(A 点)坐标输入相对位置即可）

指定下一点或 [注释(A)/格式(F)/放弃(U)] <注释>：<正交开>（打开正交模式,用鼠标在距"B"点适当距离水平向选择一点）

指定下一点或 [注释(A)/格式(F)/放弃(U)] <注释>：↙

输入注释文字的第一行或 <选项>：5×5 ↙　　（缺省选项直接输入文字,在提示的多行文字编辑器中输入 5×5,确认后即得到图 5-29 的引出标注）

输入注释文字的下一行：↙

六　坐标尺寸标注命令 DIMORDINATE

坐标尺寸用来测量从一个原点(Origen Point)到被标注尺寸位置的垂直距离。

启动命令的方法,选择下拉菜单的"标注"\"坐标"菜单项,按照系统的提示即可完成坐标的标注,系统自动测试的坐标值依次只能标注一个坐标(即 X、Y 只能选择其一),所以实际使用时反而不如用文字录入命令(MTEXT 和 –TEXT)简捷实用。为了知道屏幕某图形特征点的坐标,可以采用查询点坐标的方法,然后再采用 –TEXT 命令录入查询值。

5.4　尺寸标注的修改

尺寸可以使用 AutoCAD 2008 编辑命令"修改"\"特性"和标注编辑命令(DIMTEDIT 和 DDMEDIT)进行编辑。尺寸格式的修改可以参照本单元 5.2 的格式定义进行。下面只介绍标注编辑命令的几个常用编辑功能。

一 尺寸文字位置改变

DIMTEDIT 命令用来改变一个尺寸的尺寸线的位置以及尺寸文字的水平位置和旋转角度。启动 DIMTEDIT 的方式有三种，在此介绍选择工具栏上的图标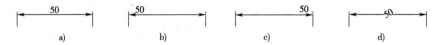方式。

【实例5-12】 对图 5-30a)的尺寸标注进行居左、居右和旋转修改。

图 5-30 尺寸文字位置的变化

(1)文字居左的修改。其操作如下：

命令：_dimtedit　　　　　　（启动命令,并在随后的二级菜单选项中选择"Left"）

选择标注：（选择图 5-30a)图的尺寸文字,此处只要用鼠标点取标注的任意部分即可）

指定标注文字的新位置或[左(L)/右(R)/中心(C)/默认(H)/角度(A)]：L✓（自动显示为左对齐形式,得到图 5-30b)）

(2)文字居右的修改。其操作如下：

命令：_dimtedit　　　　　　（启动命令,并在随后的二级菜单选项中选择"Right"）

选择标注：　　　　　　　　　　　　（选择图 5-30a)图的尺寸文字）

指定标注文字的新位置或[左(L)/右(R)/中心(C)/默认(H)/角度(A)]：R✓（自动显示为右对齐形式,得到图 5-30c)）

提示：如果想由图 5-30b)或 5-30c)返回 5-30a)的格式,可以启动命令后,在随后的二级菜单选项中选择"中"即可。

(3)文字旋转的修改。操作如下：

命令：_dimtedit　　　　　　（启动命令,并在随后的二级菜单选项中选择"Angle"）

选择标注：

指定标注文字的新位置或[左(L)/右(R)/中心(C)/默认(H)/角度(A)]：A✓

指定文本角度：30✓　　　　　（键盘输入30,尺寸文字逆时针旋转30°,见图 5-30d)）

二 尺寸文字内容的改变

选择"修改(M)/特性(P)",并按提示选择所要修改的对象后,弹出图 5-31 的对话框,点击（选择对象）按钮后,选择所需修改的尺寸文字后,在图 5-32 的"特性"对话框中点击"文字替换"选项后,再输入所需的文字即可。

提示：在图 5-32 所示的"特性"对话框中,可以修改所选中的尺寸标注的各种能表示出来的属性,而不只是单纯的尺寸文字。

单元5　文字与尺寸的标注

图 5-31　"尺寸修改"对话框

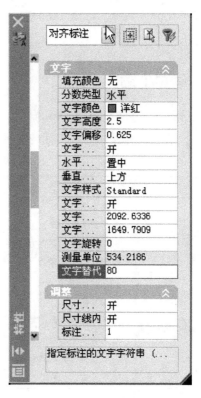

图 5-32　"文字替换"选项

三、尺寸的倾斜

在标注尺寸时，尺寸界线垂直于尺寸线。然而，如果尺寸和图中其他实体发生碰撞，可以使用 DIMEDIT 命令使整个尺寸倾斜一定角度。而且现有尺寸倾斜，不会影响新标注的尺寸（见图 5-33）。

在下拉式菜单区，选择"标注"\"倾斜"菜单项，将启动尺寸修改命令，在此命令下即可实现使尺寸标注倾斜的操作。见实例 5-13。

【实例 5-13】　将图 5-33a）的尺寸标注倾斜成图 5-33b）所示的形式。

命令：_dimedit

输入标注编辑类型 [默认(H)/新建(N)/旋转(R)/倾斜(O)] <默认>:O↙选择对象：找到 1 个（选择一个或多个尺寸，选择 5-33a）的水平尺寸）

选择对象：

输入倾斜角度（按 <Enter> 表示无）：-30↙　　　（输入倾斜角度 -30°）

操作完成后看到在图 5-33b）中尺寸界线

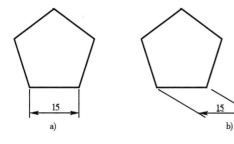

图 5-33　尺寸的倾斜改正

的向右倾斜了30°。

单元小结

本单元介绍了文字标注的方法和操作,系统阐述了尺寸标注有关概念和术语,详细介绍了尺寸标注设置和基本操作。本单元的主要内容和需要掌握的基本操作见表5-1。

主要内容和基本操作　　　　　　　　　　表5-1

工作任务	重要内容	主要命令或操作
5.1 文字的标注	1.文字格式定义 2.单行文字的录入方法 3.多行文字的录入方法 4.特殊字符的录入	Style(文字格式命令) -Text(单行文字命令) mtext(多行文字命令)
5.2 尺寸标注的样式	1.尺寸的组成 2.尺寸样式 3.尺寸标注的几何特征 4.尺寸文字的格式控制 5.尺寸标注的样式调整 6.尺寸标注的样式主单位	DDIM、DIMSTYLE(尺寸样式命令)
5.3 尺寸标注的方法	1.尺寸标注的方法 2.各种类型尺寸的标注	DIMLINEAR(水平和垂直尺寸标注命令) DIMALIGNED(对齐尺寸标注命令) DIMCONTINUE(连续尺寸标注命令) DIMBASELINE(基线尺寸标注命令) DIMANGULAR(角度尺寸标注命令) DIMDIAMETER(直径尺寸标注命令) DIMRADIUS(半径尺寸标注命令) LEADER(引出线标注命令) DIMORDINATE(坐标标注命令) DIMCENTER(圆心半径和中心线标注命令)
5.4 尺寸标注的修改	1.尺寸文字位置变化 2.改变尺寸文字内 3.使尺寸倾斜	DIMTEDIT(尺寸标注的修改命令)

自我检测

1.请在AutoCAD 2008中绘制如图5-34的表格并填写文字(仿宋体,宽高比0.7:1),其中字高5mm,表头字高3.5mm,其他文字字高2.5mm。

2.用多行文本命令,在AutoCAD 2008界面录入图5-35的文字,其中标题字高5mm,其他字高3.5mm,宽高比0.7:1,字体均采用仿宋体。

一块边板材料及工程数量表

编号	直径(mm)	每根长(cm)	根数	共长(m)	单位重(kg/m)	共重(kg)	总重(kg)
1	φ20	992	14	138.88	2.466	342.5	
2	φ20	958	4	38.32	2.466	94.5	455.1
3	φ20	92	8	7.36	2.466	18.1	
4	φ16	74	32	23.68	1.578	37.4	105.7
5	φ16	1082	4	43.28	1.578	68.3	
6	φ10	167	79	131.93	0.617	81.4	81.4
7	φ8	207	79	163.53	0.395	64.6	
8	φ8	162	79	127.98	0.395	50.6	149.6
9	φ8	60	79	47.40	0.395	18.7	
10	φ8	78	51	39.78	0.395	15.7	
11	φ10	992	1	9.92	0.617	6.1	
12	φ10	64	79	50.56	0.617	31.2	80.2
13	φ10	992	7	69.44	0.617	42.85	
C25 混凝土（m³）							4.2

附注
1. 本图尺寸除钢筋直径以毫米计外，余均以厘米计。
2. 焊接钢筋均采用双面焊，焊缝长度不小于5d。
3. 图中未示锚栓孔，与锚栓孔干扰钢筋应弯曲绕过锚栓孔。
4. 空心板采用钢绳捆绑吊装，钢绳捆绑位置应设在距空心板两端65cm处，不准利用抗震锚栓孔捆绑吊装。
5. 底板平面图中未示N10号钢筋，间距20cm。

图 5-34 表格绘制练习　　　　　图 5-35 多行文字录入练习

3. 请在 AutoCAD 2008 界面录入"Ⅰ-Ⅰ断面"、"Ⅱ-Ⅱ断面"、"Ⅲ-Ⅲ断面"的字样。

提示：可以在 Word 中录入文本后，剪贴至 AutoCAD 2008 界面即可。

4. 请参照图 5-36 绘制图中钢筋骨架并按图中的标注完成标注。

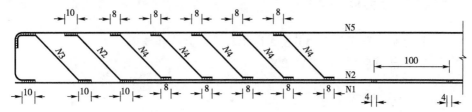

图 5-36　钢筋骨架标注

5. 请完成下面两图的尺寸标注，其中图 5-37 为空心板断面，图 5-38 为几种钢筋的尺寸标注。

提示：为了使图 5-37 中的右侧尺寸对齐，在尺寸线位置选择时要用捕捉前一个的尺寸线端点为宜。图 5-38 中的圆弧长度标注可参照弧长标注中介绍的方法进行。

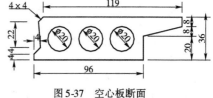

图 5-37　空心板断面

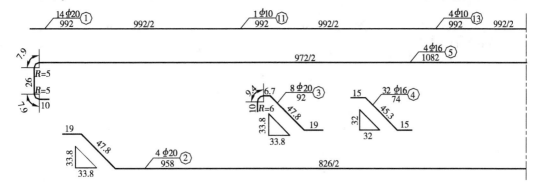

图 5-38　钢筋图标注

单元 6

公路工程图的绘制

 学习目标

1. 掌握公路工程常用的各种图形的绘制方法和技巧。
2. 能熟练应用 AutoCAD 2008 绘图平台解决实际工程绘图问题。

 工作任务

1. 公路路线图的绘制。
2. 路基路面工程图的绘制。
3. 路线平面交叉图的绘制。

 学习指南

利用 AutoCAD 2008 制图,首先要按公路工程制图规格,道路平面图、横断面图可以按 1∶1 制图然后缩到所需比例尺,道路纵断面图则需要按比例绘制,路基路面工程图多数为大样图,路线平面交叉设计图为布置图和大样图相结合的图形。

6.1 公路工程制图规格

绘制公路工程图时,必须先对公路工程图形进行总体布局,然后再根据各种设计图的要求进行组织。公路工程制图的要点主要包括图纸大小、比例尺、线条粗细、文字高度的选择和尺寸标注等。

一、比例尺

进行公路工程制图时,不同的比例尺对应不同的图形类型,一般情况下,地形图常用的比例尺为:1:5000 和 1:2000;路线平面图的比例尺为 1:2000;纵断面图的比例尺水平方向为 1:2000,竖直方向为 1:200;横断面图的比例尺一般为 1:200;特殊工点地形图可根据实际情况进行选择,如 1:500、1:1000 等。

二、线条粗细

如果图形是按照给定的比例尺绘制的,且打印图形时采用 1:1 比例出图,那么线条的粗细可以通过控制多段线的线宽或在图形输出时指定某一颜色的线宽控制。从实用角度和打印的效果出发,采用第一种方法较好。

三、文字高度与格式的确定

在公路工程制图过程中,尺寸标注和文字注解都会涉及文字高度的设置问题。文字高度的确定最好是图形已经按比例尺完成后确定,文字高度的定义要科学,不能忽大忽小;文字和标注的高度定得太大,更不能把文字高度定得太小,以至于打印出的图纸看不清注解。

在绘图前,要定义好尺寸标注、注解文字等的文字格式,这样在录入文字或进行标注时才可以保持文字格式的一致,避免大量的格式修改,保持图样上的文字格式前后一致、整齐划一。

四、《公路工程制图标准》规定的图框格式

根据公路工程所设计图样内容和性质的不同,可分为路线平面图、纵断面图、横断面图、

路基路面结构图和特殊工点地形图。《公路工程制图标准》(GB 50162—1992)规定 A3 图纸的标题栏如图 6-1 所示。

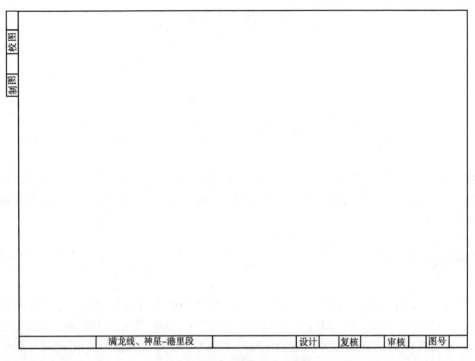

图 6-1　A3 图纸的标题栏尺寸图

提示：标题栏的尺寸与内容虽然有标准规定，但是并非强制的，只要不影响到绘图区的面积，都可以自行更改调整。

五 图框的绘制与标题栏的填写

1 图框的绘制

《公路工程制图标准》(GB 50162—1992)的规定，公路工程制图一般采用 A3 图幅，下面以 A3 图幅为例说明图框的绘制方法。

(1)设置图形尺寸界限。在命令窗键入 LIMITS 按 <Enter> 键，设置 A3 图纸的尺寸界限 420×297。

命令:LIMITS✓

重新设置模型空间界限：

指定左下角点或[开(ON)/关(OFF)] <0.0000,0.0000>:0,0✓

指定右上角点 <420.0000,297.0000>:420,297✓

(2)设置图板为 A3 图纸大小。在命令窗中键入 ZOOM 后，再键入 ALL，则画板显示为 A3 图纸的大小。

命令:Z↙

ZOOM

指定窗口角点,输入比例因子(nX 或 nXP),或[全部(A)/中心点(C)/动态(D)/范围(E)/上一个(P)/比例(S)/窗口(W)/对象(O)]<实时>:A↙

(3)用矩形命令,绘制 A3 图纸界限线。

命令:RECTANG↙

指定第一个角点或[倒角(C)/标高(E)/圆角(F)/厚度(T)/宽度(W)]:0,0↙

指定另一个角点或[面积(A)/尺寸(D)/旋转(R)]:420,297↙

至此就绘制好 A3 图纸的边界线,下面就可以进行图框线的绘制。根据规定,带装订线的图纸幅面样式,图框距图纸边界线左边的距离为 25mm,其他三边的距离均为 10mm,图框线为粗实线。

(4)用多段线命令绘制图框。

命令:PLINE↙

指定起点:25,10↙

当前线宽为 0.0000↙

指定下一个点或[圆弧(A)/半宽(H)/长度(L)/放弃(U)/宽度(W)]:W↙

指定起点宽度<0.0000>:0.8↙

指定端点宽度<0.8000>:↙

指定下一个点或[圆弧(A)/半宽(H)/长度(L)/放弃(U)/宽度(W)]:410,10↙

指定下一点或[圆弧(A)/闭合(C)/半宽(H)/长度(L)/放弃(U)/宽度(W)]:410,287↙

指定下一点或[圆弧(A)/闭合(C)/半宽(H)/长度(L)/放弃(U)/宽度(W)]:25,287↙

指定下一点或[圆弧(A)/闭合(C)/半宽(H)/长度(L)/放弃(U)/宽度(W)]:C↙

❷ 标题栏的填写

绘制好 A3 图纸的边界线和图框后,就可以进行标题栏的绘制了。标题栏采用粗实线,下面简述其绘制及填写过程。以图 6-1 标题栏为例,其从右至左的水平尺寸依次为 20mm、15mm、20mm、15mm、20mm、15mm、20mm、15mm、75mm、65mm、105mm,竖向尺寸为 10mm。

(1)绘制标题栏的横向分割线。

命令:PLINE↙

指定起点:25,20↙

当前线宽为 0.8000

指定下一个点或[圆弧(A)/半宽(H)/长度(L)/放弃(U)/宽度(W)]:410,20↙

指定下一点或[圆弧(A)/闭合(C)/半宽(H)/长度(L)/放弃(U)/宽度(W)]:↙

(2)绘制标题栏的竖向分割线。根据标题栏内规定的标题栏格式大小,从右至左逐一绘制各竖向分割线。

命令:PLINE↙
指定起点:385,20↙
当前线宽为 0.8000
指定下一个点或[圆弧(A)/半宽(H)/长度(L)/放弃(U)/宽度(W)]:385,10↙
指定下一点或[圆弧(A)/闭合(C)/半宽(H)/长度(L)/放弃(U)/宽度(W)]:↙
命令:PLINE↙
指定起点:370,20↙
当前线宽为 0.8000
指定下一个点或[圆弧(A)/半宽(H)/长度(L)/放弃(U)/宽度(W)]:370,10↙
指定下一点或[圆弧(A)/闭合(C)/半宽(H)/长度(L)/放弃(U)/宽度(W)]:↙
命令:PLINE↙
指定起点:360,20↙
当前线宽为 0.8000
指定下一个点或[圆弧(A)/半宽(H)/长度(L)/放弃(U)/宽度(W)]:360,10↙
指定下一点或[圆弧(A)/闭合(C)/半宽(H)/长度(L)/放弃(U)/宽度(W)]:↙
……

(3)在标题栏内填写适当大小的文字,完成标题栏的填写。如果没有定义文字样式,必须先定义,否则不能正常显示输入的汉字。在公路工程绘图中,字体样式一般选项用仿宋。图6-1 标题栏中文字的字体高度采用6个单位。

命令:- TEXT↙
当前文字样式:"Standard"文字高度:6.0000 注释性:否
指定文字的起点或 [对正(J)/样式(S)]:   (用鼠标左键点取合适的位置)
指定高度 <6.0000>:6↙   (键入合适的文字高度)
指定文字的旋转角度 <0>:↙   (字体旋转角度为0°)
输入文字:设计↙
命令:- TEXT↙
当前文字样式:"Standard"文字高度:6.0000 注释性:否
指定文字的起点或 [对正(J)/样式(S)]:   (用鼠标左键点取合适的位置)
指定高度 <6.0000>:6↙   (键入合适的文字高度)
指定文字的旋转角度 <0>:↙   (字体旋转角度为0°)
输入文字:复核↙
……

六 建立样本图框样式

若每次绘图时,都采用相同的图框,可以将所用的图框另存为一个"样本图形文件",这样每次就可直调用此图框而不必重复绘制同样式的图框。AutoCAD 2008 称这类图形文件为"样本图形文件"。"样本图形文件"的绘制步骤如下:

(1)进入 AutoCAD 2008 中,打开一新图形文件。

(2)按上述的建议,以实际尺寸将图框与标题栏绘出。

(3)使用 STYLE(指定使用何种字型)与 – TEXT 命令(写字)写出标题栏内的文字内容。

(4)保存。当按步骤(1)~(3)画好一张 A3 图幅的图框并检查无误后,点取"文件(F)"下拉式菜单内的"另存为(A)"选项,将出现图 6-2 所示的对话框。

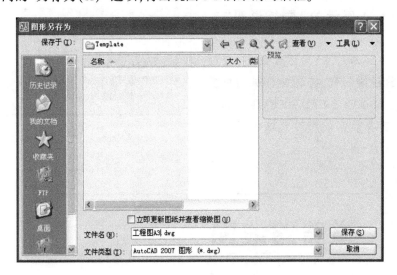

图 6-2 "图形另存"对话框一

在 AutoCAD 2008 中,所有的"样本图形文件"都被放在"Program Files \ AutoCAD \ Template"文件夹(即目录区)内。双击"Template"文件夹,将将出现如图 6-3 所示的对话框。

图 6-3 "图形另存"对话框二

在 AutoCAD 2008 中，所有的"样本图形文件"的后缀名都是 dwt。点取图 6-3 中的"保存类型(T)"文本框后的下拉按钮，并选取"AutoCAD 图形样板（*.dwt）"选项，再在"文件名(N)"文本框中输入样本图形文件的文件名，如"A3 图框"，最后再点取"保存(S)"按钮可建立一个"A3 图框.dwt"的"样本图形文件"。

若这个图形文件是初次建立的，则还会出现如图 6-4 所示的"样板说明"对话框。

提示：在实际工作中，为方便绘图，可将不同的样板图框绘制好，将这些样板图框复制到"Program Files\AutoCAD 2008\Template"文件夹内，即可在后面使用时直接调用这些样板图。

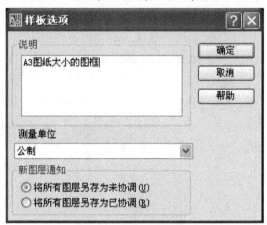

图 6-4 "样板说明"对话框

6.2 道路路线图

常见的路线设计图包括路线平面图、纵断面图和横断面图。路线纵断面图、横断面图由于绘制工作量大、重复性工作多，在 AutoCAD 2008 图形界面手工操作绘制效率太低，一般采用高级语言驱动 AutoCAD 2008 绘制比较合理。现就路线平面图（含地形图）和路线纵断面图的 AutoCAD 2008 图形界面手工绘制方法分别进行介绍。

一 路线平面图的绘制

路线平面图由地形图、线位图和标注等部分组成，其中地形图的绘制放在本节的第二部分叙述，道路的平面线形是由直线和曲线构成的，其曲线的形式一般可分为圆曲线、复曲线、缓和曲线、回头曲线等，统称为平曲线。平曲线最主要的形式是圆曲线和缓和曲线。在进行道路路线设计时，一般应沿路线进行里程桩的标注，以表达该里程桩至路线起点的水平距离。下面就平面线位图的绘制和里程桩的标注作一简单介绍。

1 圆曲线的绘制

在绘制平曲线中的圆曲线以前,已知若干曲线要素,有许多绘制方法,绘制的效果和效率最高的是 TTR 作圆法。其具体的做法是先根据路线导线的交点坐标绘制路线导线,然后根据各交点的圆曲线半径作与两条导线相切的圆,裁剪圆曲线,从而得到圆曲线和路线设计线。

【实例 6-1】 如图 6-5 所示,已知路线导线有两个交点,加上起点和终点共有四个顶点,数据如下:

JD0:X = 48.3423,Y = 109.5000。

JD1:X = 178.2461,Y = 184.5000,$\alpha_1 = 40°$,JD0 ~ JD1 = 150。

JD2:X = 375.2077,Y = 149.7704,$\alpha_2 = 30°$,JD1 ~ JD2 = 200。

JD3:X = 469.1770,Y = 183.9724,JD2 ~ JD3 = 100。

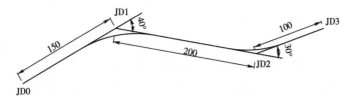

图 6-5 路线平面图

用多段线命令 PLINE 连续绘制(如果不是连续绘制,无法完成下面的操作)JD0 ~ JD3,如图 6-6 所示。通过设计已得知 JD1、JD2 处的圆曲线半径依次为 R1 = 150、R2 = 200。

图 6-6 多段线绘制路线导线

操作步骤:

(1)绘制一半径为 150 的圆分别与 JD1 ~ JD2 线段相切。

命令:C✓   (输入画圆命令)

CIRCLE 指定圆的圆心或[三点(3P)/两点(2P)/相切、相切、半径(T)]:TTR✓

(输入 TTR 选项)

指定对象与圆的第一个切点: (鼠标左键点取 JD0 ~ JD1 的连线)

指定对象与圆的第二个切点: (鼠标左键点取 JD1 ~ JD2 的连线)

指定圆的半径:150✓   (输入圆半径 150)

(2)绘制一半径为 200 的圆分别与 JD1 ~ JD2 线段和 JD2 ~ JD3 线段相切。

命令:✓   (按 <Enter> 键继续执行画圆命令)

CIRCLE 指定圆的圆心或[三点(3P)/两点(2P)/相切、相切、半径(T)]:TTR✓

(输入 TTR 选项)

指定对象与圆的第一个切点: （鼠标左键点取 JD1～JD2 的连线）
指定对象与圆的第二个切点: （鼠标左键点取 JD2～JD3 的连线）
指定圆半径 <150.0000>: 200 ✓ （输入圆半径200）
(3)裁剪按(1)、(2)步骤绘制的圆,结果如图 6-7 所示。

图 6-7 用作圆法绘制导线间的圆曲线

命令: TRIM ✓ （输入裁剪命令）
当前设置:(投影=UCS,边=无) （鼠标左键点取导线作为裁剪线）
选择剪切边…
选择对象: 找到 1 个 （显示选中1个实体）
选择对象: ✓ （按<Enter>键）
选择要剪切的对象/项目(P)/边(E)/放弃(U): （鼠标左键点取第一个圆的下部圆周）
选择要剪切的对象/项目(P)/边(E)/放弃(U): （鼠标左键点取第二个圆的上部圆周）
选择要剪切的对象/项目(P)/边(E)/放弃(U): ✓ （按<Enter>键结束）
命令: TRIM ✓
当前设置:投影=UCS,边=无
选择剪切边…
选择对象或 <全部选择>: 找到 1 个 （鼠标左键点取路线导线作为裁剪线）
选择对象: ✓
选择要修剪的对象,或按住<Shift>键选择要延伸的对象,或
[栏选(F)/窗交(C)/投影(P)/边(E)/删除(R)/放弃(U)]:
（鼠标左键点取第一个圆的下部圆周）
选择要修剪的对象,或按住<Shift>键选择要延伸的对象,或
[栏选(F)/窗交(C)/投影(P)/边(E)/删除(R)/放弃(U)]:
（鼠标左键点取第二个圆的上部圆周）
选择要修剪的对象,或按住<Shift>键选择要延伸的对象,或
[栏选(F)/窗交(C)/投影(P)/边(E)/删除(R)/放弃(U)]: ✓ （结束）

如果导线是连续绘制的多段线,则上述方法得到的是三个图元,其中两个圆弧也是多段线,但不能与导线连接为一个图元。也可以采用倒角方法绘制圆曲线,倒角方法的优点是所绘制的路线为一个图元,但要注意导线必须是连续绘制的多段线,否则多段线的倒角无法完成。

❷ 缓和曲线的绘制

【实例6-2】 已知如图 6-8 所示的公路平曲线,偏角为左偏 $\alpha_{左} = 30°47'28''$,缓和曲线长

LS =53,切线长 T =81.31,外距 E =8.00,圆曲线半径 R =198.51,中间圆曲线长 LY =53.68,平曲线总长 L =159.68。试绘制该曲线。

由于 AutoCAD 2008 不能直接绘制缓和曲线,在 AutoCAD 2008 中既可以用多段线命令绘制通过 ZH、HY、QZ、YH、HZ 五点的折线,然后再用 PEDIT 命令选择"S"选项;也可以采用真样条曲线命令绘制。一般情况下,AutoCAD 2008 中的真样条曲线最接近公路平曲线的形状,在常用比例尺的情况下,肉眼分辨不出二者在图纸上的区别,因此绘制通过 ZH、HY、QZ、YH、HZ 五点并与两路线导线分别相切于 ZH 和 HZ 点的真样条曲线即为所求的曲线。

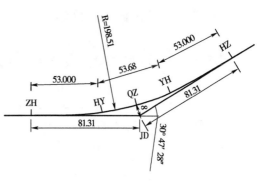

图 6-8　缓和曲线的绘制

操作步骤:

(1)绘制路线导线。利用 PLINE 命令绘制 1、2、3 各点,各点的对应坐标(以下数据仅供练习参考)为:

1 点:X1 =213.7748,Y1 =92.1117

2 点:X2 =313.7748,Y2 =92.1117

3 点:X3 =399.6787,Y3 =143.3026

绘制结束时得到图 6-9。

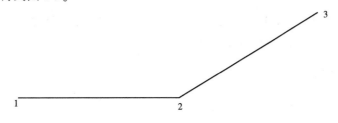

图 6-9　绘制路线导线

(2)绘制通过 ZH、HZ、QZ、HY 和 YH 点,与路线导线相切的含缓和曲线的平曲线。通过计算,五个主点的直角坐标为:

ZH:X =232.4660,Y =92.1117

HY:X =285.3720,Y =94.4670

QZ:X =311.6510,Y =99.8240

YH:X =336.9680,Y =108.6750

HZ:X =383.6220,Y =133.7340

利用真样条曲线命令 SPLINE 绘制含缓和曲线平曲线(图 6-10)。

命令:SPLINE ↙　　　　　　　　　　　　　　(启动真样条曲线命令)

指定第一个点或[对象(O)]:<对象捕捉 关>:232.4660,92.1117 ↙　　(通过 ZH)

指定下一点:285.3720,94.4670 ↙　　　　　　　　　　　　　　(通过 HY)

指定下一点或[闭合(C)/拟合公差(F)]<起点切向>:X = 311.6510,99.8240↙
(通过 QZ)
指定下一点或[闭合(C)/拟合公差(F)]<起点切向>:336.9680,108.6750↙
(通过 YH)
指定下一点或[闭合(C)/拟合公差(F)]<起点切向>:383.6220,133.7340↙
(通过 HZ)
指定下一点或[闭合(C)/拟合公差(F)]<起点切向>:↙　　（选择输入切点的模式）
指定起点切向:232.4660,92.1117↙　　　　　　　　　（输入起点切点）
指定端点切向:383.6220,133.7340↙　　　　　　　　　（输入终点切点）

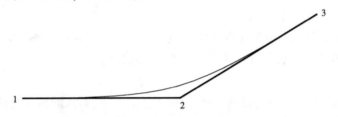

图 6-10　绘制通过 ZH、HZ、QZ、HY 和 YH 点的平曲线

(3)绘制五个特征点的位置线并标注各点文字、标注曲线要素。此部分留给读者自己完成,结果应如图 6-8 所示。

3 卵形曲线的绘制

绘制卵形曲线时,利用平曲线上各点的坐标,用多段线命令绘制连续折线,然后用 PEDIT 命令的"S"选项进行修改即可。

4 里程桩的标注和图形的文字注解

(1)图形的文字注解略。

(2)里程桩的标注。里程桩的标注包括里程标注线和里程的文字注解及公里桩符号的绘制。

【实例 6-3】　进行图 6-11 所示桩号的标注。

图 6-11　桩号的标注

操作步骤:

(1)绘制需要标注里程的中线的法线时,先以图 6-12 为基础,利用偏移命令作绘制法线的辅助线,具体操作如下(见图 6-13)。

命令:OFFSET↙　　　　　　　　　　　　　　　　　　　　（启动偏移命令）

指定偏移距离或［通过(T)/删除(E)/图层(L)］＜通过＞：5 ✓　　（偏移的距离为5）
选择要偏移的对象，或［退出(E)/放弃(U)］＜退出＞：　　（用鼠标左键点取路线导线A）
指定要偏移的那一侧上的点，或［退出(E)/多个(M)/放弃(U)］＜退出＞：
　　　　　　　　　　　　　　　　　　　　　　　　（用鼠标左键点在A上方取任一点）
选择要偏移的对象，或［退出(E)/放弃(U)］＜退出＞：✓　　　（结束，得到B）
命令：OFFSET ✓　　　　　　　　　　　　　　　　　　　　（启动偏移命令）
指定偏移距离或［通过(T)/删除(E)/图层(L)］＜5＞：15 ✓　　（偏移的距离为15）
选择要偏移的对象，或［退出(E)/放弃(U)］＜退出＞：
　　　　　　　　　　　　　　　　　　　　　　　　（用鼠标左键点取路线导线A）
指定要偏移的那一侧上的点，或［退出(E)/多个(M)/放弃(U)］＜退出＞：
　　　　　　　　　　　　　　　　　　　　　　　　（用鼠标左键点在A上方取任一点）
选择要偏移的对象，或［退出(E)/放弃(U)］＜退出＞：✓　　（结束，得到C）

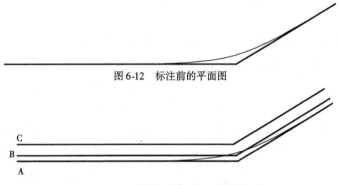

图6-12　标注前的平面图

图6-13　利用偏移命令作绘制法线的辅助线

（2）绘制直线路段的公里桩、百米桩的标注线（如图6-14左端的路线法线和百米桩的法线），具体操作如下。

命令：PLINE ✓
指定起点：END ✓　　　　　　　（用鼠标左键点取中线A上的K10+000点）
当前线宽为0.0000
指定下一个点或［圆弧(A)/半宽(H)/长度(L)/放弃(U)/宽度(W)］：＜对象捕捉开＞
　　　　　　　　　　　　　　　　　　　　　　　　　　（用鼠标左键点取C的左端）
指定下一个点或［圆弧(A)/半宽(H)/长度(L)/放弃(U)/宽度(W)］：✓
　　　　　　　　　　　　　　　　　　　　　　　　　　　（结束第一根法线绘制）
命令：OFFSET ✓　　　　　　　　　　　　　　　　　　　　（启动偏移命令）
指定偏移距离或［通过(T)/删除(E)/图层(L)］＜15＞：100 ✓
　　　　　　　　　　　　　　　　　　　　　　　　　　　（平行移动100个单位）
选择要偏移的对象，或［退出(E)/放弃(U)］＜退出＞：
　　　　　　　　　　　　　　　　　　　　　　　　（用鼠标左键拾取刚绘出的法线）
指定要偏移的那一侧上的点，或［退出(E)/多个(M)/放弃(U)］＜退出＞：
　　　　　　　　　　　　　　　　　　　　　　　　（用鼠标左键点击法线右侧一点）

选择要偏移的对象,或 [退出(E)/放弃(U)] <退出>:↙

(结束,得到右侧法线,结果见图6-14)

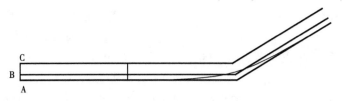

图6-14　绘制法线后剪切前的情况

利用 B 为边界,剪切后一根法线。

命令:TRIM↙　　　　　　　　　　　　　　　　　　　　(输入裁剪命令)

当前设置:投影=UCS,边=无

选择剪切边…

选择对象或 <全部选择>:找到 1 个　　　　　　　　　(用鼠标左键拾取 B)

选择对象:↙

选择要修剪的对象,或按住 Shift 键选择要延伸的对象,或

[栏选(F)/窗交(C)/投影(P)/边(E)/删除(R)/放弃(U)]:

(用鼠标左键单击右侧法线上端超出 B 的部分)

选择要修剪的对象,或按住<Shift>键选择要延伸的对象,或

[栏选(F)/窗交(C)/投影(P)/边(E)/删除(R)/放弃(U)]:↙(结束,结果见图6-15)

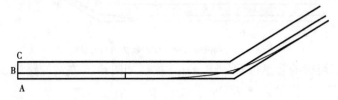

图6-15　法线被剪切后的情况

利用删除命令删除 B、C,得到图6-16。

(3)绘制曲线路段的主点法线。ZH 点处的法线长度为 5 个单位,先利用平曲线和偏移命令作法线的辅助线。

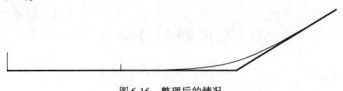

图6-16　整理后的情况

命令:OFFSET↙　　　　　　　　　　　　　　　　　　(启动偏移命令)

指定偏移距离或 [通过(T)/删除(E)/图层(L)] <100.0000>:5↙

选择要偏移的对象,或 [退出(E)/放弃(U)] <退出>:　(用鼠标左键拾取平曲线)

指定要偏移的那一侧上的点,或 [退出(E)/多个(M)/放弃(U)] <退出>:

(用鼠标左键单击弯道内侧)

选择要偏移的对象,或[退出(E)/放弃(U)] <退出>:✓　　　　　　　　　(结束)
绘制 ZH 处的法线。
命令:PLINE✓
指定起点:END✓　　　　　　　　　　　(用鼠标左键拾取平曲线的 ZH 点)
当前线宽为 0.0000
指定下一个点或[圆弧(A)/半宽(H)/长度(L)/放弃(U)/宽度(W)]:<对象捕捉开>
　　　　　　　　　　　　　　　　　　　　　(用鼠标左键拾取辅助线左端点)
指定下一个点或[圆弧(A)/半宽(H)/长度(L)/放弃(U)/宽度(W)]:✓
　　　　　　　　　　　　　　　　　　　　　　　(结束,结果见图 6-17)

图 6-17　绘制 ZH 点的法线

利用类似的方法绘制其他主点的法线,法线起点可以采用直接输入对应主点的中线坐标的方法。最后去掉辅助线后得到图 6-18。

图 6-18　绘制完法线后的情况

(4)标注公里桩和百米桩。
①绘制公里桩符号。
命令:DONUT✓　　　　　　　　　　　　　　　　(启动圆环命令)
指定圆环的内径<0.5000>:0✓　　　　　　　　　(圆环内径为 0)
指定圆环的外径<1.0000>:5✓　　　　　　　　　(圆环外径为 5)
指定圆环的中心点或<退出>:END✓
　　　　　　　　　(用鼠标左键点取最左端法线的上端点作为圆环圆心位置)
指定圆环的中心点或<退出>:✓　　(结束后得到图 6-19 的公里桩的完整符号)

图 6-19　公里桩符号的绘制

②公里桩的里程标注(图 6-20)。
命令:-TEXT✓
当前文字样式:"Standard" 文字高度:6.0000　注释性:否

指定文字的起点或 [对正(J)/样式(S)]： （用鼠标左键点取合适的位置）
指定高度 <6.0000>:10 ↙ （键入合适的文字高度）
指定文字的旋转角度 <0>:90 ↙ （字体旋转角度为90°）
输入文字：K10+000 ↙

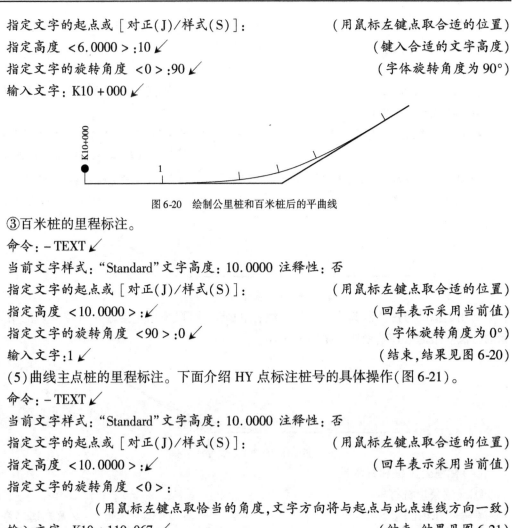

图 6-20　绘制公里桩和百米桩后的平曲线

③百米桩的里程标注。
命令：-TEXT ↙
当前文字样式："Standard" 文字高度：10.0000 注释性：否
指定文字的起点或 [对正(J)/样式(S)]： （用鼠标左键点取合适的位置）
指定高度 <10.0000>: ↙ （回车表示采用当前值）
指定文字的旋转角度 <90>:0 ↙ （字体旋转角度为0°）
输入文字:1 ↙ （结束，结果见图6-20）

(5)曲线主点桩的里程标注。下面介绍 HY 点标注桩号的具体操作(图6-21)。
命令：-TEXT ↙
当前文字样式："Standard" 文字高度：10.0000 注释性：否
指定文字的起点或 [对正(J)/样式(S)]： （用鼠标左键点取合适的位置）
指定高度 <10.0000>: ↙ （回车表示采用当前值）
指定文字的旋转角度 <0>：
　　　（用鼠标左键点取恰当的角度,文字方向将与起点与此点连线方向一致）
输入文字：K10+119.067 ↙ （结束，结果见图6-21）

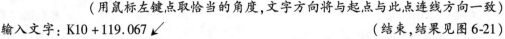

图 6-21　标注了 HY 点的平曲线

因为操作过程相同,下面的操作过程省略,请读者自行完成。

二 地形图的绘制

利用 DTM 绘制的地形图可以在 AutoCAD 2008 中进行编辑和修改,手工勾绘的地形图通过扫描仪扫描成图像后,能够在 AutoCAD 2008 中作为背景图查看,而不能直接修改,扫描图像如果想在修改后再输出,必须借助图形矢量化工具,或利用在 AutoCAD 2008 中描图的方法来完成。

1 AutoCAD 2008 图形的矢量化软件

所谓图形的矢量化,就是把原来的在 AutoCAD 2008 中不能被编辑的图像变化成可以随意修改的线条图的过程。常用的软件有 R2V、Scan2CAD 等。

(1) R2V。R2V 是一种高级光栅(扫描)图矢量化软件系统,该软件系统将强有力的智能数字化技术与方便易用的菜单驱动图形用户界面有机地结合到 Windows 环境中,为用户提供了全面的从自动化光栅图像到矢量图形的转换工具。它可以处理多种光栅图像,是一个可以用扫描光栅图像为背景的矢量编辑工具。由于该软件具有良好的适应性和高精确度,其非常适合于 GIS、地形图、CAD 及科学计算等应用。使用 R2V,可以自动地矢量化地图及其他图纸,自动快速地完成航片或卫片的数字化及地理解析工作,用最新的航测照片或其他图像更新现存的矢量数据集。

(2) Scan2CAD。Scan2CAD 是一个功能强大的将位图转化为矢量图的工具。它具有强大的图形编辑功能,支持 OCR 文字识别。另外它还可以将不同类型对象自动放到不同的层上。

关于这两款软件的详细操作方法,请参考这两款软件的帮助文件。

2 光栅图形的应用

(1) 选择下拉式菜单的"插入(I)"\"光栅图像参照(I)"选项,则会出现"选择图像文件"对话框,如图 6-22 所示。

(2) 在图 6-22 所示的对话框中,选择要插入的文件,并单击"打开",则会出现图 6-23 所示的"图像"对话框,选择适当的位置,插入图像,单击"确定"按钮即可将相应的光栅图形引入到 AutoCAD 2008 中。

图 6-22 "选择图像文件"对话框

(3) 命令法。如果采用输入命令的方式,则键入 IMAGE 按 <Enter> 键,则显示如图 6-24 所示的"图像管理器"对话框,按"附着图像(I)"下拉菜单,重复图 6-22、图 6-23 的操作,并指定插入点和指定缩放比例因子即可完成插入。光栅图形插入 AutoCAD 2008 后,其经局部放大后的图形见 6-25a)所示。

在图 6-25a)的基础上,采用描图的方法,用多段线的折线描取所关心的图形,对于需要光滑的部分采用多段线编辑命令编辑。图 6-25b)显示了光滑前的线条图,图 6-25c)显示光滑后的图形。此办法对于那些比较复杂的立体图形也是一种行之有效的描图办法。

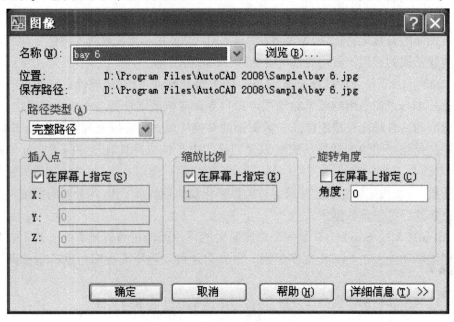

图 6-23 "图像"对话框

图 6-24 键入 IMAGE 命令显示出的对话框

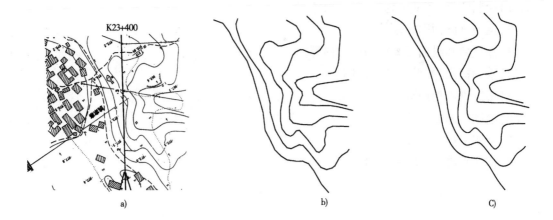

图 6-25　等高线描图
a)扫描的图像(＊.tif 或 ＊.jpg 格式);b)光滑前;c)光滑后

三 路线纵断面图的绘制

1 路线纵断面图(图 6-26)的绘制步骤

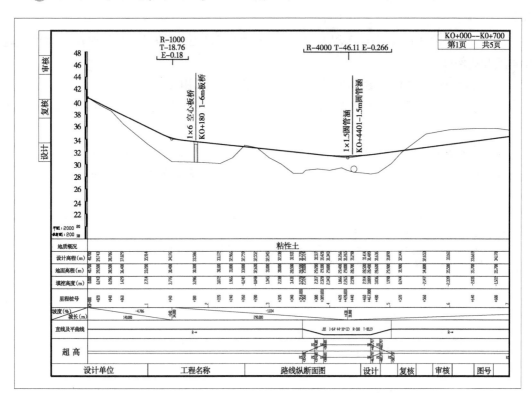

图 6-26　纵断面图

(1)绘制图框、底部标题栏、右上角角标。
(2)绘制纵断面图标题栏。
(3)逐桩填写纵断面图标题栏的内容。
(4)绘制标尺,并填写绘图比例。
(5)绘制纵断地面线。
(6)绘制纵断设计线。
(7)绘制竖曲线及其标注。
(8)标注水准点、桥涵构造物等。

 绘图要点

绘制公路纵断面图的要点如下:
(1)绘图时设计好比例尺(一般里程方向1:2000,高程方向1:200)。
(2)绘制纵断面图标题栏时,要注意各栏高度以填写项所占尺寸为准。
(3)逐桩填写纵断面图标题栏的内容时,一般先填写一行内容,可采用阵列方法或平行拷贝方法复制该行到其他行,采用 DDEDIT 命令逐个修改数值,这样不但文字格式统一,而且便于对齐控制。
(4)标尺采用多段线绘制(宽度为1个单位),先绘制两节,然后用阵列方法制作其他部分。
(5)以相对坐标方式,采用多段线绘制(宽度为0个单位)纵断地面线,要注意标尺的起始刻度和比例变换。
(6)纵断面设计线可以参照地面线的方法绘制,线宽采用0.5个单位。
(7)竖曲线绘制采用三点圆弧绘制,三点依次是竖曲线起点、变坡点位置设计高处、竖曲线终点。
(8)标注水准点、桥涵构造物时要注意其与桩号的对应,标注圆管涵、箱涵、盖板涵时,最好先绘制好标准符号并定义为图块,利用图块插入命令绘制,以提高绘制效率。

6.3 路基路面工程图

在公路工程设计图中,需绘制各种不同的路基路面工程图。下面将采用不同的绘图命令和绘图方法来绘制路基横断面图、路基干密度和最佳含水率曲线图、沥青路面结构图、水泥混凝土路面施工缝图。

一 路基工程图的绘制

1 绘制道路路基横断面图

【实例6-4】 绘制如图6-27所示填方路基横断面图。

图6-27 修剪填方路基横断面例图
a)修剪前;b)修剪后

操作步骤：

(1)确定公路中桩的位置,用多段线命令绘制横断面中心轴线(线条特性选择为点划线)。

(2)选用多段线命令绘制地面线及地面线表示符号。

(3)根据路基的填挖高度值和路基的左右宽度值绘制路基横断面上部。

提示：为便于实现路基边坡线与地面线的准确连接,绘制横断设计图时,先把边坡线画长[图6-27a)],然后用地面线修剪边界[图6-27b)]的方法完成。

2 五点法绘制干密度和含水率关系曲线图

五点法确定最大干密度和最佳含水率时,先用PLINE命令绘制五点的折线,然后再用曲线拟合命令进行曲线拟合,即可绘制干密度和含水率最佳关系图,如图6-28所示。

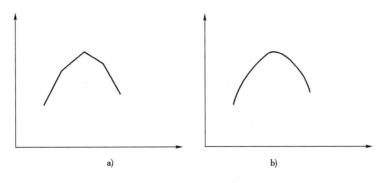

图6-28 五点法绘曲线图
a)拟合前;b)拟合后

【实例 6-5】 绘制如图 6-28 所示的路基最大干密度和最佳含水率曲线图。

操作步骤：

(1)绘制通过五点的一条多段线，如图 6-28a)所示。

命令：PLINE ✓

指定起点：183.43，152.77 ✓

当前线宽为 0.600

指定下一点或[闭合(C)/合并(J)/宽度(W)/编辑顶点(E)/拟合(F)/样条曲线(S)/非曲线化(D)/线型生成(L)/放弃(U)]：197.61，179.74 ✓

指定下一点或[闭合(C)/合并(J)/宽度(W)/编辑顶点(E)/拟合(F)/样条曲线(S)/非曲线化(D)/线型生成(L)/放弃(U)]：215.88，194.46 ✓

指定下一点或[闭合(C)/合并(J)/宽度(W)/编辑顶点(E)/拟合(F)/样条曲线(S)/非曲线化(D)/线型生成(L)/放弃(U)]：230.88，185.19 ✓

指定下一点或[闭合(C)/合并(J)/宽度(W)/编辑顶点(E)/拟合(F)/样条曲线(S)/非曲线化(D)/线型生成(L)/放弃(U)]：244.78，161.49 ✓

指定下一点或[闭合(C)/合并(J)/宽度(W)/编辑顶点(E)/拟合(F)/样条曲线(S)/非曲线化(D)/线型生成(L)/放弃(U)]：✓

(2)将步骤(1)所绘制的多段线用曲线拟合命令 PEDIT 进行拟合。

命令：PEDIT ✓

选择多段线或[多条(M)]：　　　　　（用鼠标左键点取步骤(1)所绘制的多段线）

输入选项

[闭合(C)/打开(O)/合并(J)/宽度(W)/拟合(F)/样条曲线(S)/非曲线化(D)/线型生成(L)/放弃(U)]：F ✓

输入选项

[闭合(C)/打开(O)/合并(J)/宽度(W)/拟合(F)/样条曲线(S)/非曲线化(D)/线型生成(L)/放弃(U)]：✓

二 路面结构图的绘制

公路设计所用的路面主要有两种：一类是沥青类路面；另一类则是水泥混凝土路面。下面以沥青路面结构图和水泥混凝土路面施工缝构造图为例说明公路路面结构图的绘制方法与过程。

1 沥青路面结构图

绘制沥青路面结构图时，可先用多段线绘制四条路面结构分层界线，再用矩形命令按结构层绘三个小矩形，然后用图案填充命令选择适当的填充图，最后用单行文字标注完成文字的标注（见图 6-29）。

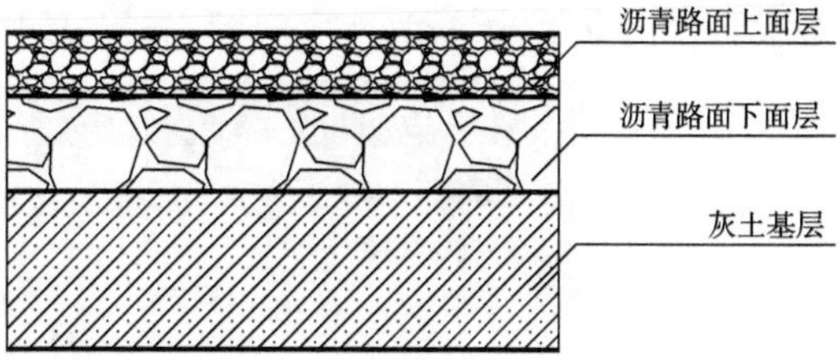

【实例 6-6】 绘制图 6-29 所示的沥青路面结构图。

图 6-29 沥青路面结构示意图

操作步骤：

(1)用多段线命令绘制沥青路面结构层的分界线。

命令：PLINE↙

指定起点： （在绘图区任点一点）

当前线宽为 0.4000 （选择合适的线宽）

指定下一个点或[圆弧(A)/半宽(H)/长度(L)/放弃(U)/宽度(W)]：@50,0↙

（与前点的相对坐标）

指定下一点或[圆弧(A)/闭合(C)/半宽(H)/长度(L)/放弃(U)/宽度(W)]：↙

（结束命令）

采用 OFFSET 命令三次完成另外三个分界线(相互间隔分别为 8、12、20)的绘制。

(2)用 RECTANG 命令绘制矩形边界线，用以填充图案。

命令：RECTANG↙

指定第一个角点或[倒角(C)/标高(E)/圆角(F)/厚度(T)/宽度(W)]：

（采用对象捕捉功能，选择所绘矩形的一个端点——第一条多段线的左端点）

指定另一个角点或[面积(A)/尺寸(D)/旋转(R)]：

（采用对象捕捉功能，选择所绘矩形的另一个端点——第二条多段线的右端点）

重复 RECTANG 命令两次(依次选取不同的端点)完成另外两个矩形图的绘制，见图 6-29。

(3)选择合适的填充图案，用填充命令进行填充图案。

单击图案填充命令，启动图 6-30 所示的"边界图案填充"对话框，选择合适的填充图案、角度和比例，点取"拾取点"按钮，或点取"选择对象"按钮，选择需填充的对象后点取"确定"按钮，完成图案的填充。

命令：_bhatch

拾取内部点或 [选择对象(S)/删除边界(B)]： （点取最上边的矩形内部一点）

正在选择所有对象…

正在选择所有可见对象…

正在分析所选数据…

正在分析内部孤岛…

拾取内部点或 [选择对象(S)/删除边界(B)]：↙ （得到图 6-29 最上部的填充图案）

将 BHATCH 命令重复两次(在更换填充图案的基础上，依次选择第二个、第三个矩形)，即可完成路面结构图的填充。

(4)完成文字标注并绘制引出线。文字的标注可以采用单行文字分三次完成标注和绘制引出线；也可以只标注一行文字和绘制一个引出线后，利用复制的方法复制文字和引出线两次至合适位置,再修改文字内容以提高绘图速度。

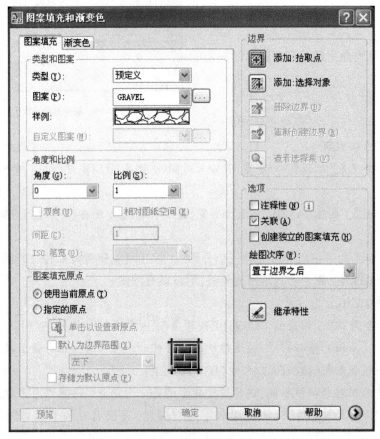

图 6-30 "边界图案填充和渐变色"对话框

❷ 水泥混凝土路面横向施工缝构造图

【实例 6-7】 绘制图 6-31 所示水泥混凝土路面横向施工缝构造图。

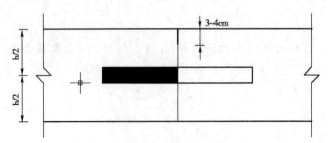

图 6-31 水泥混凝土路面横向施工缝构造图

操作步骤:
(1) 用多段线命令绘制水泥混凝土路面的上下界线及填缝料。
命令:PLINE✓ (绘制上边界线)
指定起点: (用鼠标左键在绘图区左上角任点取一点)

当前线宽为0.0000
指定下一个点或[圆弧(A)/半宽(H)/长度(L)/放弃(U)/宽度(W)]:W✓
指定起点宽度<0.0000>:0.6✓
指定端点宽度<0.6000>:✓
指定下一个点或[圆弧(A)/半宽(H)/长度(L)/放弃(U)/宽度(W)]:@180,0✓
指定下一个点或[圆弧(A)/半宽(H)/长度(L)/放弃(U)/宽度(W)]:✓

下边界线(距上边界线60个单位)利用复制命令完成。完成下边界线后可再利用多段线命令绘制填缝料。

命令:PLINE✓　　　　　　　　　　　　　　　　　　　　　（绘制填缝料）
指定起点:<对象捕捉 开>
　　　　　（打开捕捉命令,用鼠标捕捉上边界中点,线宽改为3个单位）
指定下一个点或[圆弧(A)/半宽(H)/长度(L)/放弃(U)/宽度(W)]:@0,-10✓
指定下一个点或[圆弧(A)/半宽(H)/长度(L)/放弃(U)/宽度(W)]:✓

(2)绘制折断线。先用LINE命令在上下边界左端绘制一段80个单位长的直线,长出部分要对称于上下边界。然后继续用LINE命令在刚才绘制的直线中点处绘制大小恰当的锯齿线,锯齿线要绘制长一些,利用修剪命令剪去多余的部分,即可得到图6-31左侧折断线。利用镜像命令,以路面上下边界线中心为对称轴完成右侧折断线的绘制。

(3)绘制横向施工缝部位设置的钢筋及涂沥青部位。用LINE命令绘制施工缝(直线端点为上下边界线的中点);然后用矩形命令以施工缝中点为中心绘制长度为100个单位、高度为10个单位的矩形;最后以刚绘制的矩形左侧边线中点为起点,利用PLINE命令绘制宽度为10个单位、长度为50个单位的线段。

(4)用标注尺寸命令标注图中所示的尺寸。

6.4 路线平面交叉图

在道路设计中,常常需要进行路线平面交叉设计。在一般情况下,公路平面交叉设计相对比较简单,但是高等级公路的平面交叉设计还是比较复杂的。为便于学生能够快速掌握路线平面交叉的绘制方法,本节先易后难列举三个示例,来说明路线平面交叉图的绘制原理与方法。

路线平面交叉图的绘制,一般是先根据图幅的大小,确定合适的图形比例,并将图形布置在适当的平面位置上,然后根据设计图形的要求,确定平面交叉的主骨架,再进行细节的绘制,以使设计图样能满足公路施工的要求。

一 加宽式十字交叉路线平面图的绘制

【**实例6-8**】 绘制如图6-32所示的加宽式十字交叉路线平面图。

提示:首先选择合适的线型绘制路线交叉的十字中心线(点划线),后根据实际数据绘制路线交叉口的外侧边线(粗实线),再选择合适的曲线半径值圆滑连接相邻的直线,最后用修剪命令剪去多余的线条完成图形的绘制。

操作步骤:

(1)根据实际数据先用点划线绘制路中线十字路口平面图。启动"格式"中的"线型管理器"对话框(见图6-33),点取"加载(L)"按钮

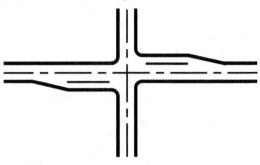

图6-32 加宽式十字交叉路线平面图

后,选择"可用线型"选项卡下的"ACAD_ISO04W100"线型,单击"确定"按钮返回"线型管理器"对话框,在此对话框中选择该线型后再单击"确定"按钮,这样就可以在AutoCAD 2008的工具栏中选取"ACAD_ISO04W100"线型用点划线进行绘图了。

图6-33 "线型管理器"对话框和其"加载或重载线型"子对话框

选用点划线为当前线型,用LINE命令绘制十字路口中线,水平长度为110个单位,竖直长度为65个单位;十字路口中心坐标为(1000,400)。

(2)用多段线命令绘制交叉路口的粗边线。

①绘制左上角边线。

命令:PLINE↵

指定起点:946.1857,404.0914↵

当前线宽为0.0000

指定下一个点或[圆弧(A)/半宽(H)/长度(L)/放弃(U)/宽度(W)]:W↵

指定起点宽度<0.0000>:0.6↵

指定端点宽度<0.6000>:↵

指定下一个点或[圆弧(A)/半宽(H)/长度(L)/放弃(U)/宽度(W)]:996.0435,404.0914↵

指定下一个点或[圆弧(A)/半宽(H)/长度(L)/放弃(U)/宽度(W)]:996.0435,427.3970↵

指定下一个点或[圆弧(A)/半宽(H)/长度(L)/放弃(U)/宽度(W)]:↵

②绘制左下角边线。

命令:PLINE↵

指定起点:946.185,396.3229↵

当前线宽为0.6

指定下一个点或[圆弧(A)/半宽(H)/长度(L)/放弃(U)/宽度(W)]:958.6558,396.3229↵

指定下一个点或[圆弧(A)/半宽(H)/长度(L)/放弃(U)/宽度(W)]:974.4841,392.6671↵

指定下一个点或[圆弧(A)/半宽(H)/长度(L)/放弃(U)/宽度(W)]:996.0435,392.6671↵

指定下一个点或[圆弧(A)/半宽(H)/长度(L)/放弃(U)/宽度(W)]:996.0435,364.1826↵

指定下一个点或[圆弧(A)/半宽(H)/长度(L)/放弃(U)/宽度(W)]:↵

③绘制右上角边线。

命令:PLINE↵

指定起点:1003.8185,427.3970↵

当前线宽为0.6

指定下一个点或[圆弧(A)/半宽(H)/长度(L)/放弃(U)/宽度(W)]:1003.8185,407.4426↵

指定下一个点或[圆弧(A)/半宽(H)/长度(L)/放弃(U)/宽度(W)]:1027.1278,407.4426↵

指定下一个点或[圆弧(A)/半宽(H)/长度(L)/放弃(U)/宽度(W)]:1042.6395,404.0914↵

指定下一个点或[圆弧(A)/半宽(H)/长度(L)/放弃(U)/宽度(W)]:1057.3284,

404.0914↙

指定下一个点或[圆弧(A)/半宽(H)/长度(L)/放弃(U)/宽度(W)]:↙

④绘制右下角边线。

命令:PLINE↙

指定起点:1003.8185,364.1826↙

当前线宽为 0.6

指定下一个点或[圆弧(A)/半宽(H)/长度(L)/放弃(U)/宽度(W)]:1003.8185,396.3229↙

指定下一个点或[圆弧(A)/半宽(H)/长度(L)/放弃(U)/宽度(W)]:1057.3284,396.3229↙

指定下一个点或[圆弧(A)/半宽(H)/长度(L)/放弃(U)/宽度(W)]:↙

(3)整理图形。利用 FILLET 命令,采用 2.82 个单位修整出四个圆角;利用 PLINE 命令绘制两个端点分别为(974.0117,396.0345)和(992.1934,396.0345)的直线;利用 PLINE 命令绘制两个端点分别为(1008.4613,403.9568)和(1026.6430,403.9568)的直线。

完成上述步骤后得到图 6-32。熟练的掌握了基本操作后可以参照前述坐标对应的尺寸来绘制图 6-32。

二 环形十字交叉路口平面设计图

【实例6-9】 绘制如图 6-34 所示的环形十字交叉路线平面图。

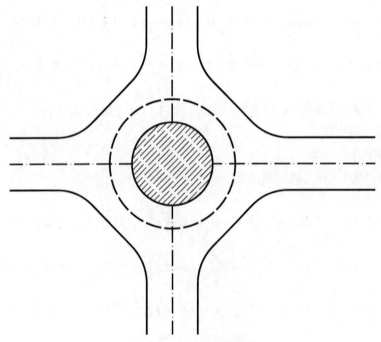

图 6-34 环形十字交叉路线平面图

提示:首先选择合适的线型绘制路线交叉的十字中心线(点划线),然后根据实际数据绘制路线交叉口的外侧边线(粗实线),再用修剪命令剪去多余的线条,最后选择合适的曲线半径值圆滑连接相邻的直线完成图形的绘制。

操作步骤:

(1)选择点划线线型,用 LINE 命令绘制十字中心线,十字中心线水平长度290个单位,竖直长度250个单位,见图6-35。

(2)选择"bylayer"线型,用多段线命令绘制十字路边线(两个边线对称于中心线,水平和竖直两边线的间距均为40个单位,线宽为1个单位),见图6-35。

(3)用段线命令绘制环形十字交叉路线的圆环(圆环内径58个单位,外径60个单位,线宽为1个单位,中心在中心线交点处),见图6-36。

(4)用偏移命令绘制另外二个圆环(行车道分界线),其偏移距离各为20个和37.5个单位。

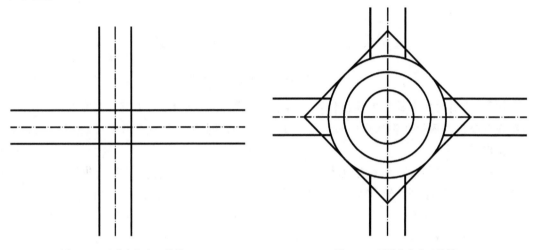

图 6-35　环形十字交叉路线一　　　　图 6-36　环形十字交叉路线二

(5)用正多边形命令绘制图6-36中大圆的外切正方形,注意中心在中心线交点处,四个角都要落在路中线上。

(6)用多段线编辑命令修改上一步正方形的线宽(线宽为1个单位)。

(7)用修剪命令剪切十字中心多余的多段线。

(8)用圆角命令选择合适的圆曲线半径,将不相交的相邻道路圆顺的连接。

(9)利用"修改"\"特性"命令,将行车道分割线线型改为虚线。

(10)用图案填充命令将中心岛内用阴影线填充,见图6-34。

三　平面交叉口交通岛及人行道交通设施图的绘制

在城市道路交叉口设计中,考虑到行人的需求,设置交通岛和人行道是在城市交通中应当认真考虑的问题。可根据平面交叉口的交通特点,绘制交通设施图,如图6-37所示。

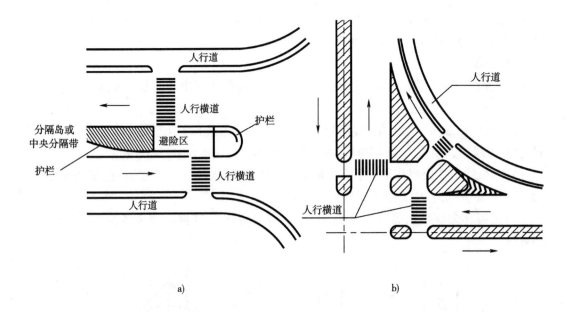

图 6-37 交通岛及人行道交通设施图

提示：此图看起来较实例 6-8 和实例 6-9 复杂，但只要分清楚是由哪几部分组成，然后将各组成部分按不同的线型区分即可。在绘图时，在书上量取图样各部分尺寸，采用 1:1 的比例绘图即可。

先进行图形的定位，然后根据线型情况进行绘制。一般先绘直线后绘曲线，绘制曲线时，可采用三点法绘制。绘制完成后，进行修剪，再进行填充。人行横道绘制时，可先绘制一条粗线，然后采用阵列命令绘制出一条完整的人行横道，再采用阵列或复制命令、旋转命令完成其他人行横道的绘制工作。填充阴影部分时，只有封闭的图形才能填充，因此，应先把图形封闭，填充完成后再将不需要的线条去掉。斑马线（交通岛的粗斜线）的绘制，应采用多段线改变线条的粗细度，逐一绘制（由于图中每一条线的角度不同），其绘制长度应超过所绘图界，后采用修剪命令，剪去界外不需要的线条即可。图中的方向箭头可采用多段线命令，分段连续绘制不同粗细的线条即可。文字的标注，采用 DTEXT 命令定位确定，如果位置不对，可采用平移命令，平移标注文字的位置。

 单元小结

本单元介绍了公路工程图的总体构图的习惯做法和有关规定，介绍了路线平面图、纵断面图的绘制方法，介绍了路基路面工程图及路线平面交叉图的绘制方法。本单元的主要内容和相关 AutoCAD 2008 命令见表 6-1。

道路工程制图主要内容和相关的 AutoCAD 2008 命令　　　　表6-1

工作任务	主要内容	主要命令或操作
6.1 公路工程制图规格	比例尺 线条粗细 《道路工程制图标准》（GB 50162—1992）规定的图框格式	LIMITS（图形界限命令） PLINE（多段线命令） MTEXT（多行文字命令）
6.2 道路路线图	路线平面设计图的绘制 地形图的绘制 路线纵断设计图的绘制	PLINE（多段线命令）、-TEXT（单行文字命令）、ARRAY（阵列命令） CIRCLE（圆命令）、DONUT（圆环命令）
6.3 路基路面工程图	绘制路基工程图 绘制路面结构图	PLINE（多段线命令）、PEDIT（多段线编辑命令）、RECTANG（矩形命令）、BHATCH（填充命令）、LINE（直线命令）
6.4 路线平面交叉图	加宽式十字交叉路口平面图的绘制 环形十字交叉路口平面图的绘制 平面交叉口交通岛及人行道交通设施图的绘制	PLINE（多段线命令）、MOVE（移动命令）、LINE（直线命令）、FILLET（圆角命令）、CIRCLE（圆命令）、DONUT（圆环命令）、OFFSET（偏移命令）

自我检测

1. 请完成如图 6-38 所示的路基横断面组成图的绘制与尺寸文字标注。

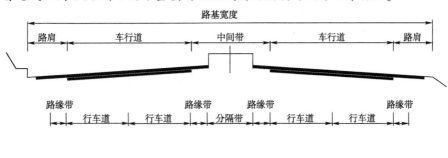

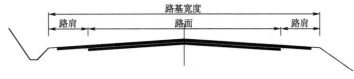

图 6-38　路基横断面组成图

提示:从图 6-38 中量取相关尺寸,用 1:1 比例尺(一个绘图单位对应 1mm)绘制该图。

2. 请完成如图 6-39 所示开挖视距台断面图。

提示:从图 6-39 中量取相关尺寸,用 1:1 比例尺(一个绘图单位对应 1mm)绘制该图。

3. 请参照图 6-26 图练习绘制路线纵断面图。

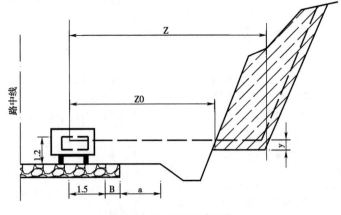

图 6-39　开挖视距台断面图

单元 7

桥梁工程图的绘制

 学习目标

1. 掌握桥梁桥型布置图、桥梁钢筋混凝土构件图以及小桥涵图样的绘制步骤、绘制的基本思路以及标注方法。
2. 掌握用 AutoCAD 2008 常用命令精确绘制桥、涵主要构部件的方法。
3. 了解桥涵中诸如桥梁地面线、桥梁中心标线、桥梁标尺、地质柱状图剖面等附属部分绘制的一般方法。

 工作任务

1. 大中桥布置图的绘制。
2. 桥梁构件图的绘制。
3. 小桥及涵洞的绘制。

 学习指南

利用 AutoCAD 2008 绘制桥梁工程图,首先要按公路工程制图规格制图,桥梁制图主要根据图纸大小和比例尺做好布置图的分幅和布图,其次是要找出桥涵或其构件的轴线,最后详细绘制图形并完成标注。

7.1 大中桥布置图

如图 7-1 所示为一座大桥桥型布置图,其中桥梁上部为 5 孔 30mT 形连续梁,下部为空心双薄壁式墩、桩基加承台墩基础,采用桩柱式桥台。

在绘图之前,应要进行下列工作:

(1) 对所绘图形对象需要在大脑中形成一个比较清晰的认识,能基本知道绘图的主要内容及基本的形态。如果有现成的图纸为参考,就要读懂其中的各部分的含义。这一步在绘图中是非常重要的环节。有助于在随后的绘图中减少错误,同时也可以加快绘图速度。

(2) 要使在 AutoCAD 2008 中的绘图对象与通过打印机出图的图样进行协调,计算好各部分尺寸或在缩放后的值。需要考虑在 AutoCAD 2008 制图过程中要采用多大的绘图比例。比例在图中是一个比较难处理的问题,尤其是初学者。希望通过本单元的学习使读者对比例有一个深刻的认识。

在 AutoCAD 2008 绘图中,图形比例一般用两种方法来实现:

(1) 以图样大小为参考,即先绘制出图样尺寸,其后图形各个部分均按其在图中布局大小按比例缩小绘制。再通过出图设备出图时按 1:1 的比例来出图。

(2) 以 1:1 的比例绘图,然后再考虑将图形缩放,放入选定的图样中。或在通过出图设备出图时再将所绘图按比例来出图。

后者特别要注意标注中的数值、文字外观大小、标注尺寸界线和箭头等的变化,因为图形缩放的同时它们也按比例变化,易导致图形和标注不协调甚至失真。最后,则需要思考从什么地方开始入手绘制、各部分的画法以及所要建立的图层。

绘制图 7-1 时,考虑采用上述的第一种方法来绘制桥型布置图,即图样大小一定,在 AutoCAD 2008 绘图中的绘图单位为 mm,并采用 1:500 的比例绘制该桥型的布置图。选用此方法的好处在于对设计图的结构物尺寸以 m 计时,在 AutoCAD 2008 绘图中只需将结构物本身的尺寸放大一倍则是绘图单位长,既有利于绘图中的尺寸换算又延续了初学者在用图板绘图中的思维。

在图 7-1 的桥型布置图中,分为立面图和平面图及下方的纵向坡度示意表三个主要内容。在立面图中大致包含了主梁、桥墩、桥台、桥头搭板、水准标尺、桥梁中心、地面线及地质说明;平面图中大致包含桥墩、桥台、桥头搭板等构件在平面上与公路中心线的关系及各构件在平面上的尺寸;另外在立面、平面图中还有标注及文字说明等部分。

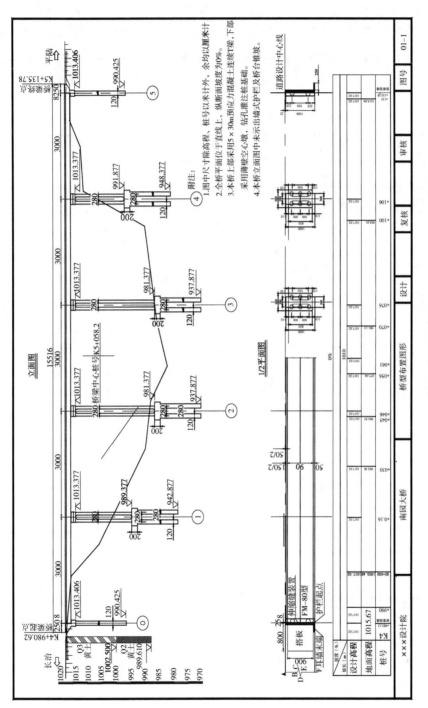

图 7-1 桥型布置图

下面开始绘制图 7-1。

打开 AutoCAD 2008 应用程序,按默认的模板进入程序默认的图样,此时图名为默认的"Drawingl.dwg",为了以后的保存方便,将图形以自己的名称存于一个文件夹中,为了以后的绘图以及修改的方便,需要设置好图层并进行线型设置,在命令行中输入 LAYER 或点击"图层"工具栏上的图标,打开"图层特性管理器"对话框可见其中只有默认的"0"号图层。单击"新建"按钮,在其中的栏中输入相应的部分名称。结合图 7-1 的内容需要设置的图层、线型、颜色、线宽按表 7-1 设置。

桥型布置图图层设置　　　　　　　　　　　　　　　　　表 7-1

图层	图层名称	图层颜色	图层线型	线宽
中实线层	0	白色	continuous	0.30
轴线编号层	轴线编号	白色	continuous	0.18
粗实线层	粗实线	白色	continuous	0.70
细实线层	细实线	白色	continuous	0.18
虚线层	虚线	蓝色	dashed2	0.30
点划线层	中心线	粉红色	center	0.18
尺寸标注层	标注线	白色	continuous	0.25
文字层	标注文字	白色	continuous	0.25
图框层	图框	白色	continuous	1.0
地面线层	地面线	红色	continuous	0.18
其他层	其他	白色	continuous	0.18

一　图框的设定与绘制

目前我国公路桥梁设计图多用 A3 图幅,其图纸大小为 420mm×297mm。有关图框的设定与绘制内容详见单元 6 中 6.1 节。

二　桥梁墩、台轴线的绘制与编号的标注

在桥梁布置图中绘制桥梁墩、台轴线,用来确定桥墩及桥台在图中的位置。桥梁墩、台轴线也是绘制过程中的参考线。图 7-1 中的桥梁墩、台轴线用细点划线绘制,也就是用图层中设置的"中心线"层绘制,其编号标注在轴线端部用细实线绘制的圆圈内。

1 轴线的绘制方法

将"中心线"图层设置为当前图层,使用 LINE 命令,在绘图区域的左侧绘制一条竖直直

线及一条水平线。竖直直线就是桥梁最左边的桥台台身中心线,水平线为桥梁平面布置图中的桥梁中心线。然后用 COPY 命令生成竖向的其他桥墩、台的位置线。具体绘制步骤如下。

(1)绘制 0 号桥台台身中心线。

命令:LINE ✓

指定第一点: （在图框中用鼠标靠近左边框处单击）

指定下一点或[放弃(U)]:<正交　开>

　　　　（在前点的正下方靠近底边框鼠标单击,所绘的直线为 0 号桥台台身的中心线）

指定下一点或[放弃(U)]:✓ （结束命令）

(2)依次绘制其他桥墩、台中心轴线。

命令:COPY ✓

选择对象:找到 1 个 （用鼠标单击上一命令绘制完的直线）

选择对象:✓（结束选择）

指定基点或[位移(D)/模式(O)]<位移>:_endp 于指定第二个点或<使用第一个点作为位移>:60 ✓（用鼠标右键+<Shift>的方法,捕捉该直线的一端点,然后将鼠标移动到右侧,输入 60,这条竖垂线为 1 号桥墩墩身轴线位置）

指定第二个点或[退出(E)/放弃(U)]<退出>:120 ✓

　　　　　　　　　　（复制距离 120,这条竖垂线为 2 号桥墩墩身轴线位置）

指定第二个点或[退出(E)/放弃(U)]<退出>:180 ✓

　　　　　　　　　　（复制距离 180,这条竖垂线为 3 号桥墩墩身轴线位置）

指定第二个点或[退出(E)/放弃(U)]<退出>:240 ✓

　　　　　　　　　　（复制距离 240,这条竖垂线为 4 号桥墩墩身轴线位置）

指定第二个点或[退出(E)/放弃(U)]<退出>:300 ✓

　　　　　　　　　　（复制距离 300,这条竖垂线为 5 号桥台台身轴线位置）

指定第二个点或[退出(E)/放弃(U)]<退出>:✓ （结束复制）

(3)绘制平面图中的桥梁中心线。

命令:LINE ✓ （绘制平面图中的桥梁中心线）

指定第一点: （在图框中用鼠标靠近左下边框处单击）

指定下一点或[放弃(U)]: （在前点的右侧保证与所有竖线都相交后用鼠标单击）

绘制完成图如 7-2 所示。

❷ 轴线编号的标注

为了明示桥墩及桥台在桥梁立面图中位置关系,其墩、台轴线应编号并在轴线的下端进行标注(写在一定直径的圆内),但在绘图前期为了绘图的方便,先将其放到中心线的上方。轴线编号圆用细实线绘制,直径为 4～8mm。进入"轴线编号"图层,轴线编号具体绘制步骤如下。

(1) 在 AutoCAD 2008 的绘图区域内，首先任意绘制一个半径为 4mm 的圆。并在该圆中标注数字，其结果应如图 7-3 所示。

图 7-2　桥梁轴线绘制完后图形

图 7-3　绘制完轴线编号后图形

命令:CIRCLE↙　　　　　　　　　　　　　　　　　　　　　　（画圆命令）
指定圆的圆心或[三点(3P)/两点(2P)/相切、相切、半径(T)]：
　　　　　　　　　　　　　　　　　　　　　　（用鼠标任点绘图区域中的空白处）
指定圆的半径或[直径(D)]:4↙　　　　　　　　　　　（绘制半径为 4mm 的圆）
命令:-TEXT↙　　　　　　　　　　　　　　　　　　　　　　　（标注数字）
指定文字的起点或[对正(J)/样式(S)]:J↙　　　　　　　　　　　（选择对正）
[对齐(A)/调整(F)/中心(C)/中间(M)/右(R)/左上(TL)/中上(TC)/右上(TR)/左中(ML)/正中(MC)/右中(MR)/左下(BL)/中下(BC)/右下(BR)]:MC↙
　　　　　　　　　　　　　　　（标注数字放置于文字分布范围的正中位置）
指定文字的中间点:_cen 于（用鼠标右键 + <Shift>的方法，捕捉圆心并用鼠标左键点击）↙
指定高度<2.5000>4↙　　　　　　　　　　　　　　（输入标注数字的字高）
指定文字的旋转角度<0>↙　　　　　　　　　　　　　　　（字体水平书写）
输入文字:0↙　　　　　　　　　　　　　　　（输入数字 0，指 0 号台）
输入文字↙　　　　　　　　　　　　　　　　　　　　　　　　（结束命令）

(2) 将这个有标注的圆移动至桥墩及桥台的轴线上。
命令:MOVE↙
选择对象:指定对角点:找到 2 个　　　　　　　　　　（选择圆及标注的数字）
选择对象:↙　　　　　　　　　　　　　　　　　　　　　　　　（结束选择）
指定基点或[位移(D)] <位移>:_qua 于
　　　　　　　　　　（用鼠标右键 + <Shift>的方法，捕捉圆的下象限点）
指定第二个点或<使用第一个点作为位移>:_endp 于
（用鼠标右键 + <Shift>的方法，捕捉第一根竖向直线的上端点，即 0 号台的轴线的上端点）
命令:COPY↙
选择对象:指定对角点:找到 2 个　　　　　（选择已移至 0 号台上的带标注的圆）

选择对象:↙ (结束选择)
指定基点或[位移(D)/模式(O)]<位移>:_int 于(用鼠标右键+<Shift>的方法,捕捉6圆与0号台轴线的交点)
指定第二个点或<使用第一个点作为位移>:_endp 于(用鼠标右键+<Shift>的方法,捕捉第二根竖线上端点,即1号墩轴线的上端点)
指定第二个点或[退出(E)/放弃(U)]<退出>:_endp 于(用鼠标右键+<Shift>的方法,捕捉第三根竖线上端点,即2号墩轴线的上端点)
指定第二个点或[退出(E)/放弃(U)]<退出>:_endp 于(用鼠标右键+<Shift>的方法,捕捉第四根竖线上端点,即3号墩轴线的上端点)
指定第二个点或[退出(E)/放弃(U)]<退出>:_endp 于(用鼠标右键+<Shift>的方法,捕捉第四根竖线上端点,即4号墩轴线的上端点)
指定第二个点或[退出(E)/放弃(U)]<退出>:_endp 于(用鼠标右键+<Shift>的方法,捕捉第五根竖线上端点,即5号台轴线的上端点)
指定第二个点或[退出(E)/放弃(U)]<退出>:↙ (结束命令)

(3)用DDEDIT命令对标注进行修改。复制到各轴线上圆内的数字都为0,需用DDEDIT命令来对各轴线上的编号进行改正。

命令:DDEDIT↙
选择注释对象或[放弃(U)]:
(用鼠标单击第二根竖线上圆内的数字)
则在绘图区出现如图7-4所示的文字修改提示。
在图7-4光标闪动处输入数字"1",然后激活命令行光标,单击"回车",则完成了数字的修改,可用同样方法对2、3、4号墩及5号台轴线上的数字进行修正。绘制结果如图7-3所示。

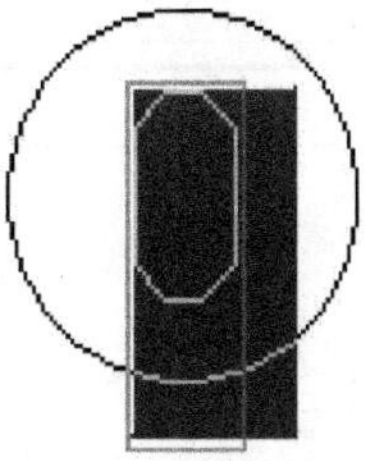

图7-4 点击圆圈内0后出现的对话框

提示:在完成上述轴线及其编号的工作后,建议将轴线图层锁定,以便在以后的绘图中利于操作。

三 桥梁立面图的绘制

1 主梁的绘制

选定"0"图层,本桥上部为5×30m的T形梁连续结构,总长150m,利用已绘好的桥梁墩台轴线,用LINE命令绘制主梁。

(1)绘制桥面线。
命令:LINE↙
指定第一点:_endp 于(用鼠标右键+<Shift>的方法,捕捉0号桥台台身轴线上端点)
指定下一点或[放弃(U)]:_endp 于(用鼠标右键+<Shift>的方法,捕捉5号桥台台身轴线上端点)

(2)绘制主梁翼缘板和主梁的底面线。采用 OFFSET(偏移)命令,翼缘板厚为 0.2m,主梁梁高为 1.765m,桥面铺装层为 0.16m。根据上述方法换算得"翼缘板和桥面铺装层总厚度"、"翼缘板和主梁梁高"绘图数据分别为 0.72 及 3.85 个单位(比例为 1∶500)。

命令:OFFSET✓

指定偏移距离或[通过(T)/删除(E)/图层(L)]<通过>:3.85✓

(梁底至桥面的距离)

选择要偏移的对象,或[退出(E)/放弃(U)]<退出>:

(选择主梁上顶面(即桥面线),用鼠标左键单击)

指定要偏移的那一侧上的点,或[退出(E)/多个(M)/放弃(U)]<退出>:(在该直线的下部用鼠标左键单击)

选择要偏移的对象,或[退出(E)/放弃(U)]<退出>:✓   (结束命令)

同理,可绘制出翼缘板的立面位置。然后将桥面线及底面线的两端点用 LINE 命令相连。这两条线为连续梁边跨的梁端线(分别在 0 号及 5 号轴线上)。绘制完的图形如图 7-5、图 7-6 所示。

图 7-5 主梁绘制后图形

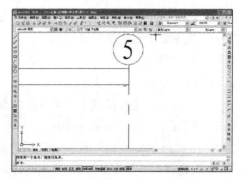
图 7-6 桥台支座绘制后图形

❷ 桥台的绘制

在立面图中,梁端与桥台接头处绘制内容较多,包括台支座、桥台和耳墙。绘制桥台部分时,为方便绘图可将桥台处的主梁端局部放大,考虑桥台形态,采用 RECTANG 命令绘制。具体绘制步骤如下:

(1)先绘制支座,其尺寸为 10cm×30cm×50cm,支座中心线离梁端为 40cm。以 5 号桥台上的主梁右下角为例进行绘制。

命令:RECTANG✓

指定第一个角点或[倒角(C)/标高(E)/圆角(F)/厚度(T)/宽度(W)]:FROM✓

基点:_int 于<偏移>:@-1.1,0✓(用鼠标右键+<Shift>的方法,捕捉主梁下角点后,相对主梁右下角偏移找到支座的上左对角点)

指定另一个角点或[面积(A)/尺寸(D)/旋转(R)]:@0.6,-0.2✓   (支座的下右对角点)

绘制完的图如 7-6 所示。

(2)再用 RECTANG 命令绘制桥台,桥台立面图尺寸为 170cm(宽)×160cm(高),而且以桥台轴线为中心对称,以 5 号台轴线进行绘制。

命令:RECTANG↙

指定第一个角点或[倒角(C)/标高(E)/圆角(F)/厚度(T)/宽度(W)]:FROM

基点:_nea 到<偏移>:@-1.7,0(用鼠标右键+<Shift>的方法,在 5 号台轴线捕捉一最近点,偏移找到桥台的上左对角点)

指定另一个角点或[面积(A)/尺寸(D)/旋转(R)]:@3.4,-3.2↙　　(桥台的下右对角点)

(3)当然,这样画完后桥台轮廓并不与支座接合,需将桥台移动至支座的下方正确位置上,只是在移动时要注意点的捕捉位置应准确对应。

命令:MOVE↙

选择对象:找到 1 个　　　　　　　　　　　　　　　　　(选择已绘制的桥台)

选择对象:↙　　　　　　　　　　　　　　　　　　　　　　(结束选择)

指定基点或[位移(D)]<位移>:_nea 到指定第二个点或<使用第一个点作为位移>:_per 到(用鼠标右键+<Shift>的方法,在桥台上选最近点时要捕捉桥台上方且在竖向与支座的底线能够进行垂直相交的位置,然后将鼠标移至支座底线处,同样用鼠标右键+<Shift>的方法,捕捉支座底线处的垂足)

完成的图形如图 7-7 所示。

3 耳墙的绘制

在桥台绘制完后,接着就应绘制耳墙,图 7-1 设计的耳墙顺桥向长为 250cm、总高为 192.5cm、耳墙尾部高为 70cm、耳墙尾端与桥台的右上角相连。耳墙的前背墙与主梁梁端设置 8cm 的桥梁伸缩缝。

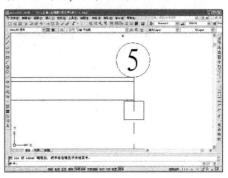

图 7-7　绘制完桥台后图形

(1)首先用 LINE 命令绘制耳墙轮廓线。

命令:LINE↙

指定第一点:FROM↙

基点:_endp 于<偏移>:@0.16,0↙(选桥面线的上右角点,偏移 0.16 个单位即伸缩缝间隔长作为绘制耳墙的起始点位置)

指定下一点或[放弃(U)]:@5,0↙　　　　　　　　　　　(相对进行偏移绘出耳墙长)

指定下一点或[放弃(U)]:@0,-1.4↙　　　　　　　　　　(向下绘出耳墙尾端高)

指定下一点或[闭合(C)/放弃(U)]:_int 于(用鼠标右键+<Shift>的方法,捕捉桥台的右上角点)

指定下一点或[闭合(C)/放弃(U)]:↙　　　　　　　　　　　　　　(结束命令)

命令:LINE↙

指定第一点:_endp 于　　　　　(用鼠标右键+<Shift>的方法,捕捉耳墙的起始点)

指定下一点或[放弃(U)]:_per 到

(用鼠标右键+<Shift>的方法,捕捉桥台上顶面的垂足点)

指定下一点或[放弃(U)]:✓　　　　　　　　　　　　　　　　　（结束命令）

(2) 接着用 TRIM 命令对耳墙与桥台盖梁处的连线进行修剪，使耳墙侧面与桥台盖梁侧面形成一个面。

命令:TRIM✓

当前设置:投影=UCS,边=无

选择剪切边...

选择对象或<全部选择>:找到 1 个　　　　　　　（用鼠标选取耳墙前墙线）

选择对象:找到 1 个,总计 2 个　　　　　　　（用鼠标选取耳墙尾墙的斜线）

选择对象:✓

选择要修剪的对象,或按住<Shift>键选择要延伸的对象,或[栏选(F)/窗交(C)/投影(P)/边(E)/删除(R)/放弃(U)]:

　　　　（用鼠标选取介于耳墙前墙线与耳墙尾墙斜线间桥台盖梁顶部的线段）

选择要修剪的对象,或按住<Shift>键选择要延伸的对象,或[栏选(F)/窗交(C)/投影(P)/边(E)/删除(R)/放弃(U)]:✓　　　　　　　　　　（结束命令）

桥台耳墙绘制的结果如图 7-8 所示。

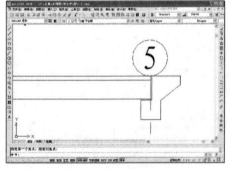

图 7-8　绘制完耳墙后图形

4 桥墩的绘制

在大桥桥梁布置图中，桥墩构造部分需要绘制的内容是比较多的，但大部分桥梁基本只是一种类型的桥墩结构。结合图 7-1，桥墩需要绘制桥墩盖梁、墩支座及墩身三大部分。图 7-1 中桥墩各部分尺寸如下：

① 桥墩盖梁平面尺寸为 300cm×1000cm，桥墩盖梁高为 160cm，渐变段长为 80cm。

② 桥墩支座尺寸为 10cm×30cm×50cm，支座中心线离桥墩盖梁中心线距离为 40cm，并以桥墩盖梁中心线为对称轴线两边均有设置。

③ 桥梁墩身为空心双薄壁式墩，墩身单侧壁厚为 80cm、壁外缘距墩轴线为 140cm；在内壁上下均设置高为 50cm、宽为 30cm 的承托。

仍然用"0"号图层，以 4 号桥墩为例，具体操作步骤如下。

(1) 首先在 4 号轴线上任意绘制一条与轴线重合的直线，用 LINE 绘制墩身的薄壁。

命令:LINE✓

指定第一点:_nea 到　（在 4 号墩轴线上用鼠标右键+<Shift>的方法，任意捕捉一点）

指定下一点或[放弃(U)]@0,-20　　（向下绘制 10m 长的换算值即 20 个单位长）

指定下一点或[放弃(U)]✓　　　　　　　　　　　　　　　　　（结束命令）

命令:OFFSET✓

指定偏移距离或[通过(T)/删除(E)/图层(L)]<通过>:2.8✓

　　　　　　　　　　　　　　　　（为墩身薄壁外边缘线距 4 号墩轴线距）

选择要偏移的对象,或[退出(E)/放弃(U)]<退出>:↙

(用鼠标点击上面的 LINE 命令绘制的 20 单位长直线)

指定要偏移的那一侧上的点,或[退出(E)/多个(M)/放弃(U)]<退出>:

(在 4 号轴线的左侧偏移,即用鼠标左键在 4 号轴线左侧点击)

选择要偏移的对象,或[退出(E)/放弃(U)]<退出>:↙　　　　　　　(结束命令)

在绘制图 7-1 过程中,墩身以 10m 长绘制,1:500 的比例即为 20mm,在图上了就是 20 个单位。这样绘制一定长度的墩身长是为以后用拉伸 STRETCH 命令完成各自墩高作准备。

(2)同样方法可以在 4 号轴左侧偏移出墩身壁薄壁内边缘线,偏移值为 1.2 个单位(由读者自行完成)。

(3)以(2)中所绘的内边缘线的上端及下端点为起点用直线命令分别向 4 号轴线作垂线(由读者自行完成),完成的图形如图 7-9 所示。

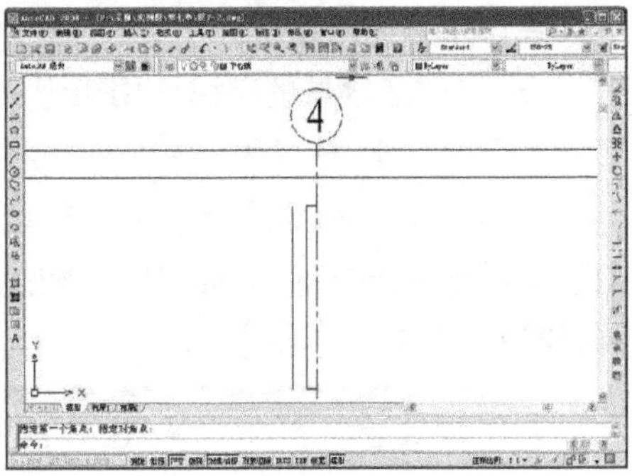

(4)用倒角 CHAMFER 命令对(2)、(3)步骤所绘直线进行修剪,形成 50cm×30cm 的上承托。

命令:CHAMFER

("修剪"模式)当前倒角距离 1 = 0.0000,距离 2 = 0.0000

选择第一条直线或[放弃(U)/多段线(P)/距离(D)/角度(A)/修剪(T)/方式(E)/多个(M)]:d

指定第一个倒角距离 <0.0000>:1

图 7-9　墩身内、外壁左外缘线图

指定第二个倒角距离 <1.0000>:0.6

选择第一条直线或[放弃(U)/多段线(P)/距离(D)/角度(A)/修剪(T)/方式(E)/多个(M)]:

选择第二条直线,或按住<Shift>键选择要应用角点的直线:

命令:CHAMFER↙

("修剪"模式)当前倒角距离 1 = 0.0000,距离 2 = 0.0000

选择第一条直线或[放弃(U)/多段线(P)/距离(D)/角度(A)/修剪(T)/方式(E)/多个(M)]:D↙　　　　　　　　　　　　　　　　　　　　　(选用距离输入方式)

指定第一个倒角距离 <0.0000>:1↙　　　　　　　　　(输入承托倒角距离 1)

指定第二个倒角距离 <1.0000>:0.6↙　　　　　　　(输入承托倒角距离 0.6)

选择第一条直线或[放弃(U)/多段线(P)/距离(D)/角度(A)/修剪(T)/方式(E)/多个(M)]:　　　　　　　　　　(用鼠标单击(2)步骤所绘竖线为第一个选择线)

选择第二条直线,或按住<Shift>键选择要应用角点的直线:

(用鼠标单击(3)步骤所绘竖线为第二个选择线)

同样方法绘制下承托,命令完成后出现如图 7-10 所示的桥墩左半边的上下承托及左外缘边线。

(5)用镜像命令对内外壁进行操作。

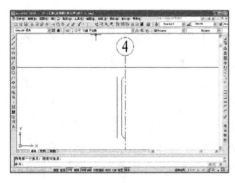

图 7-10 内壁修剪后

命令：MIRROR↙

选择对象：指定对角点：找到 6 个↙（用鼠标从右向左交叉选择选取在 4 号轴左面的所有线）

选择对象：　　　　　　　　（结束选择）

指定镜像线的第一点：_nea 到指定镜像线的第二点：<正交 开>（在 4 号墩轴线上用鼠标右键+<Shift>的方法，捕捉一最近点，在正交模式打开时在竖向任意单击鼠标左键）

是否删除源对象？[是(Y)/否(N)]<N>：↙

（按<Enter>键，选择不删除源对象）

在命令完成后出现如图 7-11 所示的桥墩左右的上下承托及外缘边线。

(6) 在图形区域的空白处用矩形命令绘制 10m(长)×3m(宽)×1.6m(高)的桥墩盖梁及桥墩上的支座，或者用 COPY 命令将前面已绘制的支座拷贝到 4 号桥墩轴线的主梁下。

(7) 用 LINE 命令绘制盖梁的渐变段高，并以 4 号轴线为控制参考轴用 MOVE 命令将它们移至墩身正上方，使盖梁与墩身相接。根据前面所述，读者可自行去完成这几个部件的绘制，绘出的图形如 7-12 所示。

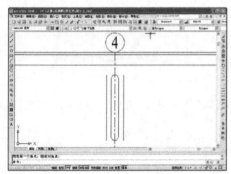

图 7-11 镜像后的墩身部分

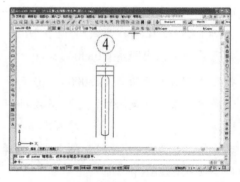

图 7-12 整个桥墩墩身图

5 桥梁桩基础的绘制

图 7-1 所示桥梁为带有承台的 2 排 3 桩式基础，排间距为 2.8m、桩直径为 1.2m；承台尺寸为 8.2m(长)×5.0m(宽)×2.0m(高)。在这些部件的绘制过程中，由于桩基础如果按比例绘制将会超出图幅，需要绘制代表圆柱的截断面的符号，将基桩截断。

承台用矩形(RECTANG)命令绘制，可在 AutoCAD 2008 的空白区域内绘制，然后用 MOVE 命令以 4 号轴线为承台中心，将绘制的承台移至墩身的正下方，与之相接，这项工作可自行完成。绘制成的图形如图 7-13 所示。

基桩的绘制采用先绘制单根基桩，再采用镜像命令完成整个基桩绘制的方法。下面先进行单个桩的绘制。

命令：LINE↙

指定第一点:FROM↙

基点:_endp 于 <偏移>:@1,0↙（用鼠标右键+<Shift>的方法,指定基点为承台的左下角,并进行偏移绘制基桩的上起点位置）

指定下一点或[放弃(U)]:@0,-15↙　　　　　　　　　　（指定上端点的位置）

指定下一点或[放弃(U)]:↙　　　　　　　　　　　　　　　　（结束命令）

下面进行端点底下部分的基桩绘制,同样用单线绘制:

命令:LINE↙

指定第一点:FROM↙

基点:_endp 于 <偏移>:@0,-0.6↙（用鼠标右键+<Shift>的方法,指定前面绘制的端点,并进行偏移绘制基桩下部的起点）

指定下一点或[放弃(U)]:@0,-12↙　　　　　　　　　（指定基桩的左底部点）

指定下一点或[放弃(U)]:↙　　　　　　　　　　　　　　　（结束命令）

对前面绘制的基桩左轮廓线进行复制以便得到该基桩的右轮廓线:

命令:COPY↙

选择对象:指定对角点:找到 2 个　　（用鼠标选择前面绘制的基桩轮廓线）

选择对象↙　　　　　　　　　　　　　　　　　　　　　　　　　（结束选择）

指定基点或[位移(D)/模式(O)]<位移>:_endp 于指定第二个点或<使用第一个点作为位移>:@2.4,0↙（用鼠标右键+<Shift>的方法,指定基桩本身与承台的交点为基点,然后相对位移2.4个单位得到基桩右轮廓线）

指定第二个点或[退出(E)/放弃(U)]<退出>:↙

再用LINE命令对基桩的底部两端点进行连线,命令过程略,绘制结果如图7-14所示。

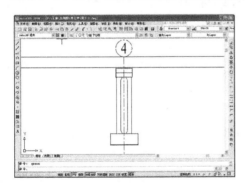
图7-13　绘制完承台后

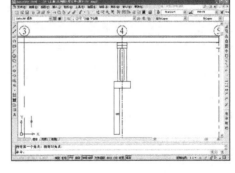
图7-14　绘制基桩的轮廓线

接着进行基桩截断线的绘制,这部分内容比较细致,所以应将这部分图形放大以方便绘图。使用 ARC 命令分段进行绘制。

命令:ARC↙

指定圆弧的起点或[圆心(C)]:C↙

指定圆弧的圆心:FROM↙

基点:_endp 于 <偏移>:@0.6,0.65↙（用鼠标右键+<Shift>的方法,指定基桩左轮

廓线的上截断点为基点,通过相对偏移值来指定圆弧的圆心)

  指定圆弧的起点:_endp 于(用鼠标右键 + <Shift> 的方法,捕捉基桩左轮廓线的上截断点)

  指定圆弧的端点或[角度(A)/弦长(L)]:FROM ↙

  基点:_endp 于<偏移>:@1.2,0 ↙(用鼠标右键 + <Shift> 的方法,指定基桩左轮廓线的上截断点为基点,通过偏移来指定圆弧的第二个端点,即为基桩的截断截面的中心点)

  绘制完成的局部图形如图 7-15 所示。再对以上绘好的左半部分截断线进行复制操作就可以得到如图 7-16 所示的右半部分的截断线:

 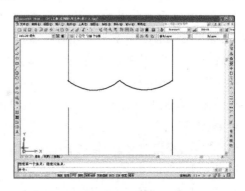

  图 7-15 绘制好的部分截断线   图 7-16 拷贝后的右半圆弧

命令:COPY ↙

选择对象:找到 1 个   (用鼠标选取绘制好的左半部分的圆弧截断线)

选择对象:↙   (结束选择)

指定基点或[位移(D)/模式(O)]<位移>:_endp 于

     (用鼠标右键 + <Shift> 的方法,捕捉已绘圆弧的右端点为基点)

指定第二个点或<使用第一个点作为位移>:_endp 于 ↙

     (用鼠标右键 + <Shift> 的方法,捕捉基桩右轮廓线的上截断点)

指定第二个点或[退出(E)/放弃(U)]<退出>:↙

完成后的图形如图 7-17 所示。

再进行上半个截断线圆滑弧的绘制,采用 MIRROR 命令,其过程及说明如下:

命令:MIRROR ↙

选择对象:找到 1 个   (用鼠标选取右半个截断线圆弧)

选择对象:↙   (结束选择)

指定镜像线的第一点:_endp 于指定镜像线的第二点:<正交 开>(用鼠标右键 + <Shift> 的方法,捕捉右半圆的左端点,鼠标水平向右移动并在空白区域任点左键)

是否删除源对象?[是(Y)/否(N)]<N>:↙ (按<Enter>键,不删除源对象)

  下半截断线的绘制,方法同以上的绘制过程;当然还可以分部分复制前面作完的上部分的截断线,即将上截面右边的圆弧截断面线复制到下边的左半边,将上截面的左半截面复制到下截面的右半截面就可以了,完成的图形如图 7-18 所示。

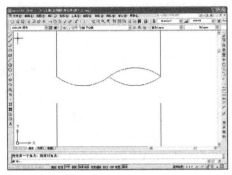 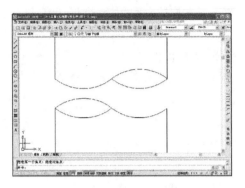

图 7-17 完成上半个截断面线　　　　　图 7-18 完成上下两个截断面线

完成单个桩柱的绘制后,再使用 COPY 命令完成整个基桩的绘制(要注意两桩的对称性)。值得一提的是,这里不应用 MIRROR 命令,其原因读者可以自行考虑。详细操作过程略。完成后的图形如图 7-19 所示。

6 全桥桥台及桥墩的绘制

在 4 号墩的桥墩台盖梁、支座、墩身及基础完成后,下一步用 COPY 命令来完成 1、2、3 号桥墩及桥台处桩基的绘制。

命令:COPY ↙

选择对象:指定对角点:找到 44 个

(用鼠标选取绘制好的在 4 号桥墩处的所有部件)

选择对象:↙　　　　　　　　　(结束选择)

图 7-19 完成整个基桩的绘制

指定基点或[位移(D)/模式(O)]<位移>:_int 于指定第二个点或<使用第一个点作为位移>:_int 于

指定第二个点或[退出(E)/放弃(U)]<退出>:_int 于指定第二个点或[退出(E)/放弃(U)]<退出>:_int 于指定第二个点或[退出(E)/放弃(U)]<退出>:↙(用鼠标右键+<Shift>的方法,捕捉 1、2、3 号墩与主梁梁底的交点为位移的指定点)

接着再次用 COPY 命令并以 5 号台轴线为例,将已绘制的基桩复制至桥台处。

命令:COPY ↙

选择对象:指定对角点:找到 14 个　　　　　(用鼠标选取在 4 号桥墩处所绘的基桩)

选择对象:↙　　　　　　　　　　　　　　　　　　　　　　　　　　(结束选择)

指定基点或[位移(D)/模式(O)]<位移>:_mid 于(用鼠标右键+<Shift>的方法,捕捉基桩的下底部的中心点为基点)

指定第二个点或<使用第一个点作为位移>:_per 到↙(用鼠标右键+<Shift>的方法,捕捉 5 号台轴线处的垂足完成基桩的移动绘制结果如图 7-20 所示)

指定第二个点或[退出(E)/放弃(U)]<退出>:↙

由于移动的桩基不在桥台的正下方,如图 7-20 所示。故还要用 MOVE 命令将基桩移至桥台的正下方与桥台底相接,过程从略;随后用 MIRROR 命令将 5 号桥台的上部部件镜像至 0 号台。

命令:MIRROR ↙

选择对象:指定对角点:找到 22 个　　　(用鼠标选取 5 号台处已绘制的桥台支座、耳墙,桥台)

选择对象:↙　　　　　　　　　　　　　　　　　　　　　　　　　　　　(结束选择)

指定镜像线的第一点:_mid 于指定镜像线的第二点:＜正交　开＞(用鼠标右键+＜Shift＞的方法,捕捉主梁底的中心为第一点,将鼠标垂直向下在图的空白区域单击左键为第二点)

是否删除源对象? [是(Y)/否(N)]＜N＞:↙　　　　　　(按＜Enter＞键,不删除源对象)

完成后的图形如 7-21 所示。

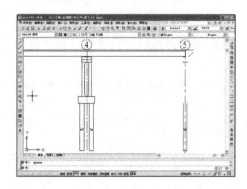

图 7-20　复制的桥台桩基　　　　　　图 7-21　初步完成的桥梁立面图

图 7-1 所示桥梁中的 1、2、3、4 号桥墩身高分别为 24m、32m、32m 和 21.5m。在前述墩身绘制时是以 10m 长度绘制的墩身高。为了体现各墩的实际高度,现用 STRETCH 命令来完成对桥墩墩身的拉伸。以 2 号墩为例,2 号桥墩身高 32m。应在拷贝过来的 10m 高的墩身上拉伸 22m,换算为 1:500 的比例即为 44 个单位长。

命令:STRETCH ↙

以交叉窗口或交叉多边形选择要拉伸的对象...

选择对象:指定对角点:找到 43 个(用鼠标从右下向左上交叉选择,选择范围为下部在桩底以下,上部范围为薄壁桥墩墩身的半高位置附近)

选择对象:↙　　　　　　　　　　　　　　　　　　　　　　　　　　　　(结束选择)

指定基点或[位移(D)]＜位移＞:(在对象捕捉打开情况下,捕捉承台与 2 号墩轴线相交的点为基点)

指定位移的第二个点或＜用第一个点作位移＞:@0,-44 ↙(位移 44 个单位长得到 2 号墩的墩身高)

用同样方法将剩余的 1、3、4 号墩身进行拉伸,对于 0 号和 5 号桥台可参考桥墩桩基长度进行拉伸操作,这里不再多述。拉伸后的桥梁立面如图 7-22 所示。图中根据桥位处实测的地面线高程用 PLINE 命令或 LINE 命令也将地面线绘出,用 RECTANG 命令绘制桥

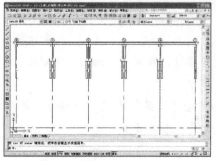

图 7-22　拉伸后的桥梁立面图

头搭板立面,同时也将轴线编号用 MOVE 命令移到相应的桥墩、台下部位置。操作及绘制过程略。

四 桥梁平面图的绘制

在图 7-1 所示的平面图中,桥梁以道路中心线为对称轴呈对称布置,故可绘制半幅桥型,名称为"1/2 平面"。在半幅桥的图形中用左半部分来表示桥梁上部的布置,而右半部分表示桥梁下部构造。图形构成主要是由线条、矩形及圆构成。

在前面已绘制了一条水平向的轴线,这条轴线也就是平面上的道路中心线,平面布置图以它为参考轴来完成,仍然用"0"号图层。首先,在 0 号台至 5 号台间用直线(LINE)命令绘制一条与道路中心线重合的实心线,随后用 OFFSET 命令偏移出 10.50 个单位为半幅桥的中心线,这条线也是半幅桥梁墩台在平面上的中心线。

1 桥墩、台平面的绘制

在半幅桥的右半面主要是完成桥梁下部承台及基桩平面布置。下面以 3 号墩为例说明其绘制过程。

(1)首先绘制半幅桥中心线处的基桩,由于平面图中的基桩要用到虚线,故进入"虚线"图层,其线型为"Dashed2",颜色为蓝色。

命令:CIRCLE↙

指定圆的圆心或[三点(3P)/两点(2P)/相切、相切、半径(T)]:FROM↙

基点:_int 于<偏移>:@ -2.8,0↙(用鼠标右键+<Shift>的方法,捕捉半幅桥的中心线与 3 号墩轴线的交点,用相对偏移来确定左面一排中间基桩圆心的位置)

指定圆的半径或[直径(D)]:1.2↙   (输入基桩的半径)

命令操作完成后在图上显示的是一个实心圆,这是因为虚线比例不合适而造成的,可通过修改该虚线特性来调整比例。单击"修改"菜单中的"特性"选项或在命令行输入 PROPERTIES 命令,则显示如图 7-23 所示的"特性"对话框,在线型比例中将 10 改为 0.1 后,图中所绘的基桩显示为虚线,如图 7-24 所示。

(2)用 ARRAY 命令及 MIRROR 命令来完成 3 号桥墩所有的基桩。

命令:ARRAY↙(出现图 7-25 所示对话框,在对话框中输入相应的值)

选择对象:找到 1 个(用鼠标点击"阵列"对话框中的

图 7-23 部分"特性"对话框

选择对象按钮 ![btn]，选择绘制好的圆）

选择对象：√（结束选择，系统返回"阵列"对话框，点"确定"按钮出现的图形如图 7-26 所示）

接着用 MIRROR 命令利用上面绘好的两基桩以半幅桥的中心线为对称轴进行镜像，完成后的图形如图 7-27 所示，绘图过程略。

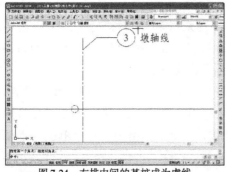
图 7-24　左排中间的基桩成为虚线

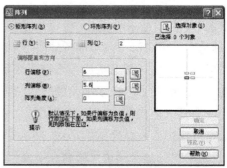
图 7-25　"阵列"对话框

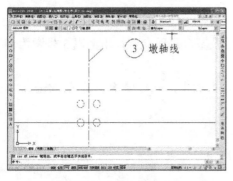
图 7-26　阵列后的基桩

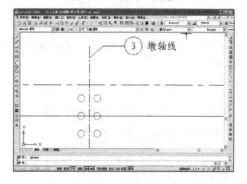
图 7-27　镜像后的基桩

(3) 进入"0"图层绘制承台平面，其平面尺寸为 820cm×500cm。襟边距离均为 50cm。

命令：RECTANG√

指定第一个角点或[倒角(C)/标高(E)/圆角(F)/厚度(T)/宽度(W)]：FROM

基点：_cen 于 <偏移>：@ -2.2,2.2√（用鼠标右键 + <Shift> 的方法，捕捉左上基桩的圆心，并用相对偏移来确定承台的左上对角点）

指定另一个角点或[面积(A)/尺寸(D)/旋转(R)]：@10,-16.4√　（承台的右下对角点）

(4) 同样用矩形（RECTANG）命令，并相应的使用其他辅助命令后可以绘出 1000cm×300cm 的桥墩盖梁及两侧 550cm×80cm 的双薄壁。再将其用 COPY 命令复制到 4 号墩下，也就完成了桥墩平面的绘图工作。完成后的图形如 7-28 所示。桥台的平面可以参考桥墩的过程绘制，读者自行去完成。

2　桥面绘制

在半幅桥的左半平面主要是绘制桥梁内外防撞

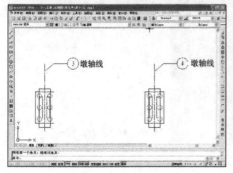
图 7-28　完成的桥墩平面

墙及桥梁与路线的衔接布置和搭板,由于篇幅所限,不再多述。绘制完的平面布置图如 7-29 所示。

五 对桥梁各部分的标注

1 尺寸标注

对桥梁尺寸的标注采用 cm 为单位进行,为了了解本次标注所采用的设置结果,将 3 号桥墩处的图形放大显示,标注完的图形如图 7-30 所示。

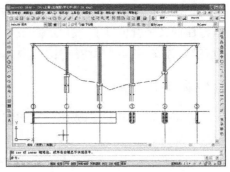

图 7-29　绘制完的平面布置图

在桥梁平面图的标注中的半平面投影图中要标出半幅桥主梁内边缘线距道路中心线间的距离,所以需要对局部的标注值进行适当的修改,例如道路中心线与防撞墙内侧的距离为 25cm,其标注样式应该为"50/2",具体方法是用文字编辑(DDEDIT)命令,将原来的默认值改为"50/2"这种标注形式,结果如图 7-31 所示。同样桥梁内侧的防撞距道路中心线间的 1/2 之间距为 75cm,也将其标注为"150/2",一同在图中示出。

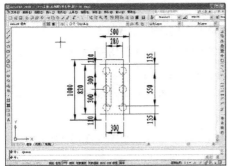

图 7-30　桥墩平面标注图

下面接着再进行局部水准高程绘制,以边墩承台底部的高程绘制为例,先绘制其中的直线部分,然后用多边形绘制命令(POLYGON)绘制等边三角形——高程符号。

命令:POLYGON↙

输入边的数目 <4>:3↙　　　　　　　　　　　　　　　(多边形的边数)

指定正多边形的中心点或[边(E)]:E↙　　　　　　　(采用指定边的形式绘制)

指定边的第一个端点:_endp 于指定边的第二个端点:@ -3.85,0↙(用鼠标右键+<Shift>的方法,捕捉直线的右端点为基点,并用相对偏移来确定三角形的第二个端点)

最后在直线上面放置水准线的高程标志文字,用单行文字输入 TEXT 命令,在此输入"981.377",再进行必要的位置挪动,绘制完成的标注如图 7-32 所示。

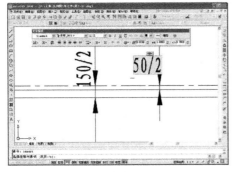

图 7-31　用 DDEDIT 命令修改默认值

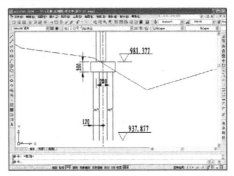

图 7-32　完成的单个高程标注

绘制完一个高程标注后,其他的标注就可以采用基点复制的方法来完成。复制后修改其标注的文字就可以了。在绘制完所有的标注后,可将所有的标注文字以及线段都分别设置在"标注文字"与"标注线"图层中,读者自行去完成。

❷ 其他标注

在桥梁布置图中,还要用到高程标尺、地质钻孔柱状剖面图、折断线等,下面介绍它们的画法。

(1)高程标尺。高程标尺的绘制先采用绘制单个标段(包括文字),再进行阵列复制,最后进行文字的修改即可。采用矩形命令作单个标尺段,再采用填充的方式来完成绘制,具体绘制步骤如下。

①绘制单位矩形框。

命令:RECTANG✓

指定第一个角点或[倒角(C)/标高(E)/圆角(F)/厚度(T)/宽度(W)]:

(在绘图区域的左侧空白处任选一点)

指定另一个角点或[面积(A)/尺寸(D)/旋转(R)]:@0.5,10✓

(单位矩形框的右下角点)

完成的如图7-33中从左至右的第一个图形。

②用拷贝(COPY)或镜像(MIRROR)命令形成对称的四个矩形,如图7-33中从左至右的第二个图形。

③对左上矩形和右下矩形用填充(BHATCH)命令进行填充,使用的填充形式设置如图7-34中所示,采用系统中"预定义"的"SOLID"图案。然后用单行文字输入(TEXT)命令进行标尺的文字输入,上、中、下的文字分别为1020、1015和1010。输完后,适当调整文字的位置,使其形式美观,结果如图7-33中从左至右的第三个图形。

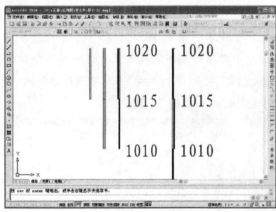

图7-33 标尺的绘制过程　　　　图7-34 填充设置

④用阵列命令,选择其中的所有标尺对象和底下的"1020"和"1015"作为阵列的对象,"阵列"对话框的设置如图7-35所示。

确认后,可以得到全部标尺的草图,再对其中的文字进行必要的编辑,删除辅助作图部分,完成标尺的绘制。同样可将绘制好的标尺图形设置在"标注线"图层,将标尺的文字设置在"标注文字"图层,结果如图 7-33 中从左至右的第四个图形所示。

(2)地质钻孔柱状剖面图。地质钻孔柱状剖面图的绘制可以参考高程标尺的绘制过程,采用矩形 RECTANG 及填充 BHATCH 命令进行绘制,图 7-36 所示的为 0 号桥台处的地质柱状剖面图。

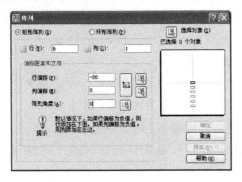

图 7-35 "阵列"对话框设置

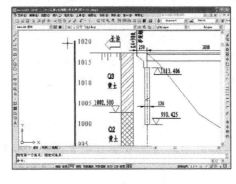

图 7-36 地质柱状剖面图

(3)截断线。截断线的绘制,用 PLINE(多段线)命令,参照图 7-37 中所示的 0 号桥台平面布置图中用 A、B、C、D、E、F 六点所示的折断线为例说明其绘制过程。

命令:PLINE↙

指定起点:(在屏幕上适当位置上单击,选取一点 A)

当前线宽为 0.0000

指定下一个点或[圆弧(A)/半宽(H)/长度(L)/放弃(U)/宽度(W)]:(鼠标向下方拖动在屏幕适当位置上选取一点 B)

指定下一点或[圆弧(A)/闭合(C)/半宽(H)/长度(L)/放弃(U)/宽度(W)]:@2.5<-15↙(输入点 C 相对于点 B 的相对坐标)

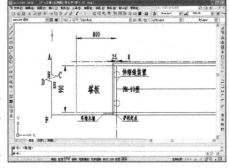

图 7-37 折断线的绘制

指定下一点或[圆弧(A)/闭合(C)/半宽(H)/长度(L)/放弃(U)/宽度(W)]:@5<195↙   (输入点 D 相对于点 C 的相对坐标)

指定下一点或[圆弧(A)/闭合(C)/半宽(H)/长度(L)/放弃(U)/宽度(W)]:@2.5<-15↙   (输入点 E 相对于点 D 的相对坐标)

指定下一点或[圆弧(A)/闭合(C)/半宽(H)/长度(L)/放弃(U)/宽度(W)]:(鼠标向下方拖动在屏幕适当位置上选取一点 F)

指定下一点或[圆弧(A)/闭合(C)/半宽(H)/长度(L)/放弃(U)/宽度(W)]:↙(结束命令)

3 文字及附注

在工程图中,常常要对所绘图形进行必要的文字说明或附注等。在图 7-1 中有四项附注内容,采用 MTEXT(多行文字)命令输入附注。

六 图形的完善及后处理

完成以上的绘制工作后,所绘制的桥梁图的立面图部分及平面图部分布置整体已完成。此时还应对全图进行必要的删除和调整以及局部补充等工作,使图形不仅正确还要求美观。例如在立面图中对各桥墩轴线的修剪;绘图过程中的辅助线及辅助标记的删除;在立面图中桥与路基衔接处添加路基边坡的示坡线;标记桥梁中心桩号等。

提示:在绘制过程中,绘制同样内容的图可以有多种画法。书中各例采用的只是其中的一种,其他的方法还有很多,如在整个绘图中,可以将各轴线的编号、折断线,高程注记等常用内容定义为"块"的形式。使用时再用"块插入"的方法来运用。所以,读者可以按照自己的思维习惯来绘制图形,只要绘出的图形能保证足够的精度及绘图便捷就可以了。

因为篇幅的限制,本例中未绘制布置图下方的"纵向坡度示意表"。同时希望读者能从以上的例子中举一反三,从而能够从容绘制出其他各种合格的工程图。

7.2 桥梁构件图

在桥梁施工图设计中各个桥梁构件图是根据承重构件的受力情况进行结构设计后绘制出来的图样。在桥梁构件中,不同的桥型有不同的构件图样。在桥梁的上部图中有多种梁或板的钢筋构件图以及桥面铺装、防护墙、护栏等钢筋构件图,下部有桥墩、桥台盖梁及桥墩身、桥台身钢筋等构件图。桥梁基础中要绘制承台或系梁及基础构件的钢筋构件图等。因此,本单元7.1节大中桥桥型布置图中的桥台盖梁钢筋图(见图7-38)为例,介绍钢筋混凝土构件图的绘制方法。

在图7-1所示的桥型布置图中,桥台为轴对称图形,故绘图中只绘其一半即可,其绘制步骤如下。

(1)根据构件图的内容设置线型及图层。
(2)绘制构件的外形图。

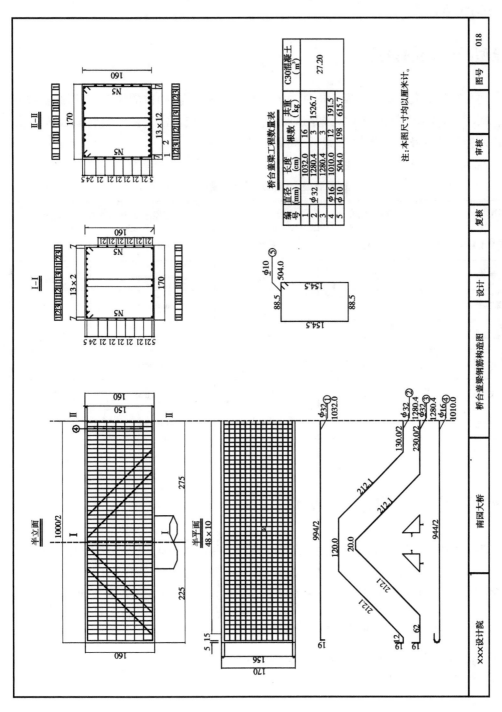

图 7-38 桥台盖梁钢筋构造图

(3)绘制构件的钢筋布置图。
(4)标注尺寸。
(5)标注文字说明。

一 线型及图层的设置

为了便于明显地表示钢筋混凝土构件中的钢筋布置情况,在构件的详图中,用细实线画出外表轮廓,并可认为混凝土的轮廓线是透明的。用粗实线或一定直径的黑点画出钢筋,并标注出钢筋种类的符号及钢筋直径、根数、间隔等信息。

图 7-38 所示构件图中各图层的名称、线型、颜色、线宽按表 7-2 设置。

钢筋混凝土结构图图层设置　　　　　　　　　表 7-2

图层	图层名称	图层颜色	图层线型	线宽
钢筋编号层	钢筋编号	蓝色	continuous	0.18
钢筋层	钢筋	红色	continuous	0.30
细实线层	混凝土	白色	continuous	0.18
点划线层	轴线	粉红色	center	0.18
尺寸层	尺寸	蓝色	continuous	0.25
文字层	文字	绿色	continuous	0.25
图框层	图框	紫色	continuous	0.5
其他层	其他	白色	continuous	0.18

二 钢筋混凝土立面图的绘制

以图 7-38 为例,其钢筋混凝土桥台立面图比例为 1:40。绘图时可以按图中所示的尺寸直接绘图,然后再按比例缩小放入标准的 A3 图幅中,或不变化在打印时按 1:40 比例出图。

注意:采用后一种方法时,除图形以外的文字、尺寸、标注、图框等均应放大 40 倍。

1 桥台对称轴及桥台桩基轴线的绘制

桥台对称轴及桥台桩基轴线绘制的具体步骤如下。
(1)设置"轴线"图层为当前图层,用 LINE 命令绘制桥台对称轴。
命令:LINE↙
指定第一点(在屏幕上适当位置上选取一点)
指定下一点或[放弃(U)]:<正交　开>

(打开正交,鼠标向下方拖动并在屏幕上指定另一点)
指定下一点或[放弃(U)]:✓ (结束命令)
(2)通过OFFSET(偏移)命令来得到桥台桩基轴线:
命令:OFFSET✓
指定偏移距离或[通过(T)/删除(E)/图层(L)]<通过>:275✓
(输入偏移距离"275")
选择要偏移的对象,或[退出(E)/放弃(U)]<退出>: (用鼠标单击所画轴线)
指定要偏移的那一侧上的点,或[退出(E)/多个(M)/放弃(U)]<退出>:
(在轴线左侧任意位置单击)
选择要偏移的对象,或[退出(E)/放弃(U)]<退出>:✓ (结束命令)

❷ 绘制桥台盖梁外形图的绘制

绘制桥台盖梁外形的步骤如下。
(1)设置"混凝土"图层为当前图层,用直线(LINE)命令绘制桥台外形线。
命令:LINE✓
指定第一点:_nea 到 (用鼠标右键+<Shift>的方法,捕捉桥台中轴线上面一点)
指定下一点或[放弃(U)]:500✓ (将鼠标放置于前点的右侧输入桥台一半长500)
指定下一点或[放弃(U)]:160✓ (将鼠标放置于前点的下侧输入桥台高160)
指定下一点或[闭合(C)/放弃(U)]:_per 到
(用鼠标右键+<Shift>的方法,捕捉桥台中轴线上的垂足点)
指定下一点或[闭合(C)/放弃(U)]:✓ (结束命令)
(2)绘制桥台桩基外形线,用直线(LINE)命令及镜像(MIRROR)命令来绘制。桩基直径为120cm。
命令:LINE✓
指定第一点:FROM✓
基点:_int 于<偏移>:@-60,0✓
(用鼠标右键+<Shift>的方法,捕捉桥台桩基中心线与桥台外形线下部相交的点,然后向左偏移60为起点)
指定下一点或[放弃(U)]: (鼠标向下在合适位置单击左键)
指定下一点或[放弃(U)]:✓ (结束命令)
命令:MIRROR✓
选择对象:找到1个 (选取前绘直线)
选择对象:✓ (结束选择)
指定镜像线的第一点:_int 于指定镜像线的第二点:<正交 开>(用鼠标右键+<Shift>的方法,捕捉桥台桩基中心线与桥台外形线下部相交的点,向下拖动鼠标并单击第二点)

是否删除源对象？[是(Y)/否(N)]<N>:✓　　　（按<Enter>键,不删除源对象）

有关桥台桩基中的断面线示意可以参照本单元7.1节中的画法来绘制,绘制完成后如图7-39所示。

3 立面图中的钢筋的绘制

立面图中钢筋要表示出侧立钢筋以及钢筋骨架中的以45°弯起的钢筋和箍筋的分布布局。需要先绘出钢筋大样后,再经COPY命令复制到图7-39所示的立面图内。

将"钢筋"图层设置为当前图层。以图7-40中2号钢筋及4号钢筋的绘制为例,简述其绘制方法。

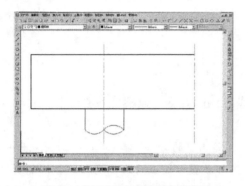
图7-39　绘制出轴线的梁外形立面图

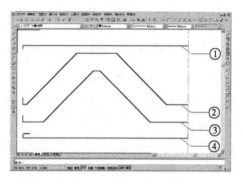
图7-40　钢筋大样图

(1)2号钢筋的绘制过程及说明如下。

命令:PLINE✓

指定起点:_nea 到（用鼠标右键+<Shift>的方法,在桥台中心轴合适的位置捕捉一点）

当前线宽为:0.0000

指定下一个点或[圆弧(A)/半宽(H)/长度(L)/放弃(U)/宽度(W)]:65

（鼠标向左侧移,输入65为弯起点）

指定下一点或[圆弧(A)/闭合(C)/半宽(H)/长度(L)/放弃(U)/宽度(W)]:@212.1<135 ✓

（钢筋向上弯起后的点,弯起45°）

指定下一点或[圆弧(A)/闭合(C)/半宽(H)/长度(L)/放弃(U)/宽度(W)]:120 ✓

（鼠标向左侧移,输入120）

指定下一点或[圆弧(A)/闭合(C)/半宽(H)/长度(L)/放弃(U)/宽度(W)]:@212.1<225 ✓

（钢筋向下弯起后的点）

指定下一点或[圆弧(A)/闭合(C)/半宽(H)/长度(L)/放弃(U)/宽度(W)]:12 ✓

（鼠标向左侧移,输入12）

指定下一点或[圆弧(A)/闭合(C)/半宽(H)/长度(L)/放弃(U)/宽度(W)]:19 ✓

（鼠标向上移动,输入弯钩长）

指定下一点或[圆弧(A)/闭合(C)/半宽(H)/长度(L)/放弃(U)/宽度(W)]✓

（结束绘制）

(2)4号钢筋的绘制过程及说明如下：

命令：PLINE ↙

指定起点：_nea 到(用鼠标右键+<Shift>的方法，在桥台中心轴合适的位置捕捉一点)

当前线宽为：0.0000

指定下一个点或[圆弧(A)/半宽(H)/长度(L)/放弃(U)/宽度(W)]：495.5 ↙

                 (输入4号钢筋的水平向钢筋的直线段长度)

指定下一点或[圆弧(A)/闭合(C)/半宽(H)/长度(L)/放弃(U)/宽度(W)]：A ↙

                       (画半圆钩)

指定圆弧的端点或[角度(A)/圆心(CE)/闭合(CL)/方向(D)/半宽(H)/直线(L)/半径(R)/第二个点(S)/放弃(U)/宽度(W)]：R ↙   (选择输入半径)

指定圆弧的半径：1.5 ↙   (输入半圆半径值)

指定圆弧的端点或[角度(A)]：A ↙   (选角度形式)

指定包含角：-180 ↙   (输入圆心角，弯钩向上)

指定圆弧的弦方向<180>：   (鼠标向正上方拖动单击左键)

指定圆弧的端点或[角度(A)/圆心(CE)/闭合(CL)/方向(D)/半宽(H)/直线(L)/半径(R)/第二个点(S)/放弃(U)/宽度(W)]：L ↙   (选择直线)

指定下一点或[圆弧(A)/闭合(C)/半宽(H)/长度(L)/放弃(U)/宽度(W)]：8 ↙

                       (钢筋弯钩水平长)

指定下一点或[圆弧(A)/闭合(C)/半宽(H)/长度(L)/放弃(U)/宽度(W)]：↙

                       (结束绘制)

提示：为了绘图简单，4号钢筋的左侧端部的圆弧可用直线的形式代替。其两者的比较如图7-41及图7-42所示。

图7-41 带有半圆形的弯钩   图7-42 带有半圆形的弯钩的简化画法

在图7-38中绘制了钢筋编号，其画法及标注可以参见本单元7.1节的内容。

提示：本例绘制比例为1:40。按制图标准规定，编号圆的直径为8个单位，所以在绘图时应将其放大40倍，即绘图中实际值为320个单位；其中文字的高也相应放大40倍。即标注时如用3.5mm的高度，这里就要将字高定为140个单位。

此时，我们再绘钢筋立面。在"钢筋"层用直线(LINE)命令在立面图的下部及左侧部位与桥台外形轮廓线各边相距5cm的位置(即保护层的厚度)绘出一条水平向钢筋(1号钢筋)及竖向筋(箍筋)，如图7-43所示。按钢筋设计尺寸用偏移(OFFSET)命令调整不能参与均布的钢筋；能参与均布的钢筋用阵列(ARRAY)命令绘制。如图7-44所示。再将钢筋大样图中的2号及3号筋复制到图中则可得到7-38所示的立面图(不包括标注及文字)。

立面图绘制完后,应进行平面图的绘制。其方法也是先绘出桥台在平面上的外形线,然后再绘制单个钢筋,其具体步骤参考立面图的绘制即可,读者可自行完成。

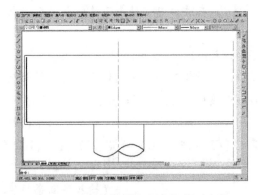
图 7-43　绘制完成的第一根水平及竖向钢筋

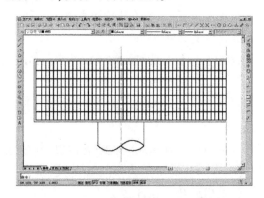
图 7-44　完成后的立面图水平及竖向钢筋

三 钢筋混凝土构件断面图的绘制

图 7-38 中钢筋混凝土梁断面图有两部分:Ⅰ-Ⅰ断面取自桥台桩基中心,Ⅱ-Ⅱ断面取自桥台中心(桥台轴线处)。箍筋均为双肢箍布置。

1 梁截面外形的绘制

进入"混凝土"图层,用 RECTANG(矩形)命令绘制梁断面外形。
命令:RECTANG↙
指定第一个角点或[倒角(C)/标高(E)/圆角(F)/厚度(T)/宽度(W)]:
　　　　　　　　　　　　　　　　　　　　　　　(用鼠标指定一点)
指定另一个角点或[面积(A)/尺寸(D)/旋转(R)]:@170,-160↙
　　　　　　　　　　　　　　　　　　　　　(输入矩形右下角的相对坐标)

2 绘制箍筋

绘制箍筋具体步骤如下。
(1)进入"钢筋"图层,用 RECTANG 命令绘制箍筋轮廓线。
命令:RECTANG↙
指定第一个角点或[倒角(C)/标高(E)/圆角(F)/厚度(T)/宽度(W)]:(用鼠标指定一点)
指定另一个角点或[面积(A)/尺寸(D)/旋转(R)]:@88.5,-154.5↙
　　　　　　　　　　　　　　　　　　　　　(输入矩形右下角的相对坐标)
(2)使用 PLINE 命令,绘制箍筋弯钩:
命令:PLINE↙
指定起点:_nea 到(用鼠标右键+<Shift>的方法,在箍筋右上角左边适当位置捕捉一

点,如图7-45)

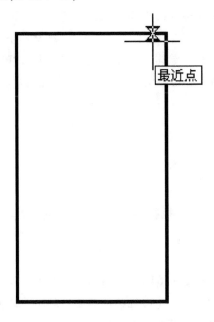

图7-45 确定多段线起点

当前线宽为:0.0000
指定下一个点或[圆弧(A)/半宽(H)/长度(L)/放弃(U)/宽度(W)]:@10<225↙
　　　　　　　　　　　　(输入弯钩另一相对坐标)
指定下一点或[圆弧(A)/闭合(C)/半宽(H)/长度(L)/放弃(U)/宽度(W)]:↙　　(结束命令)
(3)使用 MIRROR(镜像)命令得到对称的箍筋。
命令:MIRROR↙
选择对象:找到 1 个　　　　　(选取钢筋弯钩)
选择对象:↙　　　　　　　　　(结束选择)
指定镜像线的第一点:_int 于(用鼠标右键+<Shift>的方法,捕捉箍筋右上角点。随后输入 PAR 表示捕捉平行线)
指定镜像线的第二点:PAR 到(将鼠标移动到绘制的弯钩上,停留片刻,直到出现黄色的提示"平行",再移动鼠标追踪与所绘弯钩平行的方向)
是否删除源对象?[是(Y)/否(N)]<N>:↙　　(按<Enter>键,不删源对象)
(4)用 MOVE 命令将其移至梁断面外形图中。
命令:MOVE↙
选择对象:指定对角点:找到 3 个　　　　　　　　　　　　　(选取所绘箍筋)
选择对象:↙　　　　　　　　　　　　　　　　　　　　　　(结束选择)
指定基点或[位移(D)]<位移>:　(在对象捕捉打开状态,用鼠标左键拾取箍筋右上角点)
指定第二个点或<使用第一个点作为位移>:
　　　　　　(保持对象捕捉打开状态,用鼠标左键拾取梁外形断面右上角点)
命令:MOVE↙
选择对象:W↙
指定第一个角点:指定对角点:找到 3 个　　　　(采用窗口拾取所绘箍筋及弯钩)
选择对象:↙
指定基点或[位移(D)]<位移>:(保持对象捕捉打开状态,用鼠标左键拾取箍筋右上角点)
指定第二个点或<使用第一个点作为位移>:@-4.9,-2.9↙

③ 钢筋断面的绘制

使用 DONUT(圆环)命令,绘制钢筋断面。
命令:DONUT↙
指定圆环的内径<10.0000>:0↙　　　　　　　　　　　　　(取圆环的内径为0)

指定圆环的外径<20.0000>:4↙　　　　　　　　（取圆环的外径为4）
指定圆环的中心点或<退出>:　　　　　　　　（在箍筋的内侧附近用鼠标指定一点）
指定圆环的中心点或<退出>:↙　　　　　　　　（结束命令）

画出一个钢筋断面后,再将其箍筋用镜像 MIRROR 命令绘得双肢箍的另一个。用 COPY 命令或 ARRAY(阵列)可绘制得到其他的钢筋,结果如图 7-46 所示。有关Ⅱ-Ⅱ断面可以将已绘好的 I-I 断面图复制后做简单的修改即可。

四 钢筋表的绘制

用 AutoCAD 2008 绘制钢筋表的方法如下。

首先使用 LINE 命令画一条水平线和一条竖直线,然后再执行 OFFSET(偏移)命令得到其他的表格线。

命令:OFFSET↙
指定偏移距离或[通过(T)/删除(E)/图层(L)]<通过>:64↙　（输入第一行的宽度）
选择要偏移的对象,或[退出(E)/放弃(U)]<退出>:　　（用鼠标选取绘好的水平线）
指定要偏移的那一侧上的点,或[退出(E)/多个(M)/放弃(U)]<退出>:
　　　　　　　　　　　　　　　　　　　　　　　（在水平线的下方任意位置单击）
选择要偏移的对象,或[退出(E)/放弃(U)]<退出>:↙　　　　　　　　（结束命令）

用同样的方法,依次输入偏移距离为 32 的所有水平线,再执行 OFFSET(偏移)命令绘制出各竖向的直线。表格绘制的比例为 1:40,所以输入的值均应是放大 40 倍后的值,得到图 7-47。

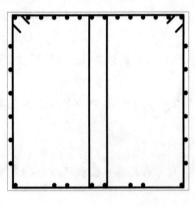
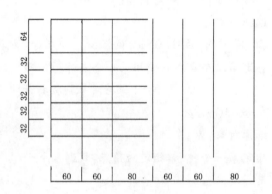

图 7-46　I-I 钢筋断面图　　　　　　　图 7-47　表格线的绘制过程

如果绘制的水平线长度不够,需要使用 EXTEND(延伸)命令,将水平线延伸到右边界上。

命令:EXTEND↙
当前设置:投影=UCS,边=无
选择边界的边…　　　　　　　　　　　　　　　　　　　（选择最右边的竖线）
选择对象或<全部选择>:找到1个↙

选择对象:↵

选择要延伸的对象,或按住<Shift>键选择要修剪的对象,或[栏选(F)/窗交(C)/投影(P)/边(E)/放弃(U)]:F↵ (输入F选择多段线形式)

第一栏选点: (在A点位置用鼠标单击,如图7-48所示)

指定下一个栏选点或[放弃(U)]:

(用鼠标在B点位置单击一点,如图7-48所示)

指定下一个栏选点或[放弃(U)]:↵

选择要延伸的对象,或按住<Shift>键选择要修剪的对象,或[栏选(F)/窗交(C)/投影(P)/边(E)/放弃(U)]:↵(结束命令)

对于表格中较长的直线,可以用TRIM(剪切)命令来完成修剪。

五 全图的标注及图框的处理

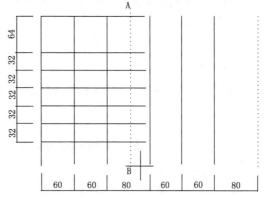

图7-48 延伸水平线

1 图框及尺寸线的标注

由于一座桥梁设计中图纸很多,而且每一幅图的比例不尽相同,为了便于图样的管理,我们需要把所绘的图以1:1的比例保存或通过打印机输出。所以在绘图或输出时,如果图形是按1:40的比例绘制完成的,应先将所绘的图形缩小40倍,随后进行标注及填写文字部分。缩放图纸用SCALE(缩放)命令来完成。

命令:SCALE↵

选择对象:ALL↵ (选取全图)

指定基点: (用鼠标在图中间附近单击)

指定比例因子或[复制(C)/参照(R)]<1.0000>:R (用参照法)

指定参照长度<1>:40 (输入目前绘图值)

指定新的长度或[点(P)]<1.0000>: 1 (输入要缩小的值)

接着将桥梁布置图中的图框(以1:1的比例)复制到本图中,将缩小的图布置在图框内后进行标注。标注可以参照第一节中的标注设置,由于在图7-38中制图单位选取的是cm、比例为1:40。故需将"标注样式管理器中"的"主单位"选项卡中"比例因子"一栏中为4。这样在图中标注的尺寸才是实际设计尺寸。很多读者对图纸的打印以及设定绘图比例没有把握,它确实是一个难点,对初学者尤甚。所以,前一节及本节对绘图比例采用了不同的设置方法,通过这些内容的学习希望能使读者对图形比例有一个较深刻的认识。

2 文字及钢筋型号的标注

执行TEXT命令填写表格中的文字、数字。填写文字时可用TEXT命令先写出一个样例,然后用 COPY 命令复制出其他文字、数字,再用 DDEDIT(文字编辑)命令修改文字内容即可。下面我们重点介绍钢筋的表示方法。

如图 7-49 所示的 2 根直径为 16mm 的一级钢筋。其表示方法绘制过程如下。

命令:- TEXT ↙
指定文字的起点或[对正(J)/样式(S)]:   (用鼠标在屏幕上指定一点)
指定高度 <10.0000>:3.5 ↙   (文字高度为3.5)
指定文字的旋转角度 <0>:↙   (按<Enter>键选择水平书写)
输入文字:2%%c16 ↙   (用控制码表示的字符)

如图 7-50 所示的 2 根,直径为 16mm 的二级钢筋其表示方法绘制过程如下。

2Φ16   2Φ16

图 7-49 用控制码标注的一级钢筋   图 7-50 用控制码标注的二级钢筋

命令:- TEXT ↙
指定文字的起点或[对正(J)/样式(S)]:   (用鼠标在屏幕上指定一点)
指定高度 <10.0000>:3.5 ↙   (文字高度为3.5)
指定文字的旋转角度 <0>:↙   (按<Enter>键选择水平书写)
输入文字:2%%u%%c%%u16 ↙   (用控制码表示的字符)

3 图形的后处理

钢筋图绘制及标注完后,要进行核对检查。例如立面图、平面图及钢筋断面图表示的钢筋根数、钢筋间隔是否对应一致;图中各钢筋根数及型号与钢筋数量表中的表示是否相同;图形与图样空间是否协调;标注位置及标注值与设计是否统一等,这里不再多述。

7.3 小桥及涵洞

小桥涵是道路排水的主要结构物,小桥涵的设置是否合理,能否满足道路的排水需要,对保证运输畅通,节省投资起着很大的作用。根据《公路工程技术标准》(JTG B01—2003)规定,小桥是单孔跨径在 5~20m 间,多孔跨径在 8~30m 间的桥梁;涵洞是宣泄小量水的工程建筑物，它与桥梁的区别在于跨径的大小，一般涵洞单孔跨径小于 5m。管涵及箱涵不论管径或跨径大小、孔数多少，均称为涵洞。小桥在图样表达上与桥梁的布置有许多相同之处，可参考前两节介绍的方法进行绘制。本节介绍箱涵的绘制方法。

涵洞的种类很多，但都由基础、洞身和洞口组成，其中洞口包括端墙、翼墙或护坡、截水墙和缘石等部分。涵洞是狭而长的工程结构物，以水流方向为纵向，而且一般布置时与路线前进方向以一定角度，以纵剖面代替立面图。平面图与立面图对应布置，为了使平面图清楚，绘图时不考虑洞顶的覆土，但要画出路基的边缘线位置及相应的示坡线。一般洞口应在侧面视图中绘制。当进出水洞口形状不一样时，则要分别画出其进水洞口的布置图和进水洞口的布置图。有时平面图与立面图以半剖的形式来表达，水平剖面图（平面图）一般沿基础顶面剖切，横剖面图（侧面图）则应垂直于桥轴线剖切。另外还要画出必要的构造详图，如钢筋图、翼墙断面等。由于涵洞工程体积比桥梁工程小许多。因此画图时可以选用较大的比例来绘制。

如图 7-51 所示的箱涵，路基宽为 28m，左右两侧洞口均为锥坡式。涵洞孔径为 4×3（净宽 4m，净高 3m），顶板厚为 40cm，腹板厚为 36cm。一个箱涵的布置图主要有纵断面（立面）、平面和侧面三部分组成。

在纵断面（立面）图中，应表示出各部分的相对位置的构造和形状，如覆土厚度、路基宽度、箱涵净宽和净高、路基横坡、进出水口涵底的高程及涵底纵坡等。

在水平剖面图（平面图）中，应与纵断面图相对应，绘制出路基边缘线及示坡线，涵身及基础的投影线，左右洞口的投影线。由于只突出表示涵洞部分，可以采用折断线截去涵洞两侧适当位置以外的路基部分。同时标出涵洞中心桩号及涵轴线与路线的夹角。

在横剖面图（侧面图）中，可以把土壤作为透明的来处理，使埋入土体的洞口部分墙身及基础表达更为清晰。

通过前两节的学习，设计者基本上能用学过的命令来绘制图 7-51 的大部分内容，本节重在阐述图 7-51 中不同于上两节内容。

1 轴线的绘制

为了使立面图与平面图能一一对应，同时为了绘图的方便，应先绘制各轴线（或称控制线），比例确定方法如同本单元 7.2 节中所述，采用 1∶1 的比例绘图，单位为 cm。

绘制的轴线如图 7-52 所示。其中水平线有两根，A 代表立面图中的涵底纵坡线；B 代表平面图中的涵轴线。0、1、2、3、4、5、6 号轴线分别为道路中心线、左侧锥坡外边缘线、左侧洞口边缘线（涵身上游边线）、左侧路基边缘线、右侧路基边缘线、右侧洞口边缘线（涵身下游边线）、右侧锥坡外边缘线。

接着可以用所学的相关命令绘制立面图，并用 BHATCH（填充）命令对立面图中的箱涵顶板、底板及箱涵基础进行填充。

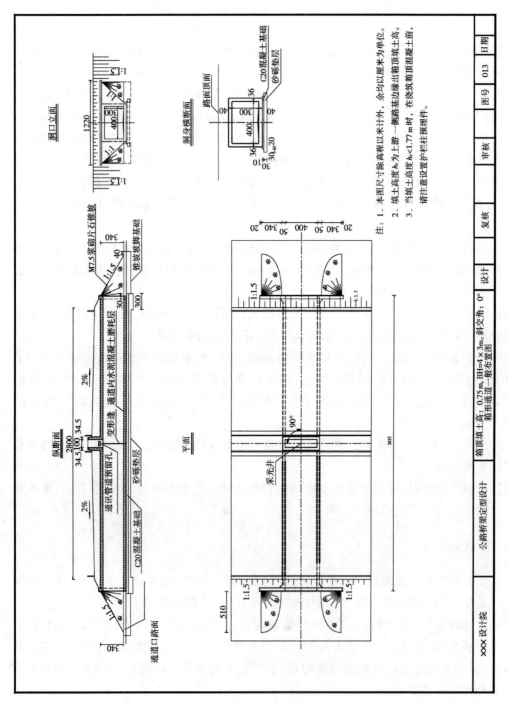

图 7-51 箱涵布置图

② 边坡坡度的字体输入

在立面图中边坡坡度 1:1.5 的标注平行于边坡线。其绘制方法如下：

命令：-TEXT ↙
指定文字的起点或[对正(J)/样式(S)]：　　　　（在左侧路基边坡上适当位置单击）
指定高度<75.0000>：↙　　　　　　　　　　　（按<Enter>键确认，或输入新高度）
指定文字的旋转角度<0>：34 ↙　　　　　　　　（按<Enter>键确认，或输入新高度）
输入文字：1:1.5 ↙　　　　　　　　　　　　　　（输入数 1:1.5，绘制结果见图 7-53）

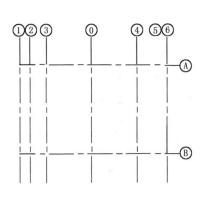

图 7-52　轴线图

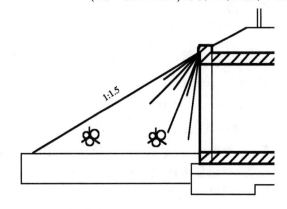

图 7-53　边坡坡度的输入

然后，通过 MIRROR（镜像）命令镜像出右侧的边坡坡度。

③ 平面图中锥坡的绘制

平面图中的锥坡为一椭圆，用 ELLIPSE（椭圆）命令来绘制。

命令：ELLIPSE ↙
指定椭圆的轴端点或[圆弧(A)/中心点(C)]：A ↙　　　　　　　　　　　（绘制圆弧）
指定椭圆弧的轴端点或[中心点(C)]：C ↙　　　　　　　　　　　　　　（选定椭圆弧中心的方法）
指定椭圆弧的中心点：_int 于
　　　　　　　（用鼠标右键+<Shift>的方法，捕捉帽石的下边角点，图 7-54 中 K 点）
指定轴的端点：110 ↙　　　　（鼠标向下垂直拖动，并输入第一轴端点距中心距离）
指定另一条半轴长度或[旋转(R)]：165 ↙
　　　　　　　　（鼠标向右水平拖动，并输入第二轴端点距中心距离，图 7-54 中 M 点）
指定起始角度或[参数(P)]：-90 ↙　　　　　　　　　　　　　　　　（椭圆弧的起始角）
指定终止角度或[参数(P)/包含角度(I)]：0 ↙　　　　　　　　　　　（椭圆的终止角）

接着用 LINE 命令将椭圆的终点与帽石的下边角点连起来，形成平面上的锥坡，如图 7-54 所示。

④ 示坡线的画法

在涵洞图中需要绘制许多示坡线，如在平面图上路基边坡示坡线，侧面图上的路基示坡线,涵洞下游为锥坡也要绘制示坡线等。这里主要介绍锥坡的示坡线的绘制方法。

在平面图上,先用 LINE 命令绘制出图 7-55 中所示的 KN 长直线及 KP 短直线。它们是阵列的基础线,然后用 ARRAY(阵列)命令来完成锥坡示坡线的绘制。

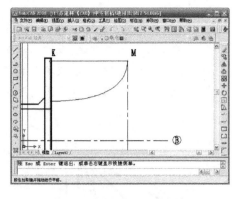

图 7-54 涵洞平面图上的锥坡

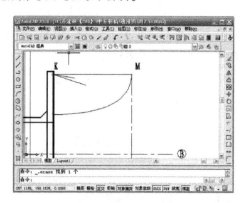

图 7-55 锥坡示坡线阵列设置

命令:ARRAY↵　　　　　　　　　　(系统弹出图 7-56 的"阵列"对话框)

单击"拾取中心点"按钮,系统返回图中,精确捕捉 K 点,系统重新回到图 7-56 的对话框中,按对话框中的提示输入。然后,单击对话框中右上角的"选择对象"按钮,系统返回图中,用鼠标选取 KN 及 KP 直线后按 <Enter> 键。最后点击对话框中的"确定"按钮完成操作。确定后将形成圆形的示坡线,由于 KN 直线及 KP 直线不是精确绘制的,所以按 90°旋转后,可能会在 KM 线的上方将出现多余的阵列直线,多余部分删除即可。

用镜像(MIRROR)命令绘制出另一半,如图 7-57 所示。

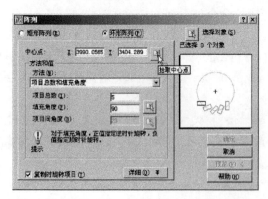

图 7-56 KN 及 KP 示坡线

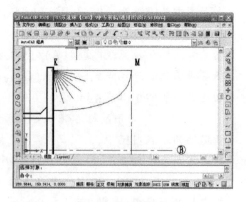

图 7-57 完成的锥坡

单元小结

本单元主要介绍了公路桥梁、涵洞布置图和配筋图的绘制方法及技巧,对结构图绘制的软件环境设置也做了较系统的介绍。本单元的主要内容和基本操作见表 7-3。

主要内容和基本操作 表7-3

工作任务	主要内容		主要命令及命令组
7.1 大中桥布置图	立面图	图纸边界线	RECTANG(矩形命令)
		图框	RECTANG(矩形命令)、LINE(直线命令)、EXTEND(延伸命令)、OFFSET(偏移命令)
		桥墩、台轴线	LINE(直线命令)
		轴线编号	CIRCLE(圆命令)、-TEXT(单行文字命令)、DDEDIT(文字编辑命令)
		主梁桥面线	LINE(直线命令)、OFFSET(偏移命令)
		支座及墩台盖梁	RECTANG(矩形命令)
		耳墙	LINE(直线命令)
		桥墩墩身	LINE(直线命令)、CHAMFER(倒角命令)、MIRROR(镜像命令)、STRETCH(拉伸命令)
		桩基础	LINE(直线命令)、ARC(圆弧命令)、COPY(拷贝命令)、MIRROR(镜像命令)
		桥墩承台	RECTANG(矩形命令)
	平面图	主梁桥面线	LINE(直线命令)、OFFSET(偏移命令)
		桥墩墩身	RECTANG(矩形命令)
		桥墩承台	RECTANG(矩形命令)
		桩基础	CIRCLE(圆命令)、ARRAY(阵列命令)
	其他	高程符号	POLYGON(多边形命令)、-TEXT(单行文字命令)
		标尺符号	RECTANG(矩形命令)、COPY(拷贝命令)、MIRROR(镜像命令)、-TEXT(单行文字命令) BHATCH(填充命令)、ARRAY(阵列命令)
		地质柱状剖面图	RECTANG(矩形命令)、BHATCH(填充命令)
		截断线	PLINE(多段线命令)
		图纸附注或说明	MTEXT(多行文字命令)
7.2 桥梁构件图	立面图	桥台对称轴线及桩基轴线	LINE(直线命令)、OFFSET(偏移命令)
		台盖梁外形	LINE(直线命令)、MIRROR(镜像命令)
		主梁钢筋	PLINE(多段线命令)、OFFSET(偏移命令)
	断面图	桥台盖梁外形	RECTANG(矩形命令)
		箍筋	RECTANG(矩形命令)、PLINE(多段线命令)、CIRCLE(圆命令)、ARRAY(阵列命令)
		主梁钢筋断面	DONUT(圆环命令)、ARRAY(阵列命令)
		钢筋数量表	LINE(直线命令)、OFFSET(偏移命令)、EXTEND(延伸命令)、TRIM(修剪命令)
		钢筋型号标注	-TEXT(单行文字命令)、DDEDIT(文字编辑命令)

续上表

工作任务	主要内容		主要命令及命令组
7.2 桥梁构件图	其他	图纸缩放	SCALE(缩放命令)
7.3 小桥及涵洞	控制轴线		LINE(直线命令)
	涵底纵坡线		LINE(直线命令)、MIRROR(镜像命令)
	锥坡		ELLIPSE(椭圆命令)、LINE(直线命令)
	锥坡示坡线		LINE(直线命令)、ARRAY(阵列命令)、MIRROR(镜像命令)

自我检测

1. 总结绘制桥梁总体布置图的方法,并练习绘制图 7-1。
2. 总结绘制配筋图的方法,并练习绘制图 7-38。
3. 总结绘制涵洞布置图的方法,练习绘制图 7-51。

单元 8

公路工程图的打印输出

 学习目标

1. 掌握为 AutoCAD 2008 系统配置输出设备的方法。
2. 掌握利用 PLOT 命令进行各种绘图参数设置的方法。
3. 了解图形输出的一般方法和步骤。
4. 了解布局使用方法。

 工作任务

1. 正确地设置绘图仪或打印机。
2. 图形的输出操作。
3. 利用布局打印。

 学习指南

显示在屏幕上的图像也是计算机的输出结果,只不过人们习以为常罢了。将图形在打印机或绘图仪上描绘出来和把图形在屏幕上显示出来,其原理和过程是完全相同的,都是把图形数据从图形数据库传送到输出设备上。只是为了区别起见,习惯上把绘制在传统介质(绘图纸、胶片等)上的图形称为图形的硬拷贝。

图纸的打印操作相对于字表处理软件有一定的复杂性,技术性强、工作量大。初学者应该掌握激光打印机的操作流程,先掌握模型空间图纸打印技术,再掌握布局打印技术。

8.1 绘图仪或打印机的设置

将图形数据从数字形式转换成模拟形式,驱动绘图仪或打印机在图纸上绘制出图形,这一过程是通过绘图仪和打印机的驱动程序实现的。不同类型的绘图仪和打印机,需要使用不同的驱动程序,因此要在 AutoCAD 2008 系统中输出图形,必须告诉 AutoCAD 2008 所使用的绘图仪或打印机的型号,以便装入相应的驱动程序。这也是在绘图前必须配置绘图仪或打印机的原因。

一个绘图设备配置中包含有设备相关信息,例如设备驱动程序名、设备型号、连接该设备的输出端口以及与设备有关的各种设置;同时包含有设备无关信息,例如图纸的尺寸、放置方向、绘图比例、绘图笔的参数、优化、原点和旋转角度等。

需要注意的是,AutoCAD 2008 并没有把绘图设备的相关配置信息存储在图形文件中。在准备输出图形时,可以在 AutoCAD 2008 中进行图面的布置,在"打印"对话框中选择一个现有配置作为基础,对其中的某些参数进行必要的修改。用户也可以将当前配置存储为新的绘图设备默认配置。

在我们常用的主流 Windows 系统中,如果不加任何说明,直接打印图形时,AutoCAD 2008 将使用默认的系统打印机,一般激光打印机和喷墨打印机不用作特殊设置,可以直接输出图形。对于针式打印机,由于打印图形的效果不佳,在此不作介绍。对于各种绘图机的设置则见下面专门介绍。

在 Windows XP 系统下,对于常见的激光打印机本地连接时,使用系统打印机(默认设备)就可以完成打印任务,不用作特殊设置。在 AutoCAD 2008 所提供的预设绘图仪或打印机的驱动程序都是比较常用或当时已有的机型,对于比较新的机型,Windows 的驱动程序就不一定适用了。

大多数可以用于 AutoCAD 2008 的绘图仪或打印机多附有它们自己的驱动程序,只要在购买时确认该绘图仪或打印机的驱动程序可以支持 AutoCAD 2008,然后,再按安装软件的说明将该驱动程序安装到 AutoCAD 2008 中。安装完绘图仪或打印机的驱动程序后,将使 AutoCAD 2008 里的绘图仪或打印机的列表里多一项该驱动程序的名称,选取此驱动程序来设置就可以利用此绘图仪或打印机来出图。

在 AutoCAD 2008 里,配置绘图仪或打印机可参照下列步骤:

(1)进入 AutoCAD 2008 的主操作画面中。

(2)选择下拉菜单的"文件"\"绘图仪管理器"菜单项,将出现"Plotters(打印机)"对话框(见图 8-1)。

图 8-1 "Plotters"对话框

(3)在图 8-1 对话框中用鼠标左键双击"添加绘图仪向导"标签并在图 8-2 中单击"下一步",将出现如图 8-3a)所示的对话框("我的电脑"单选按钮用于选择系统打印机以外的本地设备,"网络绘图仪服务器"单选按钮则用于选择网络打印机;"系统打印机"单选按钮用于选择系统默认打印机,一般直接与本机连接的激光打印机选择此项),为了选择本地的非默认设备(如滚筒绘图仪),选择"我的电脑"单选按钮,选择需要的设备,如图 8-3b)中选择了惠普的 DesignJet430C4713A 绘图仪。

所有 AutoCAD 2008 的打印机或绘图仪驱动程序都会出现在此框中。新购买的打印机或绘图仪连接到计算机后,在此窗口中如果有对应的驱动程序,只要单击选取该驱动程序,然后再依提示安装即可。

(4)当选取某绘图仪或打印机的驱动程序后,系统会针对该绘图仪或打印机的连接与其他设置询问相关的信息。可以说,只要连接设置正确,其他有关绘图输出的设置就可以按提示完成;如果连接设置不适当,出图时可重新根据需要修改。

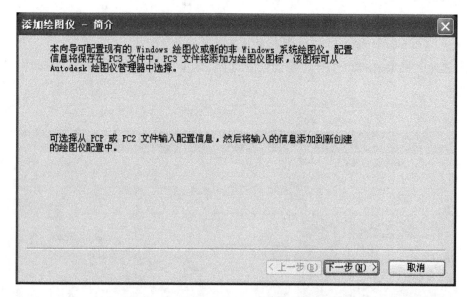

图 8-2 "添加绘图仪-简介"对话框

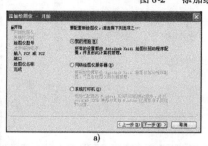
a)

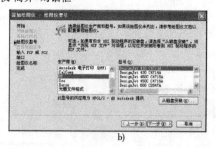
b)

图 8-3 "添加绘图仪"对话框
a)"添加绘图仪—开始";b)"添加绘图仪—打印机型号"

8.2 图形的输出操作

在输出图形之前,应检查一下所使用的绘图仪或打印机是否准备好;检查绘图设备的电源开关是否打开,是否与计算机正确连接;运行自检程序,检查绘图笔是否堵塞跳线;检查是否装上图纸,尺寸是否正确,位置是否对齐。

一 绘图命令 PLOT 的功能

绘图命令(PLOT)将主要解决绘图过程中的以下问题:
(1)打印设备的选择。
(2)设置打印样式表参数。
(3)确定图形中要输出的图形范围。
(4)选择图纸幅面。
(5)指定图形输出的比例,图纸方向和绘图原点。
(6)图形输出的预演。
(7)输出图形。

二 命令的启动方法

启动 PLOT 命令,可选择下列方式之一:
(1)点击标准工具条上的打印工具按钮 ![]。
(2)选择下拉菜单的"文件"\"打印"菜单项。
(3)在命令行输入 PLOT 命令。

三 图形输出参数设置

启动 PLOT 命令后,弹出"打印—模型"对话框(图 8-4)。

1 选择绘图设备

在图 8-4 的"打印机/绘图仪"栏中,显示系统当前默认绘图设备的型号。单击下拉按钮可以选择其他绘图设备。

2 设置打印样式表参数

在图 8-5 为选择下拉菜单的"文件"\"页面设置管理器"后看到的对话框,选择"新建"按钮,在弹出的对话框中的"新页面设置名"文本框修改名称为需要的设置名(如本例的"A3"),按"确定"按钮进入"页面设置 – 模型"对话框(见图 8-6)。从"打印机/绘图仪"下拉列表中可以选择绘图设备,从"图纸尺寸"下拉列表中可以选择图纸大小为 A3,按"确定"按钮返回"页面设置管理器"对话框,选择"A3",并点取"置为当前"按钮,关闭该对话框。

单击图 8-6 中的"打印样式表"栏的下拉按钮,选择打印样式名称(当前选择 Acad.ctb),接着单击右侧"编辑"按钮,出现图 8-7 的"打印样式编辑器"对话框,点击"格式视图"选项卡,我们可以根据实体颜色指定绘图特性,或改变当前图形各线条显示颜色对应的打印图样的线条颜色(图8-8把所有颜色均按黑色输出)、颜色深浅、线型、线宽等参数,这些手段对复杂图纸的输出有较大帮助。为了确保打印按"打印样式表"格式打印,应该从图8-6中的打印选项栏中勾选"按样式打印"选项。

图8-4 "打印"对话框　　　　　　　　图8-5 "页面设置管理器"对话框

图8-6 页面设置—"模型"对话框

线型参数是旧式绘图技术的遗迹。由于早期的AutoCAD只能画出连续实线,只好依靠绘图仪所定义的线型来绘制非连续线。现在,AutoCAD已经提供了十分丰富的线型,因此,不再需要设置绘图仪的线型。

线宽应根据实际出图规格设置。在输出图样时,通过设置各线条的线宽,可以达到线条粗细有别,所以线宽的设置非常重要。

图 8-7　改变图形的打印颜色

图 8-8　改变图形的打印颜色为黑色

对于有特殊需要打印效果的绘图,可以采用"淡显"改变输出图形的浓淡。

所有格式定义好后,单击"保存并关闭"按钮。

3 图纸幅面的选择

选择图纸幅面主要在图 8-6 页面设置中完成,也可以在图 8-4 的"打印"对话框中完成。图纸按"纵向"还是"横向"打印,应该在图 8-6 中的页面设置对话框中的"图形方向"栏中进行选择,"横向"单选按钮被选中时,图纸的长边与 AutoCAD 图形区的 x 轴方向平行;若"纵向"单选按钮被选中,则图纸的短边与 x 轴方向平行。图纸单位从图 8-6 的打印比例栏的单位下拉列表中选择"毫米"或"英寸"。

4 确定打印区域

确定图形输出范围有三种方法,从"打印区域"栏的下拉列表选定(见图 8-6 的打印区域)。

(1)选择"窗口"选项,可以打印输出图形中的某一矩形区域内的图形。单击"窗口"选项后进入图形界面,屏幕命令行提示行如下:

指定打印窗口

指定第一个角点:　　　　　　　(矩形区域的第一个角点,用鼠标选择或输入坐标)

指定对角点:　　　　　　　　　(矩形区域的另一个角点,用鼠标选择或输入坐标)

(2)选择"图形界限"选项,则输出图形极限范围内的全部图形。

(3)选择"显示"选项,则输出当前视窗内显示的全部图形。

5 确定绘图比例

绘图比例是最关键的一个参数,它决定了图形绘到图纸上的比例和大小。在图 8-9 中"打印比例"栏的文本框中或下拉列表中可以选定绘图输出比例。图 8-9 中"打印比例"栏下等号左侧文本框显示的是打印图纸大小,右侧文本显示的是绘图单位大小,即图纸上的多少毫米(或英寸)等于图形中的多少绘图单位。它们的数值分别在用等号连接的左右两个文本框中输入。例如,假设把图纸测量单位设定为 mm,欲使用 1∶1000 的比例绘图,则应首先从下拉列表中选择自定义,然后在等号左侧文本框中输入 1,在等号右侧文本框中输入 1000。只要保证两者的比值为 1/1000,也可输入其他数值,如 1.23 和 1230 等。一般来讲,该比例在绘图之前就确定了。

图 8-9 打印比例及着色视口的设置

在设计过程中,常常需要输出中间成果,进行检查、交流或送审。在这种情况下,比例并不太重要,只希望充分利用有限的图纸幅面尽可能大地输出需要的图形。这时,只需勾选"布满图纸"选项,AutoCAD 2008 就会根据用户所确定的输出区域和图纸幅面,自动计算出绘图比例,并显示在等号左右的两个文本框中。

6 图形输出前的预览

利用图 8-6 左下角的"预览"按钮可以观看图形画到图纸上的真实效果。如果输出效果不理想,可返回主对话框重新调整绘图参数,直至满意为止。

⑦ 图形输出时的消隐控制

图8-9"着色视口选项"栏的"着色打印"下拉列表中的"消隐"选项用来控制从模型空间输出当前视窗中的三维图形时是否消除隐藏线。只要选择"消隐"选项,则在输出图形时,系统会消除当前视窗中三维图形的隐藏线,而无需事先用"HIDE"命令消除当前视窗内三维图形的隐藏线。从图纸空间环境出图时,浮动视窗内的图形是否消隐与是否选定"消隐"状态无关。

⑧ 输出到绘图文件

如果当前没有连接合适的绘图设备,可先把图形输出为一个绘图文件,以后再打印出来。在图8-4的"打印机/绘图仪"栏中勾选"打印到文件"单选按钮,打印时根据弹出的对话框选定图形文件的路径和绘图文件名。绘图文件的默认文件名为"当前图形文件名 – Model.plt",默认扩展名为PLT。对于在网络环境下工作的用户,可利用这一功能进行脱机绘图。

四 图形输出

当全部图形输出的选择均完成后,按"打印"对话框的"确定"按钮即可从绘图设备绘出图形。

在模型空间内,使用PLOT命令即可将图形绘制到图样上。它适合于输出图形各部分的绘图比例相同,图形方向也一致的情况。

【**实例8-1**】 输出图8-10图形界面中的图形(即图7-1)。

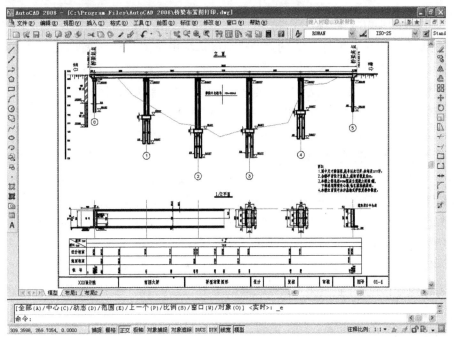

图8-10 图形输出示例

操作步骤：

(1) 打印机选择。选择下拉菜单中的"文件"\"页面设置管理器"选项，新建页面设置名为"A3"的页面设置，弹出如图8-6所示的对话框，点击"打印机/绘图仪"栏的"特性"按钮，在下拉列表中选择"修改标准图纸尺寸(可打印区域)"选项，将A3图纸的上下左右边界均设为0，并把设置另存为"HP LaserJet 5000.pc3"，然后在图8-6中的在对应的下拉列表中选择打印机为HP LaserJet 5000。

(2) 选择绘图仪/打印机并设定其参数选项。单击"打印机/绘图仪"栏内的"特性"按钮，弹出"绘图仪配置编辑器"对话框(见图8-11)，单击"自定义特性"按钮，然后单击"高级"标签，出现图8-12所示的对话框。选择打印机的各出图选项，如打印纸张大小、打印份数、图形打印质量(打印分辨率)等。

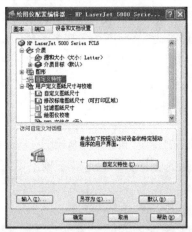
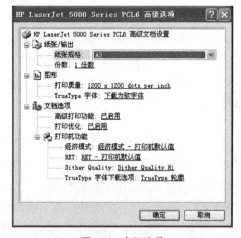

图8-11 "绘图仪配置编辑器"对话框　　　　图8-12 高级选项

(3) 图纸尺寸选择。在图8-12的打印机高级选项中及图8-6"页面设置—模型"对话框中的图纸尺寸栏中均可设置图纸尺寸，图纸方向设为横向。在"页面设置—模型"对话框中的打印比例栏中设置绘图比例为1∶1,1毫米=1单位(指绘图工作区)。

(4) 指定图形输出范围。参照图8-6打印范围选择"窗口"，按照命令交互区提示，依次输入第一个角点(0,0)和右上角(420,297)的坐标。打印偏移框选择"居中打印"选项。

(5) 设置打印线条颜色、线型、线宽。参照图8-8，在列表框内选择所有颜色的打印颜色为黑色(先点击图8-7的"颜色1"选项，按住<Shift>键拖动图8-7中的下拉滑条至底部，再选择右侧"特性"栏"颜色"下拉表中的"黑色"选项)，"线型"下拉列表选择"适用对象线型"选项，"线宽"下拉列表选择"适用对象线宽"选项。设置好该项后必须在图8-6中选择该样式并勾选按"按样式打印"选项(否则样式设置无效)。

(6) 预览输出前的图形。单击页面设置的"预览"按钮，预览图形的输出效果(见图8-13)。输出效果认可后，返回图8-5对话框后单击"置为当前"按钮，这样可以将这一页面格式用于打印。

(7) 实施打印。注意开启打印机电源和通讯线的正确连接。选择下拉菜单中的"文件"\"打印"选项，参照图8-4从对应下拉列表选择页面设置名称(本例为"A3")，单击"确定"

按钮完成打印。

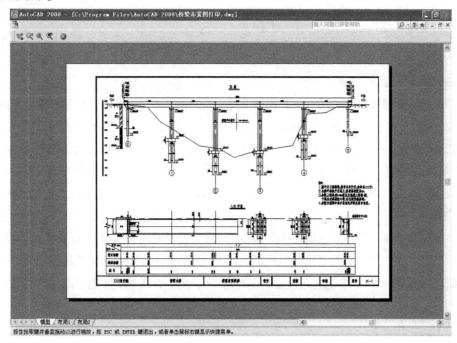

图 8-13　图形输出预览

8.3　利用布局打印

AutoCAD 2008 的工作空间分为模型空间和图纸空间，人们一般习惯在模型空间绘制图形，在图纸空间打印图形。一般情况下两者是独立的，即在图纸空间看不到模型空间中创建的实体，同时在模型空间看不到图纸空间的图形。作为设计者最关心的问题是模型空间图形能否完整、动态和实时的显示于图纸空间，模型空间的图形变化每次改动能否自动同步地显示于图纸空间。通过布局工具就可以完成这一任务。

一　布局的概念与作用

要理解布局，首先要理解布局与模型空间、图纸空间的关系。

模型空间是用户建立对象模型所在的环境。模型即用户所画的图形,可以是二维的,也可以是三维的,模型空间以现实世界的通用单位来绘制图形对象。

图纸空间是专门为规划打印布局而设置的一个绘图环境。作为一种工具,图纸空间用于安排在绘图输出之前设计模型的布局,在 AutoCAD 2008 中,用户可以用许多不同的图纸空间来表现自己的图形。

广义概念上的布局包括两种:一种是模型空间布局("模型"选项卡),用户不能改变模型空间布局的名字,也不能删除或新创建一个模型空间布局对象,每个图形文件中只能有一个模型空间布局;另外一种是图纸空间布局("布局"选项卡),用于表现不同的页面设置和打印选项,用户可以改变图纸空间布局的名字,添加或删除(但至少保留1个)图纸空间布局。

狭义概念上的布局,单指图纸空间布局(除非特殊说明,否则下文中的"布局"均单指图纸空间布局)。

在模型空间绘制的图形对象属于模型空间布局(虽然这些对象可以在图纸空间的浮动视图区内显示出来);在图纸空间绘制的图形对象仅属于其所在的布局,而不属于其他布局。例如,在布局1的布局内绘制了一个线段,它仅显示在布局1的布局内,在布局2的布局内并不显示。

二 建立新布局

可以采用菜单栏、工具栏、命令行和屏幕"布局 x(x 一般取 1、2)"选项卡四种方式之一使用布局功能。

1 用 LAYOUT 命令创建布局

LAYOUT 命令可以创建、删除、保存布局,也可以更改布局的名称。
(1)新建布局。
命令:LAYOUT✓
输入布局选项[复制(C)/删除(D)/新建(N)/样板(T)/重命名(R)/另存为(SA)/设置(S)/?]
<设置>:N✓
输入新布局名<布局3>:创建布局举例✓

(2)复制布局。用复制已有布局的方式建立新的布局。经过键入要复制的源布局和新建布局的名称(默认条件下,新布局名称为原布局名称后加括号,括号内为一个递增的索引数字号)即可以完成该操作。

(3)删除布局。选择该选项后,AutoCAD 2008 提示输入要删除的布局名称,然后删除该布局。当删除所有的布局以后,系统会自动生成一个名为"布局1"的布局,以保证图纸空间的存在。

(4)以原型文件创建新布局。以样板文件(.DWT)、图形文件(.DWG)或 DXF 文件(.DXF)中的布局为原型创建新的布局时,新布局中将包含源布局内的所有图形对象和浮动视口(浮动视口本身就是图纸空间的一个图形对象),但不包含浮动视口内的图形对象。选择"样板(T)"选项后,如果系统变量 FIELDIA = 1,则显示"从文件选择样板"对话框,在对话框中选择相应的文件(.dwt、dwg、.dxf)后,单击"打开"按钮,AutoCAD 2008 将用"插入布局"对话框显示该文件中包含的布局。用户可以从中选择一个布局作为新布局的模板。

(5)重命名布局。重命名布局就是更改布局的名称。选择"重命名(R)"选项后,系统首先提示输入布局的原名称,然后提示输入布局的新名称。

(6)另存为布局。使用"另存为(SA)"选项可以将布局(包括布局内的图形对象和浮动视口)保存到一个模板文件(.DWT)、图形文件(.DWG)或 DXF 文件(.dxf)中,以备其他用户使用。

(7)设置为当前布局。使用"设置(S)"选项可以将某一布局设置为当前布局。

(8)显示布局。使用"?"选项可以显示图形中存在的所有布局。

❷ 用 LAYOUTWIZARD 命令创建布局

激活 LAYOUTWIZARD 命令后,AutoCAD 2008 先显示图 8-14 所示的对话框,该对话框的左面显示了向导的运行步骤和当前步骤,创建新布局的步骤如下。

(1)在"创建布局—开始"对话框中输入一个布局的名字后,单击"下一步"按钮,打开如图 8-15 所示的对话框。

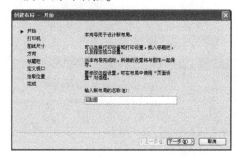 

图 8-14 "创建布局—开始"对话框　　　　图 8-15 "创建布局—打印机"对话框

(2)在"创建布局—打印机"对话框中,选择该布局要使用的打印机(绘图仪),然后单击"下一步"按钮,打开如图 8-16 所示的对话框。

(3)在"创建布局—图纸尺寸"对话框中指定纸张大小和单位。有效的纸张大小和单位是由打印机或绘图仪本身决定的。在确定了纸张大小和单位后,单击"下一步"按钮,打开如图 8-17 所示的对话框。

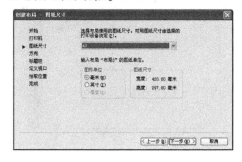 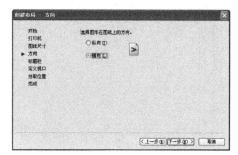

图 8-16 "创建布局—图纸尺寸"对话框　　　　图 8-17 "创建布局—方向"对话框

(4)在"创建布局—方向"对话框中设置打印方向,单击"下一步"按钮,打开如图8-18所示的对话框。

(5)在"创建布局-标题栏"对话框中,可以选择图纸边框和标题。边框和标题其实是一个.dwg文件(保存在"C:\Documents and Settings\zhs\Local Settings\Application Data\Autodesk\AutoCAD 2008\R17.1\chs\Template"目录下,"zhs"为Windows用户名),右面的预览框中显示了相应的预览图形。"类型"部分的两个单选按钮用于指定.dwg文件的插入类型——是按照块插入还是按照外部参照插入。设置完成后单击"下一步"按钮,打开如图8-19所示的对话框。

图8-18 "创建布局—标题栏"对话框

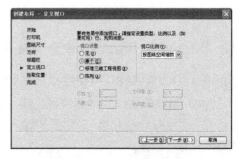

图8-19 "创建布局—定义视口"对话框

(6)在"创建布局—定义视口"对话框中指定布局中浮动视口设置和视口比例等有关参数后,然后单击"下一步"按钮,打开如图8-20所示的对话框。

(7)在"创建布局—拾取位置"对话框中,单击"选择位置"按钮设置浮动视口的位置和大小。如果不指定位置和大小,则AutoCAD 2008认为是充满整个图纸布局(图8-21中指定A3内图框的左下角和右上角角标的左下角为视口,经过这样设置将来在模型空间图形可以自动缩入该视口)。设置完成后单击"下一步"按钮。

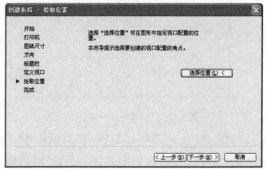

图8-20 "创建布局—拾取位置"对话框

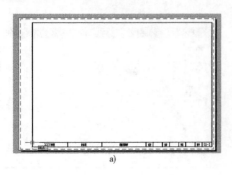

a)

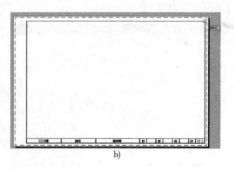

b)

图8-21 拾取矩形区域

(8)按照上面的步骤设置布局以后,在"创建布局—完成"对话框中(见图8-22),单击"完成"按钮,则创建了新的布局(见图8-23)。在每一步骤中,可以单击"上一步"按钮返回前面的对话框,以便重新设置有关参数。

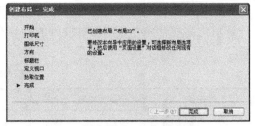

图 8-22 "创建布局—完成"对话框

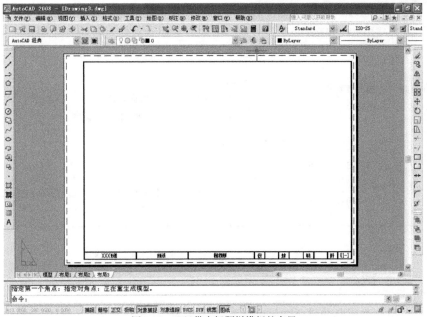

图 8-23 已经带有标题栏模板的布局

三 布局的页面设置

在当前布局的选项卡上单击鼠标右键,然后在弹出的快捷菜单中选择"页面设置管理器"命令,如图8-24。

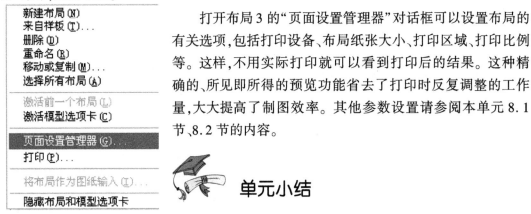

打开布局3的"页面设置管理器"对话框可以设置布局的有关选项,包括打印设备、布局纸张大小、打印区域、打印比例等。这样,不用实际打印就可以看到打印后的结果。这种精确的、所见即所得的预览功能省去了打印时反复调整的工作量,大大提高了制图效率。其他参数设置请参阅本单元8.1节、8.2节的内容。

单元小结

本单元介绍了打印机的安装与设置,图纸打印比例设置、

图 8-24 布局的页面设置管理器打开

图形颜色设置、线条宽度设置,布局的设置与使用,打印前的视口设置。本单元的内容对用计算机出高质量的专业图形有较好的指导意义。本单元涉及的主要内容和基本操作详见表8-1。

主要内容和基本操作　　　　　　　　表8-1

工作任务	主要内容	主要命令或操作
8.1 绘图仪或打印机的设置	使用系统默认打印机 AutoCAD 2008 中绘图仪或打印机的安装方法	激光打印机和滚筒绘图仪的驱动程序安装
8.2 图形的输出操作	输出参数设置 图形输出	PLOT(打印命令) 打印线条颜色、线型、线宽的设置 打印图纸大小、打印范围及比例的设置
8.3 利用布局打印	布局的概念与作用 新布局的建立 布局的页面设置	LAYOUT(布局命令) LAYOUTWIZARD(新的布局选项卡并指定页面和打印设置)

自我检测

1. 练习并总结打印机的设置步骤。
2. 在图纸空间绘制专业图形并采用布局打印。

单元 9

三维图形的绘制

 学习目标

1. 掌握以用户坐标系为基础,各种形成三维图形的方法。
2. 了解利用轴测图、透视图等观察三维图形的方法。
3. 了解道路三维建模和桥梁三维建模的基本方法。

 工作任务

1. 三维图形的设置与轴测图观察。
2. 三维实体绘制及其在道路建模中的应用。
3. 三维图形的布尔运算及其在桥梁建模中的应用。
4. 三维图形的透视观察。

 学习指南

三维图形在道路设计、施工中经常用到,可以帮助使用者更好地理解设计意图、表达设计意图。学习本单元从简单三维图形的轴测图着手,学会布尔运算和三维物体准确定位,最终能根据道路桥梁三视图绘制三维实体并进行观察。

9.1 用户坐标系

用户坐标系（User Coordinate System）简称 UCS，在三维建模和立体图形的标注和修改中，UCS 有着十分重要的作用——用户通过 UCS 可以利用熟知的二维操作技巧完成复杂的三维问题，它不但使操作变得容易，而且使用户提高了工作效率。

一、UCS 命令的功能

UCS 命令的功能包括定义用户坐标系，存储用户坐标系，将指定的坐标系设置为当前坐标系和删除已存储的用户坐标系。

定义用户坐标系可选择下列方法之一：
（1）指定新原点、新 XY 平面或新的 Z 坐标。
（2）使新 UCS 与现有某实体对齐。
（3）使新 UCS 与当前视图方向对齐。
（4）围绕任一坐标轴旋转坐标系。

二、UCS 命令的操作

UCS 命令的操作如下：
命令：UCS✓　　　　　　　　　　　　　　　　　　　　　　　　　（启动 UCS 命令）
指定 UCS 的原点或 [面(F)/命名(NA)/对象(OB)/上一个(P)/视图(V)/世界(W)/X/Y/Z/Z 轴(ZA)] <世界>：N✓
指定新 UCS 的原点或 [Z 轴(ZA)/三点(3)/对象(OB)/面(F)/视图(V)/X/Y/Z] <0,0,0>：✓

只要选择相应的选项，即可使用相应的功能完成坐标系的定义、存储、设置和删除。现介绍新建用户坐标系时各选项的含义。

（1）默认选项用于指定原点定义用户坐标系。
指定新 UCS 的原点或 [Z 轴(ZA)/三点(3)/对象(OB)/面(F)/视图(V)/X/Y/Z]

<0,0,0>:5,10,20↙　（输入新原点5,10,20）

指定新原点后,将建立一个原点在新原点处,X、Y和Z轴与当前坐标系完全平行的用户坐标系。

(2)"ZA"选项采用原点和Z轴上一点定义用户坐标系。

指定新UCS的原点或[Z轴(ZA)/三点(3)/对象(OB)/面(F)/视图(V)/X/Y/Z]<0,0,0>:ZA↙

指定新原点或[对象(O)]<0,0,0>:5,10,200↙　　　　　（输入新原点）

在正Z轴范围上指定点 <5.0000,10.0000,21.0000>:10,8,30↙

（输入Z轴上一点10,8,30）

AutoCAD 2008将根据新的原点和指定的Z轴上一点确定新Z轴的正方向,并定义用户坐标系。新建的用户坐标系原点将通过指定的新原点;Z轴正方向将通过新原点与Z轴上的指定点;用户坐标系的XY平面,为当前坐标系XY平面将其Z轴向新用户坐标系的Z轴倾斜,并与之平行后,再严格移至新原点确定。

(3)"3"选项用三点定义用户坐标系(见图9-1)。

指定新UCS的原点或[Z轴(ZA)/三点(3)/对象(OB)/面(F)/视图(V)/X/Y/Z]<0,0,0>:3↙

指定新原点 <0,0,0>:　　　　　　　　　　（用鼠标左键捕捉A点为新原点）

在正X轴范围上指定点 <1.0000,0.0000,0.0000>:　（捕捉B点为X轴正方向上一点）

在UCSXY平面的正Y轴范围上指定点 <0.9614,0.2752,0.0000>

（捕捉C点为Y轴正方向一侧的点）

用三点定义用户坐标系时,第一点为原点,所定义的用户坐标系的X轴将从原点指向第二点,由原点、第二点、第三点确定的平面为用户坐标系的XY平面,第三点所在的一侧为用户坐标系Y轴的正方向。

注意:第三点不一定正好在Y轴上,它只是表示Y轴的正方向在X轴的哪一侧(见图9-1)。

用三点法定义UCS时,要求这三点不在同一条直线上。

(4)"OB"选项用指定实体定义用户坐标系。

指定新UCS的原点或[Z轴(ZA)/三点(3)/对象(OB)/面(F)/视图(V)/X/Y/Z]<0,0,0>:OB↙

选择对齐UCS的对象:

（用鼠标点中图9-1的实体,选择实体）

除三维多段线外,其他实体均可用来定义用户坐标系。根据用户所选择的实体类型不同,所确定用户坐标系的原点、X轴、Y轴的方向也不相同。表9-1列举了几种实体定义的用户坐标系其原点X轴、Y轴的方向。

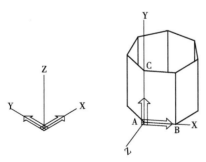

图9-1　用三点定义用户坐标系

各种实体定义的用户坐标系　　　　　　　　　　　表9-1

实体类型	原　点	X轴正方向	XY平面
直线(LINE)	离选择点近	从原点指向另一端点在XY平面的投影点	过原点与生成LINE时坐标系的XY平面平行
弧(ARC)	圆心	从圆心指向离选择点近的弧端点	弧所在平面
圆(CIRCLE)	圆心	从圆心指向选择点	圆所在平面
二维多段线(POLYLINE)	起点	从起点指向多段线第一条线段的终点	二维多段线所在平面
文字(TEXT)	插入点	文字的旋转方向	文字所在平面
尺寸标注(DIMENSION)	尺寸文字的中点	平行于尺寸标注时坐标系的正方向	尺寸标注所在平面

(5)"V"选项用当前视图方向定义用户坐标系。

指定新UCS的原点或[Z轴(ZA)/三点(3)/对象(OB)/面(F)/视图(V)/X/Y/Z] <0,0,0>:V✓

新建立的用户坐标系的原点不变,XY平面平行于屏幕,即与当前视图方向(Z轴)垂直。

提示:在为三维显示状态下的图形进行文字标注时,这一方法很实用。

(6)"X"选项围绕指定的坐标轴旋转来定义用户坐标系。

指定新UCS的原点或[Z轴(ZA)/三点(3)/对象(OB)/面(F)/视图(V)/X/Y/Z] <0,0,0>:X✓

指定绕X轴的旋转角度 <90>:30✓　　　　　　　　　　(围绕X轴旋转30°)

用户坐标系的原点不变,AutoCAD 2008用右手规则(读者可以通过实际图形反复练习体会)确定旋转角度的正方向。

围绕Y、Z坐标轴旋转定义用户坐标系的方法与"X"选项相同。

提示:一旦定义了新的用户坐标系,该用户坐标系就成为当前坐标系,坐标系图标将按当前坐标系的坐标轴方向显示。

9.2 三维图形的设置与轴测图观察

一 轴测图的显示

当前视窗中观察3D模型时,VPOINT命令用来确定视线的方向。观察的目标点为当前用户坐标系的原点,VPOINT在当前视窗中产生的视图,是3D模型的平行投影。

注意: VPOINT 命令不能在 2D 的图样空间中使用。

1 命令的启动方法

启动 VPOINT 命令,可选择下列方式之一:
(1)选择"视图"\"三维视图"菜单项。
(2)在命令行输入 VPOINT 命令。

2 具体操作方法

(1)输入 3D 视点的坐标确定视线的方向。
命令:VPOINT ✓   (启动 VPOINT 命令)
指定视点或[旋转(R)] <显示坐标球和三轴架>:0.8,-1.5,1 ✓   (输入视点坐标)
在提示后直接输入视点的 X、Y 和 Z 坐标。该点与当前 UCS 原点的连线即为视线方向。
(2)使用罗盘和坐标轴三脚架确定视线方向。
命令:VPOINT ✓   (启动 VPOINT 命令)
指定视点或[旋转(R)] <显示坐标球和三轴架>:✓
                    (按<Enter>键选用坐标球和三轴架的方法确定视线方向)
按<Enter>键,罗盘和坐标轴三脚架显示在屏幕上(图 9-2)。罗盘表示平展开的地球表面。

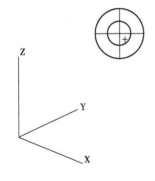

罗盘中心表示北极,视点为(0,0,1)。内圆表示赤道,视点坐标为(n,n,0)。外圆表示南极,视点坐标为(0,0,-1)。用户在罗盘内拾取点的位置,确定了视线在 XY 平面内的投影与 X 轴的夹角,与罗盘中心的相对距离决定了视线与 XY 平面的夹角。
在球面上移动视点时,三脚架同步指示 X、Y 和 Z 轴的旋转角度。
(3)使用球面坐标确定视线方向。
命令:VPOINT ✓   (启动 VPOINT 命令)

图 9-2 罗盘(右上角)和坐标轴
　　　 三脚架(左下角)

指定视点或[旋转(R)] <显示坐标球和三轴架>:R ✓
                                                      (键入 R 选择 Rotate 选项)
输入 XY 平面中与 X 轴的夹角 <284>:12 ✓
                          (输入视线在 XY 平面上的投影与正 X 轴的夹角)
输入与 XY 平面的夹角 <-3>:24 ✓   (输入视线与 XY 平面的夹角)

二 标准视图预置功能

用户在观察图形时,通常使用标准视图。AutoCAD 2008 系统预置了 10 个视图方向,它们依次为俯视图、仰视图、左视图、右视图、主视图、后视图、西南等轴测图、东南等轴测图、东北等轴测图、西北等轴测图。

设置标准视图,可采用下列方法之一:

(1)选择"视图"\"三维视图"上相应的子菜单项(见图9-3)。

图9-3 从菜单启动标准视图的示例

(2)点击"视图"工具条上的相应工具按钮(图9-4)。

图9-4 "视图"工具条

三 三维图形的设置

实体标高(Elevation)是指实体基底所在XY平面的Z坐标,0标高是指当前UCS的基准XY平面,正标高在XY平面的上方,负标高在XY平面的下方。

实体厚度(Thickness)是指实体基底向正标高或负标高方向的拉伸(Extrusion)距离。正厚度表示实体向上(正Z轴方向)拉伸,负标高表示实体向下(负Z轴方向)拉伸,0厚度表示实体不拉伸。可见,位于0标高的厚度为-1的一个实体与一个位于-1标高的厚度为1的实体,看上去是一样的。一个实体被创建时,当前UCS确定了拉伸方向。

在二维的绘制中,实体的标高和厚度始终使用的是系统的默认值0。

如果在创建二维图形时将标高和厚度值设置为非0,所绘制的实体基底将从 XY 平面向上/下移动,并具有相应的厚度。这样二维图形快捷地修改为三维图形。厚度影响某些几何实体的外观,如圆、直线段、2D 多段线、弧、2D 实心体和点。

使用 ELEV 命令可以设置系统的当前标高和厚度。修改后的当前标高和厚度只影响设置后所绘制实体的标高和厚度。

对于已经绘制的二维实体,可以使用实体性质修改命令,将它们的厚度从 0 改变为非 0 值,从而将它们改变为具有一定厚度的三维实体。

【实例 9-1】 绘制圆柱,底面半径为 30,厚度为 100;绘制正七边形的柱体,柱体底面与半径为 30 的圆内接,厚度为 50。绘制完成后,显示它们的三维轴测图。

操作步骤如下:
(1)设置新的当前厚度值。

命令:ELEV✓   (启动 ELEV 命令)
指定新的默认标高 <0.0000>:0✓   (输入标高为 0)
指定新的默认厚度 <0.0000>:100✓   (输入新的厚度 100)

(2)绘制圆(图 9-5)。

命令:C✓   (启动 CIRCLE 命令)
CIRCLE 指定圆的圆心或 [三点(3P)/两点(2P)/相切、相切、半径(T)]:100,100✓
(指定圆心坐标)
指定圆的半径或 [直径(D)]:30✓   (输入半径)

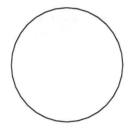 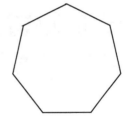

图 9-5 绘制具有高度的圆和多边形

(3)绘制正七边形,并采用缩放命令在屏幕显示圆和正七边形。

命令:POLYGON✓   (启动正多边形绘制命令)
输入边的数目 <4>:7✓   (选择边数为 7)
指定正多边形的中心点或 [边(E)]:200,100✓   (输入正多边形中心坐标)
输入选项 [内接于圆(I)/外切于圆(C)] <I>:✓   (选择正多边形内接于圆)
指定圆的半径:30✓   (正多边形外接圆半径为 30)
命令:Z✓
指定窗口的角点,输入比例因子 (nX 或 nXP),或者
[全部(A)/中心(C)/动态(D)/范围(E)/上一个(P)/比例(S)/窗口(W)/对象(O)]
<实时>:A✓

(4)修改正七边形的厚度。

选择下拉菜单"修改"\"特性"选项,选择正七边形,弹出多段线编辑对话框,将编辑框内的厚度 100 修改为 50,然后关闭对话框。

(5)显示轴测图(图 9-6)。

选择下拉菜单"视图"\"三维视图"\"西南等轴测",出现图 9-6a)所示的图形。采用下拉菜单"视图"\"消隐"命令后出现如图 9-6b)。大家可以由此看出立体图形不同的显示选项有不同的显示效果。

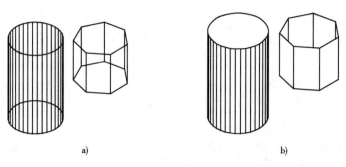

图 9-6　圆和正七边形的轴测图
a)消隐前;b)消隐后

9.3 三维实体绘制及其在道路建模中的应用

常见的实心体包括长方体、球体、圆柱体、锥体、楔形体、环形体及经拉伸、旋转得到的其他实体。

一　绘制简单实体

【实例 9-2】　绘制图 9-7 所示的长方体、圆柱体和球体。
操作步骤
(1)长方体的绘制。

令:BOX↵ (绘制长方体)
指定第一个角点或[中心(C)]:↵ (给出长方形一个顶点的坐标)
指定其他角点或[立方体(C)/长度(L)]:L↵ (选择输入长度)
指定长度:40↵
指定宽度:20↵
指定高度或[两点(2P)]:10↵

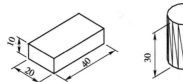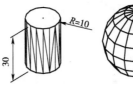

图9-7　实心体绘制

(2)圆柱体的绘制。
命令:CYLINDER↵ (绘制圆柱)
指定底面的中心点或[三点(3P)/两点(2P)/相切、相切、半径(T)/椭圆(E)]:76,-38,16↵ (圆心位置)
指定底面半径或[直径(D)]:10 (输入半径为10)
指定高度或[两点(2P)/轴端点(A)] <10.0000>:30↵
(输入高度为30,该处默认项为高度,选择圆心时请输入"C")

(3)球体的绘制。
命令:SPHERE↵ (开始绘制球体)
指定中心点或[三点(3P)/两点(2P)/相切、相切、半径(T)]:127,-63,17↵
(球心坐标为127,-63,17)
指定半径或[直径(D)] <10.0000>:20↵ (球的半径为20)
(4)在屏幕上显示(1)~(3)所画的实体并作消隐处理。
ZOOM
指定窗口的角点,输入比例因子(nX 或 nXP),或者
[全部(A)/中心(C)/动态(D)/范围(E)/上一个(P)/比例(S)/窗口(W)/对象(O)]
<实时>:a
命令:Z↵ (显示所有图形)
指定窗口的角点,输入比例因子(nX 或 nXP),或者
[全部(A)/中心(C)/动态(D)/范围(E)/上一个(P)/比例(S)/窗口(W)/对象(O)]
<实时>:A↵
命令:HIDE↵ (消隐处理,图9-7中的不可见轮廓线已被隐去)

二 拉伸建立道路路基三维图形

【实例9-3】 绘制图9-8所示的路基立体轮廓三维图形。

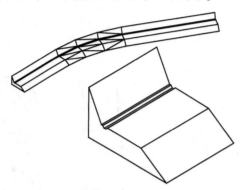

图9-8 拉伸建立路基立体轮廓三维图形(本图为消隐后的图形,下部为端部放大图形)

(1)完成图9-9所示的路线导线绘制。

命令:PL↙

指定起点:50,200↙

指定下一个点或 [圆弧(A)/半宽(H)/长度(L)/放弃(U)/宽度(W)]:@150,0↙

指定下一点或 [圆弧(A)/闭合(C)/半宽(H)/长度(L)/放弃(U)/宽度(W)]:@200<-30↙

指定下一点或 [圆弧(A)/闭合(C)/半宽(H)/长度(L)/放弃(U)/宽度(W)]:↙

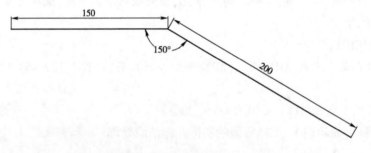

图9-9 绘制路线导线

(2)完成图9-10所示的平曲线绘制。

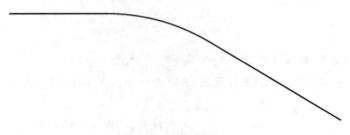

图9-10 绘制平曲线

命令:FILLET ↙
选择第一个对象或［放弃(U)/多段线(P)/半径(R)/修剪(T)/多个(M)］:R↙
指定圆角半径 <10.000>:200↙　　　　　（以上步骤设置圆削角的半径为200）
选择第一个对象或［放弃(U)/多段线(P)/半径(R)/修剪(T)/多个(M)］:
（鼠标选择图9-9左侧导线）
选择第二个对象,或按住<Shift>键选择要应用角点的对象:
（鼠标选择图9-9右侧导线）

(3) 绘制图9-11所示的路基底轮廓线。

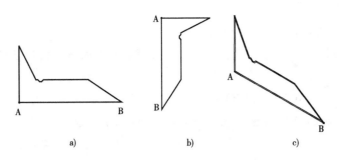

图9-11　绘制路基底轮廓线
a) 平面图；b) 平面旋转后平面图；c) 轴测图

命令:PL ↙　　　　　　　　　　　　　（开始绘制道路断面见图9-11）
指定起点:　　　　　　　　　　　　　（用鼠标点取屏幕上一点）
指定下一个点或［圆弧(A)/半宽(H)/长度(L)/放弃(U)/宽度(W)］:@12,0↙
（绘制路基顶宽）
指定下一点或［圆弧(A)/闭合(C)/半宽(H)/长度(L)/放弃(U)/宽度(W)］:@9,-6
↙　　　　　　　　　　　　　　　　　　（绘制路基填方边坡）
指定下一点或［圆弧(A)/闭合(C)/半宽(H)/长度(L)/放弃(U)/宽度(W)］:@-27.5,0↙
指定下一点或［圆弧(A)/闭合(C)/半宽(H)/长度(L)/放弃(U)/宽度(W)］:@0,15↙
指定下一点或［圆弧(A)/闭合(C)/半宽(H)/长度(L)/放弃(U)/宽度(W)］:@4.5,-9↙　　　　　　　　　　　　　　　　　　（绘制路基挖方边坡）
指定下一点或［圆弧(A)/闭合(C)/半宽(H)/长度(L)/放弃(U)/宽度(W)］:@0.5,0↙　　　　　　　　　　　　　　　　　　（绘制路基碎落台）
指定下一点或［圆弧(A)/闭合(C)/半宽(H)/长度(L)/放弃(U)/宽度(W)］:@0.5,-0.5↙　　　　　　　　　　　　　　　　　　（开始绘制边沟）
指定下一点或［圆弧(A)/闭合(C)/半宽(H)/长度(L)/放弃(U)/宽度(W)］:@0.5,0↙　　　　　　　　　　　　　　　　　　（绘制边沟底宽）
指定下一点或［圆弧(A)/闭合(C)/半宽(H)/长度(L)/放弃(U)/宽度(W)］:C↙
（结束绘制边沟,见图9-11a)）

命令:ROTATE ↙　　　　　　　　　　　　　　　　　　　　　　　　（平面旋转）
UCS 当前的正角方向:ANGDIR=逆时针 ANGBASE=0
选择对象:找到1个　　　　　　　　　　　　（用鼠标单击前述多段线上一任意点）
选择对象:↙
指定基点:　　　　　　　　　　　　　　　　　（用鼠标单击前述多段线上 A 点）
指定旋转角度，或[复制(C)/参照(R)]<0>:-90↙　　　　　　　（见图9-11b））

（4）通过拉伸绘制完整的路基立体轮廓三维图。选择"视图"\"三维视图"\"西南等轴测"菜单项，进入轴测图显示状态（见图9-11c）），然后进行三维旋转并消隐处理。

命令:ROTATE3D ↙　　　　　　　　　　　　　　　　　　　　（启动三维旋转命令）
当前正向角度:ANGDIR=逆时针 ANGBASE=0
选择对象:找到1个　　　　　　　　　　　（用鼠标单击选取前述多段线上一任意点）
选择对象:↙
指定轴上的第一个点或定义轴依据
[对象(O)/最近的(L)/视图(V)/X 轴(X)/Y 轴(Y)/Z 轴(Z)/两点(2)]:
　　　　　　　　　　　　　　　　　　　　　（用鼠标单击选取前述多段线上 A 点）
指定轴上的第二点:　　　　　　　　　　　　（用鼠标单击选取多段线上 B 点）
指定旋转角度或[参照(R)]:90↙
命令:EXTRUDE ↙　　　　　　　　　　　　　　　　　　　　　（启动拉伸命令）
当前线框密度:ISOLINES=4
选择要拉伸的对象:找到1个　　　　（用鼠标单击选取(3)步骤所绘多段线上一任意点）
选择要拉伸的对象:↙
指定拉伸的高度或[方向(D)/路径(P)/倾斜角(T)]<30.0000>:P↙
选择拉伸路径或[倾斜角(T)]:
　　　　　　　　　　　　　（用鼠标单击选取(2)步骤所完成的多段线上一任意点）
命令:HIDE ↙　　　　　　　　　　　　　　　　　　　　　　（消隐处理，见图9-8）
提示: 在 AutoCAD 2008 中也可以采用"放样"建模功能来完成图9-8。

三 旋转建立实心体

【实例9-4】 绘制图9-12所示的实体。
操作步骤如下:
（1）绘制图9-12a）所示的旋转断面和旋转轴。
命令:PL↙　　　　　　　　　　　　　　　　　　　　　　　（开始绘制旋转断面）
指定起点:65,180 ↙
指定下一个点或[圆弧(A)/半宽(H)/长度(L)/放弃(U)/宽度(W)]:@8.5,0 ↙
指定下一点或[圆弧(A)/闭合(C)/半宽(H)/长度(L)/放弃(U)/宽度(W)]:@5,-5 ↙

指定下一点或 [圆弧(A)/闭合(C)/半宽(H)/长度(L)/放弃(U)/宽度(W)]：
@ -18.5,0↙

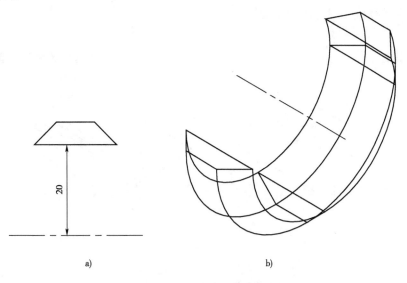

图9-12 旋转建立实心体

指定下一点或 [圆弧(A)/闭合(C)/半宽(H)/长度(L)/放弃(U)/宽度(W)]：C↙
命令：LINE↙　　　　　　　　　　　　　　　　　　　　（开始绘制旋转轴）
指定第一点：50,155↙
指定下一点或 [放弃(U)]：89,155↙
指定下一点或 [放弃(U)]：↙

(2)绘制图9-12b)所示的旋转实体。选择"视图"\"三维视图"\"西北等轴测"菜单项，进入轴测图显示状态。

命令：REVOLVE↙　　　　　　　　　　　　　　　　（启动旋转建立实体命令）
选择要旋转的对象：找到 1 个　　　　　　　　　　（选择图9-12a)的梯形断面）
选择要旋转的对象：↙
指定轴起点或根据以下选项之一定义轴 [对象(O)/X/Y/Z] <对象>：O↙
选择对象：　　　　　　　　　　（选择图9-11a)的点画线作为旋转轴）
指定旋转角度或 [起点角度(ST)] <360>：200↙　　　　　（转角度为200°）
执行全屏显示操作，显示图9-12b)。

四 圆滑实体

【实例9-5】 利用FILLET命令使图9-13a)所示长方体的一个角圆滑并作消隐处理。
命令：FILLET↙
选择第一个对象或 [放弃(U)/多段线(P)/半径(R)/修剪(T)/多个(M)]：

（用鼠标选择图 9-13a) 中的虚线对应的棱）
输入圆角半径 <200.0000>：<线宽> 5✓　　　　　（输入圆弧的半径为 5）
选择边或 [链(C)/半径(R)]：✓
已选定 1 个边用于圆角。
命令：HIDE✓　　　　　　　　　　　　　（消隐后的效果见图 9-13b)）

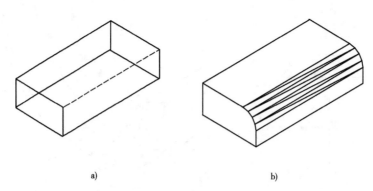

图 9-13　圆滑实心体
a) 选择需要圆滑的边；b) 消隐后的效果

五 对实体进行剖切、截面处理

1 剖切

【实例 9-6】　对图 9-14a) 的长方体进行剖切操作。

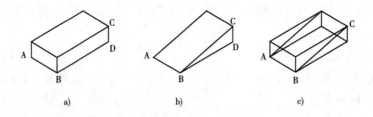

图 9-14　剖切处理前后的对比（已经消隐）

命令：SLICE✓　　　　　　　　　　　　　（启动剖切命令）
选择要剖切的对象：找到 1 个　　　　　　　　（选择长方体）
选择要剖切的对象：✓
指定切面的起点或 [平面对象(O)/曲面(S)/Z 轴(Z)/视图(V)/XY(XY)/YZ(YZ)/ZX(ZX)/三点(3)] <三点>：3✓　（用不在同一直线上的 3 个点确定一个剖切平面）
指定平面上的第一个点：<对象捕捉 开>　　　　（捕捉拾取 A 点）
指定平面上的第二个点：　　　　　　　　　　（捕捉拾取 B 点）
指定平面上的第三个点：　　　　　　　　　　（捕捉拾取 C 点）

在所需的侧面上指定点或[保留两个侧面(B)]<保留两个侧面>：

(拾取D点一侧,消隐后得到图9-14b))

② 截面

【实例9-7】 对图9-14a)所示的长方体进行截面处理。

命令:SECTION　　　　　　　　　　　　　　　　　　　(启动建立截面命令)

选择对象:指定对角点:找到1个　　　　　　　　　　　(选择长方体)

选择对象:↙

指定截面上的第一个点,依照[对象(O)/Z轴(Z)/视图(V)/XY(XY)/YZ(YZ)/ZX(ZX)/三点(3)]<三点>:3↙

指定平面上的第一个点：　　　　　　　　　　　　　　(捕捉拾取A点)

指定平面上的第二个点：　　　　　　　　　　　　　　(捕捉拾取B点)

指定平面上的第三个点：　　　　　　　　　　　　　　(捕捉拾取C点)

操作完成后得到图9-14c),为了突出显示截面图,图中的截面线(原来是实线)已被修改成虚线。

9.4 三维图形的布尔运算及其在桥梁建模中的应用

一 布尔运算

布尔(Boolen)操作用于两个或者两个以上的实体的编辑,通过它可以完成差集、交集、并集运算,各种运算的结果均将产生新的实体。用户可以在许多情况下使用布尔操作,如在机械、土木工程的三维建模中要大量使用布尔操作才能完成一些复杂的任务。

① 交集运算

交集(INTERSECT)运算从两个或者多个相交的实体中建立一个合成实体,所建立的合成实体是参加运算实体的共同部分。

凸透镜镜片为图9-15a)中的两个球体的共同部分,绘制此镜片要执行以下操作。

命令：INTERSECT ↙　　　　　　　　　　　　　　（启动交集运算命令）
选择对象：找到 1 个　　　　　　　　　　　　　（鼠标左键点击左球）
选择对象：找到 1 个,总计 2 个　　　　　　　　（鼠标左键单击右球）
选择对象：↙　　　　　　　　　　　　　　　　（结束操作,结果见图 9-15b)）

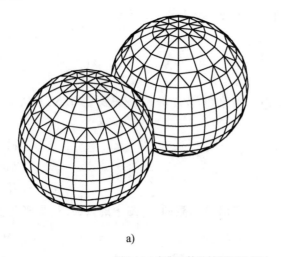

a) 　　　　　　　　　　　　　　　　　b)

图 9-15　交集运算的轴测图形显示
a)两个相交的球；b)通过交集运算得到的共同部分

❷ 差集运算

差集(Subtract)运算所建立的实体是以参加运算的母体为基础去掉与子体共同的部分而形成的。

命令：SUBTRACT ↙　　　　　　　　　　　　　（启动差集运算命令）
选择要从中减去的实体或面域...
选择对象：找到 1 个　　　　　　　　　　　　（鼠标左键点击图 9-16a)中的矮圆柱）
选择对象：↙
选择要减去的实体或面域...
选择对象：找到 1 个　　　　　　　　　　　　（鼠标左键点击高圆柱）
选择对象：↙　　　　　　　　　　　　　　　　（得到图 9-16b)）

❸ 并集运算

并集(Union)运算所建立的实体是参加运算的实体叠加在一起形成的。

命令：UNION ↙　　　　　　　　　　　　　　　（启动并集运算命令）
选择对象：找到 1 个　　　　　　　　　　　　（鼠标左键单击图 9-17a)中高处物体）
选择对象：找到 1 个,总计 2 个　　　　　　　（鼠标左键单击图 9-17a)中低处物体）
选择对象：↙

运算后的结果见图 9-17b)(已经消隐),从两个图对比可以发现运算前为两个物体,运算后为一个物体。

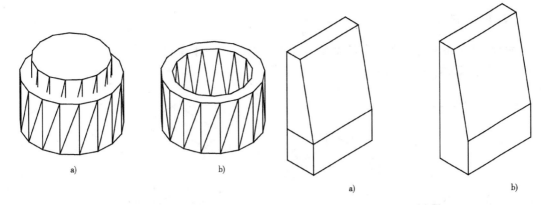

　　　　图 9-16　差集运算　　　　　　　　　图 9-17　并集计算

二 布尔运算在桥梁三维建模中的应用

在 AutoCAD 2008 中进行路桥三维建模经常用到前面所讲布尔运算。下面以一个上部结构为板、下部结构为桩柱的桥梁为例,详细介绍三维实体的制作过程。为了简化问题三维建模时剔除附属设施,只绘制桥梁的桥台、桥墩、空心板和刚性护栏的立体图,1cm 长度单位对应 1 个绘图单位。

【实例 9-8】　据单元 7 桥梁布置图,建立如图 9-18 所示的三维桥梁实体。

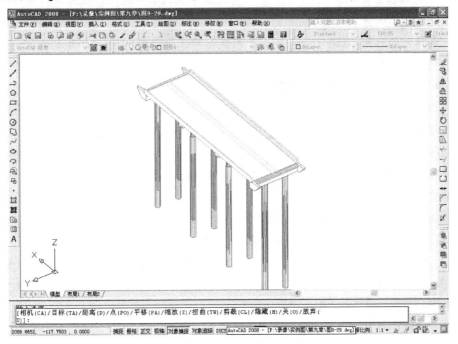

图 9-18　桥梁立体全貌(桩基已被截断)

操作步骤如下：

1 绘制桥台

提示：有关桥台的各部件最好放在一个文件里面，以便于操作。

（1）绘制耳墙（见图9-19）

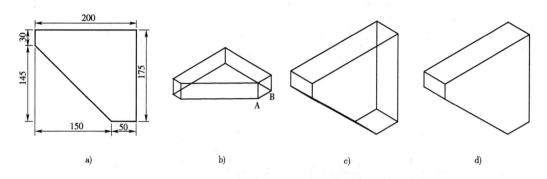

图 9-19　耳墙立体图
a)耳墙尺寸示意图；b)挤压后的立体；c)旋转后的立体消隐前；d)立体消隐后

①用多段线命令制作图9-19a)所示的平面图形。

②拉伸图9-19a)所示的平面图形，形成三维实体。

命令：_-view 输入选项 [？/删除(D)/正交(O)/恢复(R)/保存(S)/设置(E)/窗口(W)]：_swiso 正在重生成模型　　　（利用下拉式菜单选项切换到轴测图观测模式）

命令：EXTRUDE✓　　　　　　　　　　　　　　　　　　　（启动拉伸命令）

选择要拉伸的对象：找到 1 个　　（用鼠标单击选取图9-19a)平面图形上一任意点）

选择要拉伸的对象：✓

指定拉伸的高度或 [方向(D)/路径(P)/倾斜角(T)]：50✓

　　　　　　　　　　　　　　　　　（输入耳墙厚度，得到图9-19b)的图形）

③旋转图9-19b)所示的图形。

命令：ROTATE3D✓　　　　　　　　　　　　　　　　　（启动三维旋转命令）

选择对象：找到 1 个　　　　（用鼠标单击选取图9-19b)实体上一任意点）

选择对象：✓

指定轴上的第一个点或定义轴依据

[对象(O)/最近的(L)/视图(V)/X 轴(X)/Y 轴(Y)/Z 轴(Z)/两点(2)]：

　　　　　　　　　　　　　　（用鼠标单击选取图9-19b)中立体模型 A 点）

指定轴上的第二点：　　　　（用鼠标单击选取图9-19b)实体模型 B 点）

指定旋转角度或 [参照(R)]：90✓

缩放后得到图9-19c)。

④图形消隐处理。

命令：HIDE✓　　　　　　　　　　　　　　　　　　（消隐后得到图9-19d)）

(2) 绘制背墙(见图 9-20,参照绘制耳墙的操作)

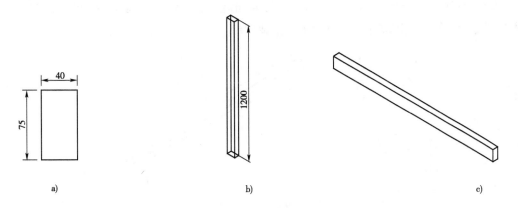

图 9-20 背墙的绘制
a) 断面图形;b) 挤压后的图形;c) 旋转后的图形

(3) 绘制台帽和防震挡块(结果见图 9-21)

注意:移动就位时,必须采用移动物体特征点(端点、中点、切点、圆心等)与目标物体特征点对应捕捉的方式对齐,才可以达到准确就位的要求。

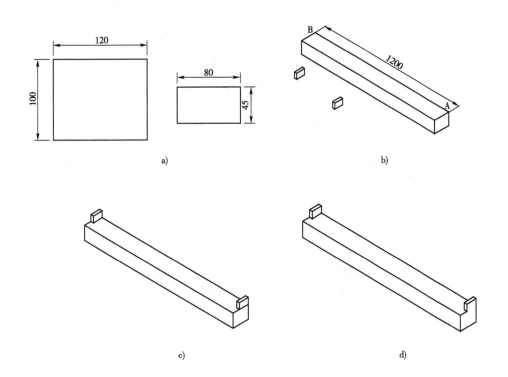

图 9-21 桥台帽梁和防震挡块实体的绘制
a) 台帽和防震挡块的断面图;b) 挤压成型、旋转后;c) 把两个挡块移动就位;d) 做并集运算后的结果

(4)绘制牛腿

先用多段线命令绘制图 9-22a)所示的梯形断面,然后利用 Extrude 命令(高度为 1100)作出牛腿,三维旋转后得到图 9-22b)所示的牛腿图形。

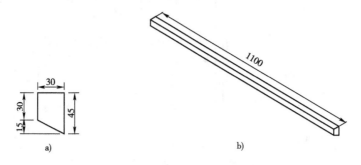

图 9-22 牛腿的绘制

a)断面尺寸;b)立体图形

(5)绘制桥台桩基和立柱

桥梁桩基的绘制采用圆柱命令,圆柱底面半径为 60,高度为桩长和立柱长之和,详细见图 9-23(为了显示方便把图形绕 Y 轴旋转了 90°)。

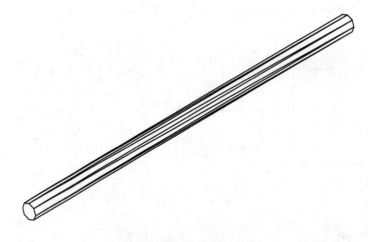

图 9-23 桩基和立柱的立体图形

(6)组合实体图形

把前面(1)~(5)步骤绘制的部件依次按特征点对齐,采用并集运算把这些图形叠加到一起,图 9-24a)主要观察台帽和背墙,图 9-24b)主要是观察耳墙和牛腿。

2 绘制桥墩

(1)绘制墩帽

如图 9-25,墩帽沿路线方向的厚度为 120cm,采用拉伸命令时要采用此高度,拉伸后进行三维旋转时,要注意旋转轴选在墩帽的长边上,旋转角度为 90°。

(2)绘制桥墩立柱和桩基

立柱(半径50cm,高度为300cm)和桩基(半径60cm,高度为2500cm)均为同心的圆柱体,作图过程略。

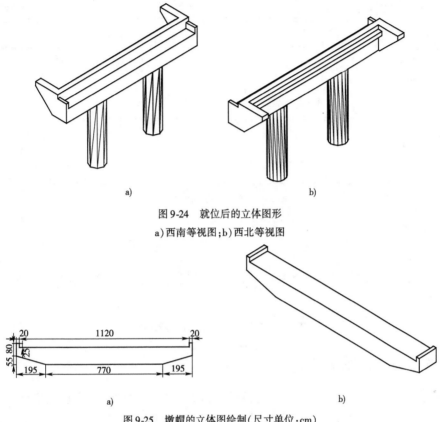

图9-24 就位后的立体图形
a)西南等视图;b)西北等视图

图9-25 墩帽的立体图绘制(尺寸单位:cm)
a)墩帽的断面图;b)墩帽的立体图形

(3)组合实体图形

采用并集运算把桩基、立柱和墩帽装配在一起,装配时要注意准确定位(可以分步定位:一次只定一个方向,三维依次定位;也可以采用作辅助线方法一次定位)。并集运算后的结果见图9-26。

3 绘制空心板(全幅整体绘制,含桥面铺装)和刚性护栏

(1)断面分析

由于此处强调的是总体造型,所以没有画出桥面纵坡和横坡的变化,均按平坡处理,空心板为单个绘制。为了提高三维制作的效率,把桥面铺装、空心板和护栏(见图9-27)整合到一起绘制,整合后的断面见图9-28。

(2)拉伸形成实体图形

利用拉伸命令把图9-28的平面图形拉伸(厚度为3896cm)并作适当三维旋转,得到图9-29所示的实体图形。

图9-26 桥墩的立体图形

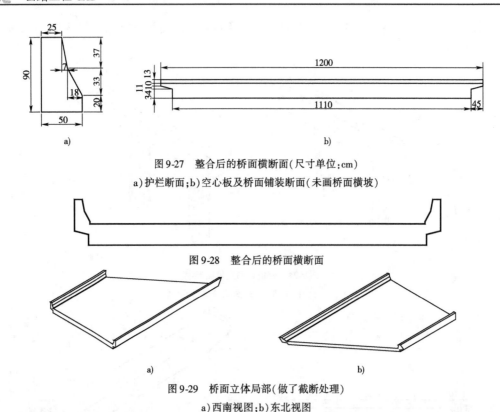

图9-27 整合后的桥面横断面(尺寸单位:cm)
a)护栏断面;b)空心板及桥面铺装断面(未画桥面横坡)

图9-28 整合后的桥面横断面

图9-29 桥面立体局部(做了截断处理)
a)西南视图;b)东北视图

4 实体图形总拼装

图9-29所示的桥面、图9-26所示的桥墩和图9-24所示的桥台组合后的实体图形(轴测图)见图9-18。图形装配时,要用到三维镜像命令和多次精确移动命令。操作时标高以桥面标高为基准,桥梁平面位置以桥轴线为准,桥梁纵向各部件以桥梁跨径和桩基轴线间距为准,具体数据见图标注。

9.5 三维图形的透视观察

从工程制图的知识知道,轴测图的观察效果不如透视图理想,如何利用透视图观察三维立体图形是本节介绍的内容。

从命令行直接输入 DVIEW 命令即可启动透视观察命令。

【实例9-9】 把图 9-18 的轴测图变成透视图观察。

命令:DVIEW ↙

选择对象或 <使用 DVIEWBLOCK>:ALL ↙

选择对象或 <使用 DVIEWBLOCK>:↙

[相机(CA)/目标(TA)/距离(D)/点(PO)/平移(PA)/缩放(Z)/扭曲(TW)/剪裁(CL)/隐藏(H)/关(O)/放弃(U)]:TA ↙

指定相机位置,输入与 XY 平面的角度,

或 [切换角度单位(T)] <-35.0000>:-35 ↙

指定相机位置,输入在 XY 平面上与 X 轴的角度,

或 [切换角度起点(T)] <-35.00000>:-35 ↙

[相机(CA)/目标(TA)/距离(D)/点(PO)/平移(PA)/缩放(Z)/扭曲(TW)/剪裁(CL)/隐藏(H)/关(O)/放弃(U)]:H ↙

执行操作后的效果如图 9-30 所示。

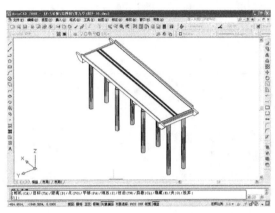

图 9-30 透视图显示

单元小结

本单元介绍了用户坐标系的概念及其应用,利用拉伸、旋转、圆滑、剖切和真三维等绘图技术绘制基本三维图形的方法,同时还介绍了利用三维移动、旋转、布尔运算等图形修改的基本方法,利用轴测图与透视图观察立体图形的显示方法。本单元涉及的主要内容和操作技能详见表 9-2。

主要内容和基本操作　　　　　　　　　　　　　表 9-2

工作任务	主要内容	主要命令或操作
9.1 用户坐标系	UCS 的定义及功能 UCS 的设置	UCS(用户坐标系) 三点用户坐标系的定义
9.2 三维图形的设置与轴测图观察	轴测图的显示 标准视图预置功能 三维图形的设置	VPOINT(设置图形的三维直观观察方向) 俯视图、左视图、主视图、左前视图、右前视图、右后视图、左后视图 ELEVATION(实体标高)、THICKNESS(实体厚度)、EXTRUSION(拉伸)

续上表

工作任务	主要内容	主要命令或操作
9.3 三维实体绘制及其在道路建模中的应用	绘制实体 拉伸建立道路路基三维图形 旋转建立实体 圆滑实体 对实体进行剖切、截面处理	BOX(长方体命令)、CYLINDER(圆柱命令)、SPHERE(球体命令) PLINE(多段线命令)、FILLET(圆角命令)、ROTATE(旋转命令)、LINE(直线命令) ROTATE3D(三维旋转命令)、EXTRUDE(拉伸命令)、HIDE(消隐命令)、REVOLE(旋转建立实体命令)、SLICE(剖切命令)、SECTION(截面命令)
9.4 三维图形的布尔运算及其在桥梁建模中的应用	布尔运算 布尔运算在桥梁三维建模中的应用	INTERSECT(交集)、SUBTRACT(差集)、UNION(并集)、ROTATE3D(三维旋转命令)、EXTRUDE(拉伸命令)、HIDE(消隐命令)、SLICE(剖切命令)、UCS(用户坐标系)
9.5 三维图形的透视观察	三维图形的透视观察技巧	DVIEW(定义平行投影或透视视图)

 自我检测

1. 已知 T 梁的横断面尺寸(单位为 cm)如图 9-31a)所示,T 梁的长度为 2000cm,使用拉伸命令绘制 T 梁的立体图并用轴测和透视方法观察。

2. 根据本单元的三维讲解,练习绘制图 9-30,并进行透视观察。

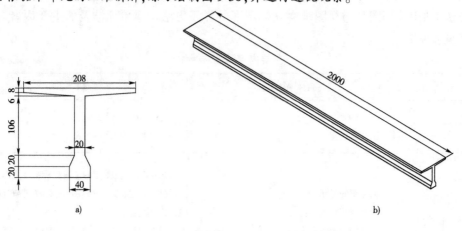

图 9-31 T 梁横断及轴测图(尺寸单位:cm)
a)T 梁横断面;b)T 梁轴测图

单元 10

高级应用技巧

 学习目标

1. 掌握高级图形查询技巧。
2. 掌握 Excel、Word 与 AutoCAD 2008 在公路工程中的应用技巧。
3. 掌握图块和样板图的应用技巧。

 工作任务

1. 高级图形查询。
2. Excel、Word 与 AutoCAD 在公路工程中的结合应用。
3. 图块的应用。
4. 样板图的应用。

 学习指南

AutoCAD 2008 图形查询、图块应用、样板图的应用可以大大提高工作效率和质量,AutoCAD 与 Excel、Word 的协同工作在专业论文等写作中经常用到。

10.1 高级图形查询

打开下拉菜单"工具"\"查询"\"……",如图 10-1 所示,可以进行距离、面积、面域/质量特性、列表显示、点坐标、时间、状态、设置变量的查询。

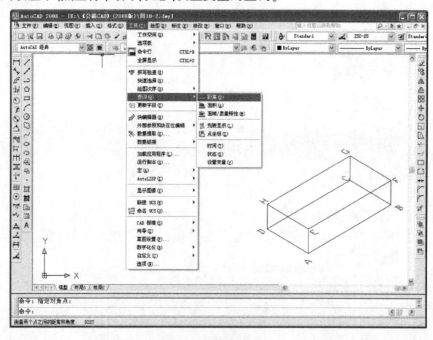

图 10-1 图形高级查询

【实例 10-1】 查询图 10-2 所示长方体的图形信息。

(1)坐标查询

查询图 10-2 所示长方体的 A 点坐标。单击下拉菜单"工具"\"查询"\"点坐标"选项,交互区命令执行过程如下。

命令:'_id
指定点:END↙
于　　　　　　(鼠标左键点击图 10-2 中 A 点)

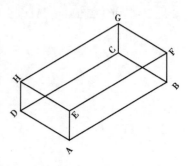

图 10-2 长方体信息查询图

X=200.7154 Y=129.6716 Z=-2.0303　　　　　　　　　　（显示三维坐标值）

（2）长度查询

查询图 10-2 所示长方体的 AB 边长度。单击下拉菜单"工具"\"查询"\"距离"，交互区命令执行过程如下。

命令：'_dist

指定第一点：END↙

于　　　　　　　　　　　　　　　　　　　（鼠标左键点击图 10-2 中 A 点）

指定第二点：END↙

于　　　　　　　　　　　（鼠标左键点击图 10-2 中 B 点，以下为查询信息）

距离=40.0000，XY 平面中的倾角=0，与 XY 平面的夹角=0

X 增量=40.0000，Y 增量=0.0000，Z 增量=0.0000

（3）面积查询

查询图 10-2 所示长方体 EFGH 的面积。首先设置对象捕捉选项为捕捉"端点"，并打开对象捕捉状态，然后单击下拉菜单"工具"\"查询"\"面积"，交互区命令执行过程如下。

命令：_area

指定第一个角点或［对象(O)/加(A)/减(S)］：　　（鼠标左键拾取图 10-2 中 E 点）

指定下一个角点或按 ENTER 键全选：　　　　　（鼠标左键拾取图 10-2 中 F 点）

指定下一个角点或按 ENTER 键全选：　　　　　（鼠标左键拾取图 10-2 中 G 点）

指定下一个角点或按 ENTER 键全选：　　　　　（鼠标左键拾取图 10-2 中 H 点）

指定下一个角点或按 ENTER 键全选：↙

面积=800.0000，周长=120.0000　　　　　　　　　　　　（显示的查询信息）

（4）体积等信息查询

查询图 10-2 所示长方体 EFGH 的体积等信息，单击下拉菜单"工具"\"查询"\"面域/质量特性"，交互区命令执行过程如下。

命令：_massprop

选择对象：　　　　　　　　　　　（鼠标左键拾取图 10-2 中立体图形的一条棱）

找到 1 个

选择对象：↙　　　　　　　　　　　　　　　　　　　（以下为显示的查询信息）

──────── 实体 ────────

质量：　　　　　8000.0000

体积：　　　　　8000.0000

边界框：　　　　X：200.7154—240.7154

　　　　　　　　Y：129.6716—149.6716

　　　　　　　　Z：-2.0303—7.9697

质心：　　　　　X：220.7154

　　　　　　　　Y：139.6716

　　　　　　　　Z:2.9697
惯性矩：　　　X:156469133.5292
　　　　　　　　Y:390926186.8836
　　　　　　　　Z:547120880.7570
惯性积：　　　XY:246621384.0792
　　　　　　　　YZ:3318267.0987
　　　　　　　　ZX:5243676.2198
旋转半径：　　X:139.8522
　　　　　　　　Y:221.0560
　　　　　　　　Z:261.5150
主力矩与质心的 X-Y-Z 方向：
　　　　　　　　I:333333.3333 沿 [1.0000 0.0000 0.0000]
　　　　　　　　J:1133333.3333 沿 [0.0000 1.0000 0.0000]
　　　　　　　　K:1333333.3333 沿 [0.0000 0.0000 1.0000]
提示：MASSPROP 查询命令对求非规则的体积和质心等信息查询非常有用。

10.2 Excel、Word 与 AutoCAD 在公路工程中的组合应用

一 公路占地线的绘制

在公路工程中，竣工时经常要对公路占地线进行测量，绘制公路实地占地图。由于占地图要对公路两侧用地边线实测坐标，数据较多，在 Auto CAD 中输入起来就麻烦，而且容易出错。如果利用 Excel 来保存数据，并与 Auto CAD 巧妙地结合起来，就能很容易地画出公路的占地线。众所周知，Excel 软件是见长于统计和公式计算的软件，利用它的特点，按照 Auto-CAD 所要求的坐标格式生成出绝对坐标是非常方便的，操作上也较简单。可用直线 LINE 将这些坐标所对应的点连接起来，则形成公路的占地界线。

【实例 10-2】 某高速公路占地线实测数据如表 10-1 所示（这里截取从 K16+000 到 K16+300 长度段），通过 Excel 与 AutoCAD 2008 的组合来绘制占地线。

某高速路占地实测坐标数据(单位:m)　　　　　表 10-1

桩 号	左 侧		公路中线		右 侧	
	X	Y	X	X	Y	Y
K16+000	4121756.70	477592.36	4121748.99	4121740.85	477636.66	477613.92
K16+025	4121733.27	477583.98	4121725.47	4121717.25	477628.07	477605.43
K16+050	4121709.91	477575.38	4121702.00	4121693.65	477619.46	477596.84
K16+075	4121686.56	477566.75	4121678.56	4121670.11	477610.72	477588.14
K16+100	4121663.33	477557.82	4121655.17	4121646.54	477602.04	477579.32
K16+125	4121640.08	477548.94	4121631.82	4121623.11	477593.00	477570.39
K16+150	4121616.88	477539.93	4121608.51	4121599.66	477583.99	477561.35
K16+175	4121593.65	477530.97	4121585.24	4121576.35	477574.63	477552.19
K16+200	4121570.47	477521.91	4121562.03	4121553.05	477565.26	477542.93
K16+235	4121538.22	477508.71	4121529.59	4121520.49	477552.00	477529.77
K16+260	4121515.22	477499.20	4121506.48	4121497.26	477542.44	477520.24
K16+280	4121496.90	477491.40	4121488.02	4121478.76	477534.60	477512.54
K16+300	4121478.77	477483.15	4121469.60	4121460.26	477526.78	477504.76

表中数据包括了原公路中线及公路左、右侧的实测坐标数据。公路中心线已绘在图中,如图 10-3 所示。下面以公路左侧边的占地绘制为例进行说明。

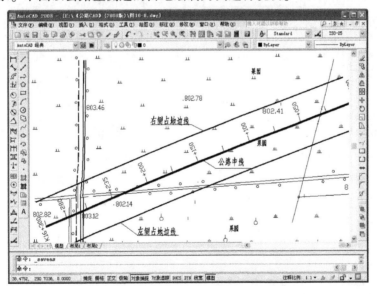

图 10-3　K16+000～K16+300 占地线图

首先将表 10-1 中左侧的数据分别输入 Excel 表中,如图 10-4 所示。因为坐标在 Excel 中,所以应按照 Excel 的表示方法,绝对坐标的公式是 X&","&Y。选中 D2 单元格,在上部的公式栏中输入 =B2&","&C2(其中逗号是西文字符),输入公式后按<Enter>键,则在 D2 单元格中自动生成了绝对坐标,即显示了 K16+000 左侧占地线坐标 X 及 Y 的组合,见图

10-5。选中 D2 单元格，将光标指向 D2 单元格右下角。系统出现黑色十字标记，如图 10-6。此时，按住鼠标左键并向下拖动十字标记，一直到本例的 D14 为止，如图 10-7。在 D 栏中自动生成了 K16 + 000 ~ K16 + 300 的绝对坐标。

	A	B	C	D
1	桩号	左边线X	左边线Y	XY
2	K16+000	4121757	477592.4	
3	K16+025	4121733	477584	
4	K16+050	4121710	477575.4	
5	K16+075	4121687	477566.8	
6	K16+100	4121663	477557.8	
7	K16+125	4121640	477548.9	
8	K16+150	4121617	477539.9	
9	K16+175	4121594	477531	
10	K16+200	4121570	477521.9	
11	K16+235	4121538	477508.7	
12	K16+260	4121515	477499.2	
13	K16+280	4121497	477491.4	
14	K16+300	4121479	477483.2	

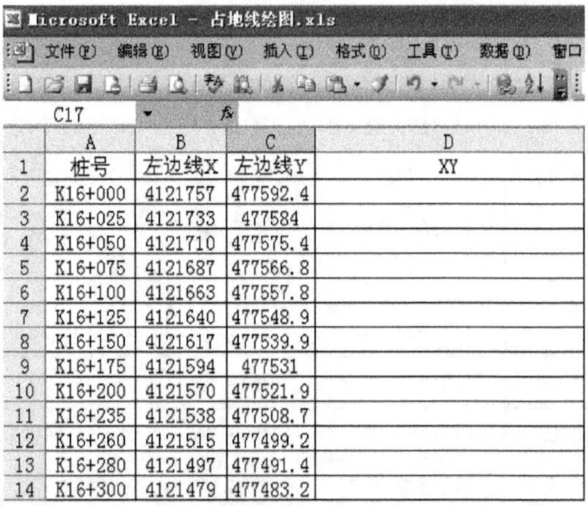

图 10-4　输入桩号与左侧坐标后的表格

	A	B	C	D
1	桩号	左边线X	左边线Y	XY
2	K16+000	4121757	477592.4	=B2&","&C2
3	K16+025	4121733	477584	
4	K16+050	4121710	477575.4	
5	K16+075	4121687	477566.8	
6	K16+100	4121663	477557.8	
7	K16+125	4121640	477548.9	
8	K16+150	4121617	477539.9	
9	K16+175	4121594	477531	
10	K16+200	4121570	477521.9	
11	K16+235	4121538	477508.7	
12	K16+260	4121515	477499.2	
13	K16+280	4121497	477491.4	
14	K16+300	4121479	477483.2	

图 10-5　在 D2 栏中输入公式后的表格

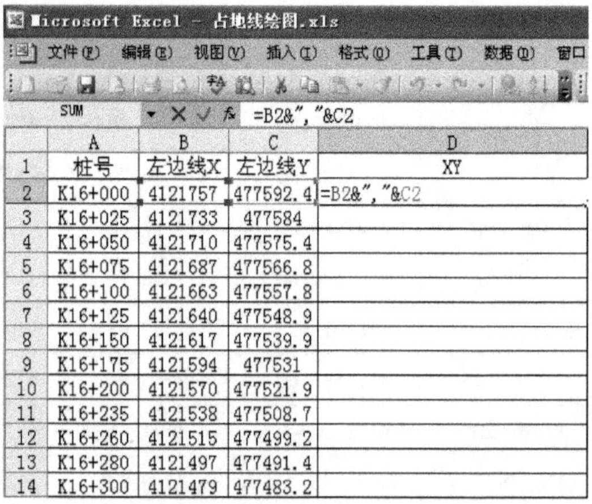

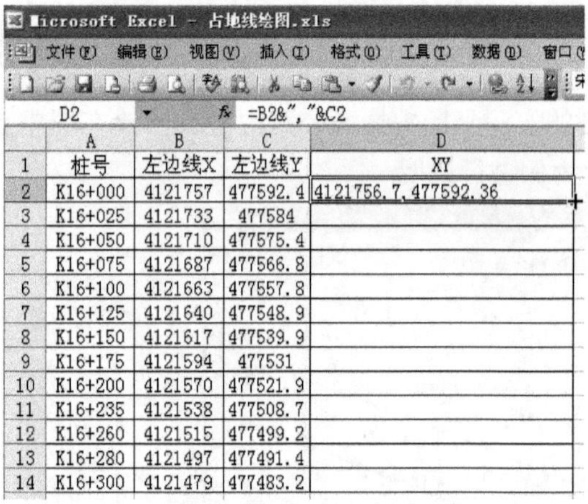

	A	B	C	D
1	桩号	左边线X	左边线Y	XY
2	K16+000	4121757	477592.4	4121756.7,477592.36
3	K16+025	4121733	477584	
4	K16+050	4121710	477575.4	
5	K16+075	4121687	477566.8	
6	K16+100	4121663	477557.8	
7	K16+125	4121640	477548.9	
8	K16+150	4121617	477539.9	
9	K16+175	4121594	477531	
10	K16+200	4121570	477521.9	
11	K16+235	4121538	477508.7	
12	K16+260	4121515	477499.2	
13	K16+280	4121497	477491.4	
14	K16+300	4121479	477483.2	

图 10-6　出现黑色十字标记

	A	B	C	D
1	桩号	左边线X	左边线Y	XY
2	K16+000	4121757	477592.4	4121756.7,477592.36
3	K16+025	4121733	477584	4121733.27,477583.98
4	K16+050	4121710	477575.4	4121709.91,477575.38
5	K16+075	4121687	477566.8	4121686.56,477566.75
6	K16+100	4121663	477557.8	4121663.33,477557.82
7	K16+125	4121640	477548.9	4121640.08,477548.94
8	K16+150	4121617	477539.9	4121616.88,477539.93
9	K16+175	4121594	477531	4121593.65,477530.97
10	K16+200	4121570	477521.9	4121570.47,477521.91
11	K16+235	4121538	477508.7	4121538.22,477508.71
12	K16+260	4121515	477499.2	4121515.22,477499.2
13	K16+280	4121497	477491.4	4121496.9,477491.4
14	K16+300	4121479	477483.2	4121478.77,477483.15

图 10-7　拖动十字标记后选中的数据

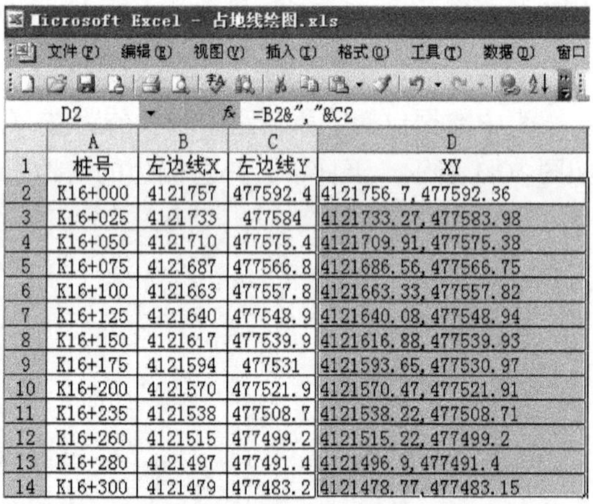

接着，用 <Ctrl> + <C> 组合键或单击鼠标右键快捷方式，复制图 10-7 中所选对象。回到 AutoCAD 中，建立"边线图层"并选中该图层，在命令行输入 LINE 命令后，界面上的命令栏如图 10-8 所示。

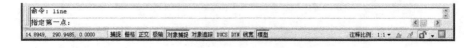

图 10-8　输入直线命令后的命令栏界面

在光标处，用 <Ctrl> + <V> 或单击鼠标右键的快捷方式将在 Excel 中所复制的数据粘贴到光标后面，命令栏自动进行通过 13 个点的折线的连接。AutoCAD 2008 命令交互区显示如下：

命令：LINE ↙
指定第一点：4121756.7,477592.36　　　　　　　　　（此处为 Excel 中粘贴过来的数据）
指定下一点或 [放弃(U)]：4121733.27,477583.98
指定下一点或 [放弃(U)]：4121709.91,477575.38
指定下一点或 [闭合(C)/放弃(U)]：4121686.56,477566.75
指定下一点或 [闭合(C)/放弃(U)]：4121663.33,477557.82
指定下一点或 [闭合(C)/放弃(U)]：4121640.08,477548.94
指定下一点或 [闭合(C)/放弃(U)]：4121616.88,477539.93
指定下一点或 [闭合(C)/放弃(U)]：4121593.65,477530.97
指定下一点或 [闭合(C)/放弃(U)]：4121570.47,477521.91
指定下一点或 [闭合(C)/放弃(U)]：4121538.22,477508.71
指定下一点或 [闭合(C)/放弃(U)]：4121515.22,477499.2
指定下一点或 [闭合(C)/放弃(U)]：4121496.9,477491.4
指定下一点或 [闭合(C)/放弃(U)]：4121478.77,477483.15
指定下一点或 [闭合(C)/放弃(U)]：↙　　　　　　　　　　　　　（结束命令）

AutoCAD 2008 自动将左侧的占地线绘出。用同样的过程，可以绘制出右侧的占地线。读者可以按表 10-1 给的数据自行绘制。绘制的结果如图 10-3 所示。

二、工程数量的统计与表格绘制

AutoCAD 2008 尽管有强大的图形绘制功能，但表格处理功能相对较弱，而在实际工作中，往往需要在 AutoCAD 2008 中制作各种表格（如工程数量表等）。如，在桥梁设计中不仅要对每个构件的工程进行分项统计，还要对全桥总工程数量汇总统计。所以，在设计图样中插入表格是工程设计中不可缺少的。如何高效制作表格，是一个很实用的问题。

在 AutoCAD 2008 环境下用手工画线方法绘制表格，然后，再在表格中填写文字，不但效率低下，而且，很难精确控制文字的书写位置，文字排版也很成问题。相对来说，Excel 的表格制作功能是十分强大的，因此我们可以在 Excel 中制表及统计。然后将表格放入 AutoCAD 2008 中。

【实例 10-3】　绘制图 7-47 桥台盖梁钢筋构造图中的"桥台盖梁钢筋数量表"。
其具体绘制步骤如下。

(1) 图 10-9 为钢筋数量表原始数据，为了求总长值，先点击"总长"所在列"总长/m"下面一行的单元格，然后在 Excel 中选择"数据"/"合并计算"下拉菜单项，出现图 10-10 所示的对话框，在"函数"下拉列表中选择"乘积"选项，并在图 10-11 中分别选择"长度"和"根数"两列为引用位置，单击"确定"按钮，即可得到图 10-12 中的各钢筋的总长值。再利用插入公式的方法求得各钢筋的总重，见图 10-13。

(2) 先复制图 10-13 中选中区域至剪切板，然后在 AutoCAD 2008 中的菜单条中选择"编辑"下的"选择性粘贴"选项，选择 AutoCAD 图元（见图 10-14），单击"确定"，粘贴完 Excel 表格后的图形如图 10-15 所示。

图10-9 钢筋数量表原始数据 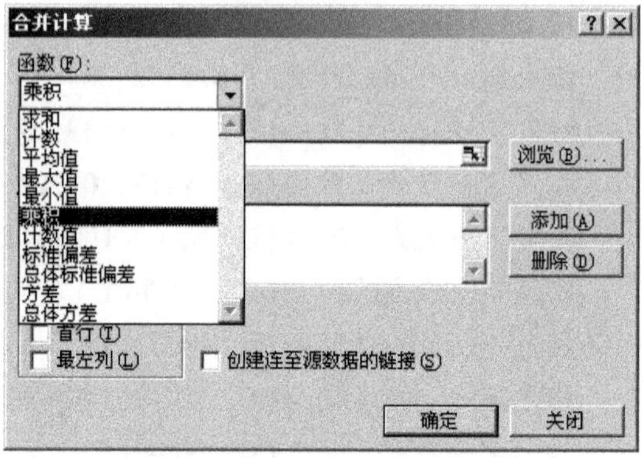　　　　图10-10 选择下拉式菜单中的乘积选项

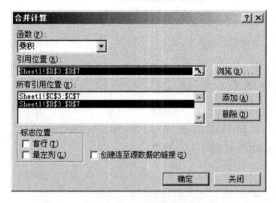

图10-11 添加乘积项

图10-12 计算后的钢筋总长表

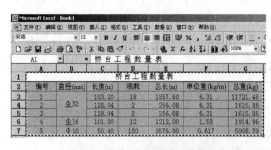

图10-13 在Excel中计算完的数量表 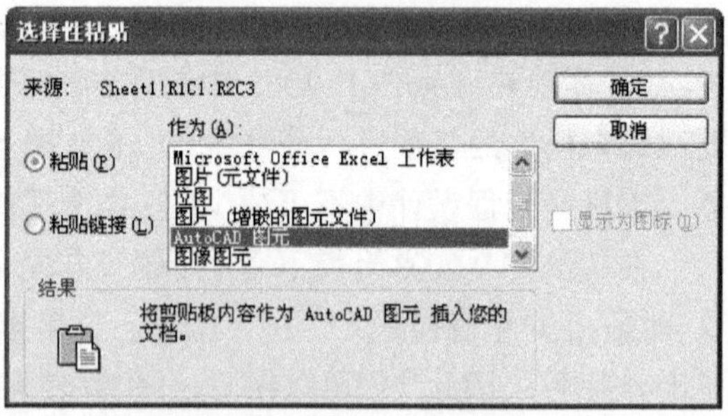　　　图10-14 选择AUTOCAD图元粘贴

图10-15 粘贴完Excel表格的AutoCAD图

从图 10-15 可以看到原有下画线的二级钢筋符号的下画线部分没有粘贴上,同时表格横线和竖线在端部未完全对齐(快速对齐时需要较高的操作技巧),在 AutoCAD 2008 中要对其进行必要的编辑。当然,工程中或其他行业有许多符号在 Excel 中很难输入,在表格转化成 AutoCAD 2008 实体后应进行检查核对,可以在 AutoCAD 2008 中输入相应的符号。

三 在 Word 文档中插入 AutoCAD 图形

Word 软件有出色的图文并排方式,可以把各种图形插入到所编辑的文档中,这样不但能使文档的版面丰富,而且能使所传递的信息更准确。但是,Word 本身绘制图形的能力有限,难以绘制正式的工程图,特别是复杂的图形,该缺点更加明显。AutoCAD 是专业绘图软件,功能强大,很适合绘制比较复杂的精确图形。用 AutoCAD 绘制好图形,然后插入 Word 制作复合文档是解决问题的好办法。

如图 10-16 所示,在 CAD 中单击标准工具条上的 按钮然后框选图形,或先选取图形后用 <Ctrl> + <C> 将图复制到剪贴板中;进入 Word 中,用 <Ctrl> + <V> 或选择"编辑"下的"粘贴"选项,图形则粘帖在 WORD 文档中,如图 10-17 所示。

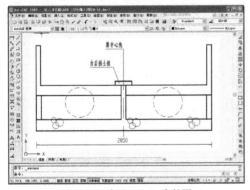

图 10-16 在 AutoCAD 中的图

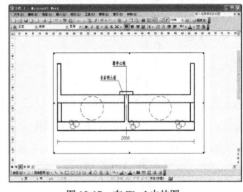

图 10-17 在 Word 中的图

显然,图 10-17 中插入 Word 文档中的图空边过大,效果不理想。可利用 Word "图片"工具栏上的裁剪功能进行修整:点击图形,在图形上下左右出现八个四方形黑点。单击鼠标右键在出现快捷菜单条的同时,屏幕上弹出如图 10-18 所示的"图片"工具栏。

单击"图片"工具条上的 按钮。将鼠标移至黑点处,按住鼠标左键,出现拖动符号后即可拖动鼠标对图形中的空边区域进行修整(如果操作时同时按下 <Alt> 键;可以微调空边区域大小)。修整后如图 10-19 所示。

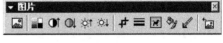

图 10-18 "图片"工具条

注意:由于 AutoCAD 2008 默认背景颜色为黑色,而 Word 背景颜色为白色,所以在绘制图形时,应将 AutoCAD 2008 图形背景颜色改成白色。

在 AutoCAD 2008 中的菜单条中选择"工具"下的"选项",或在命令行中单击鼠标右键,在出现的快捷菜单条中选择"选项",系统弹出图 10-20 所示的对话框。从中选择"显示"项,单击"颜色"钮后选择"白色"即可。

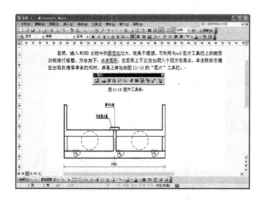 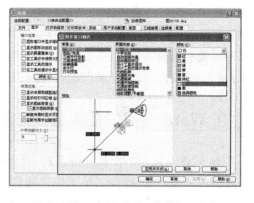

图 10-19　修整空边后的图　　　　　图 10-20　"选项"对话框

四　在 AutoCAD 中插入 Word 文档

在设计中有时需将大块的文档调入图形中,如设计图样总说明,文字多而图相对较少的情况。我们可以先在 Word 中输入文字,然后用 <Ctrl> + <C> 将文字拷贝到剪贴板上;在 AutoCAD 中,启动多行文字 MTEXT 命令,再用 <Ctrl> + <V> 复制到文字输入框中。

随着各类应用软件及操作系统版本的不断提高。各软件间数据的交换也逐渐方便。AutoCAD 从原来的 DOS 版本发展至今有已有二十多年的历史了,其间与文字编排或数据处理等软件的交换方法也一直在发生着变化。如,本节中所讲述的 WORD 与 AutoCAD 的处理方法会随着用户所用的 AutoCAD 版本、Word 版本及操作系统的不同而有所差别。这种差别较多地表现在所绘图形的线形、颜色以及字体上。由此相应的出现了专门用于 AutoCAD 图形在 WORD 中插入的辅助软件。本节中只介绍了其中的一种方法,也是作者认为比较简洁的一种操作方法。如果用户需要将所绘图形以"图片"格式运用,可以用 AutoCAD 提供的"输出"菜单选项,先将 AutoCAD 图形以 BMP 或 WMF 等格式输出,然后以来自文件的方式插入 Word 文档即可。

10.3　图块的应用

一　块的概念

在一个图形中,所有的图形实体均可用绘图命令逐一绘制出来。如果需要绘制许多重复或相似的单个实体或一组实体,一个基本的方法是重复绘制这些实体,这样做不仅乏味、费时,而且不一定能保证这些实体完全相同。利用计算机绘图的一个基本原则是,同样的图形不应绘制两次。因此,AutoCAD 提供了各种各样的复制命令,如 COPY、MIRROR、ARRAY。但是,如果拷贝的实体同时需要进行旋转和缩放,还必须借助于 ROTATE 和 SCALE 命令。即使如此,简单实体的复制所占用的存储空间也是相当可观的。那么,如何实现一组实体既能以不同比例和旋转角进行复制,又占用较少的存储空间呢?块是解决上述矛盾的一个途径。

所谓块,就是存储在图形文件中仅供本图形使用的由一个或一组实体构成的独立实体。

块一经定义,用户即可在定义块的图形中的任何位置,以任何比例和旋转角度插入任意次。图 10-21 表示以不同的比例因子和旋转角度插入图形中的八字翼墙断面图块。左上角为块定义的原始图形。

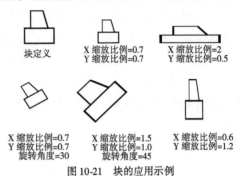

图 10-21 块的应用示例

二 块定义的组成

1 块名(Block name)

块为用户自行定义的有名实体,块是以块名唯一识别的。块名最长不超过 31 个字符,可由字符、数字和专用字符"＄"、连字符"-"和下线符"_"构成。最好根据块的内容或用途对块命名,以便能顾名思义。

2 组成块的实体

块是一种复杂实体,组成它的实体常称之为子实体。定义块时,系统要求用户指定块中包含哪些子实体,这些实体在定义块时需要先行绘制。

3 块的插入基点

把一组子实体定义成块,目的是为了在本图中使用。插入一个块时,需要在图形中指定一点,作为块的定位点(兼作缩放中心和旋转中心),该点称块的插入点。那么,定义块上的哪一点作为插入点呢?这就是在定义块时需要指定块上的一点,即所谓的插入基点。

注意:插入基点只是块定义的组成部分,而不是点实体。

当然,AutoCAD 并不苛求块的插入基点必须是块中某一子实体上的一点,也不一定非要位于块中子实体所包罗的范围之内,它可以是图形中的任意一点。但是,为了便于在块插入时能迅速准确定位,正确地缩放和旋转,通常将插入基点设定在块的特征点部位。

三 块定义的命令

对现有块重新进行定义是对图形进行编辑的强有力方法。如果用户定义了一个块,并在当前图形中进行了多次插入,后来发现所有插入块中的实体绘制错误或位置不正确,则用户可以使用分解命令把其中一个插入块炸开,修改增删块属实体或重新指定插入基点,然后使用原块名对该块重新定义。块定义的修改会引起当前图形的再生,使得当前图形中该块的所有插入块都会根据新的块定义自动进行更新。

块定义的命令可以采用 BMAKE 命令或 BLOCK 命令,二者均采用对话框的形式定义块。现就 BLOCK 定义块的过程予以介绍(需要定义的块如图 10-22 所示,插入后如图 10-23 所示)。

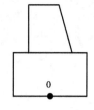

图 10-22 块的定义　　　　　图 10-23 插入块

命令:BLOCK↙　　　　　　　(显示图 10-24a)对话框后,输入名称—"YQ-1")
选择对象:　　　　　　　　　(用鼠标左键拾取图 10-22 中的梯形和矩形)
选择对象:↙
指定插入基点:MID(拾取图 10-22 中矩形下边中点作为插入基点,对话框如图 10-24b)所示,选择"确定"按钮完成块的定义)

注意:尽管块定义本身存储在图形中,但并不是图形中的实体。必须使用 INSERT 命令将块插入到图形中才能产生块实体。

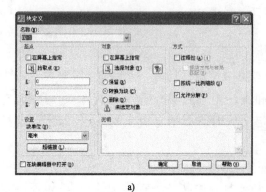 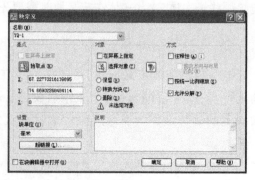

　　　　　　　a)　　　　　　　　　　　　　b)

图 10-24 "块定义"对话框

四 块的插入

使用 INSERT 或 DDINSERT 命令，可以把已定义块或外部图形文件插入到当前图形中。当把一个外部图形插入到当前图形中时，AutoCAD 2008 先从磁盘上将外部图形装入当前图形，再把它定义成当前图形的一个块，然后再把该块插入到图形中，即同时完成外部图形文件的块定义和块插入。

在插入块或图形时，用户需要指明插入块的块名、块插入的位置——插入点、块插入的比例因子和块插入的旋转角度。

现以 INSERT 命令为例介绍块的插入操作。在命令行输入 INSERT 命令，按下面提示完成块的插入操作。

命令：INSERT↙（出现图 10-25 所示的对话框，输入旋转角度 30，比例因子不变；当有多个块名时，可以点击下拉列表按钮选择）

执行得到图 10-23。

图 10-25 "插入"对话框

五 块的修改

当插入的图块不能完全符合要求而需要修改时，应该使用 EXPLODE 命令炸开图块，使其成为下一级图元文件才可以修改，如果图块有嵌套，即图块中有图块，有时一次炸开不行，还需要在局部进行二次炸开操作。

六 利用块绘制示坡线

【实例 10-4】 绘制图 10-26 所示的陡坎示坡线。

首先绘制半径为 80 个单位，长度约为 100 个单位的一段圆弧，再绘制长度为 5 个单位竖直线。定义图 10-26 上部的竖直线为图块，图块名为"SPX"，基点为其下端，接着执行下列命令行中的操作完成图 10-26 中示坡线的绘制。

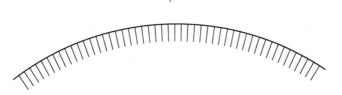

图 10-26 绘制陡坎示坡线

命令:DIVIDE↙
选择要定数等分的对象　　　　　　　　　　　　（用鼠标左键拾取图 10-26 中的圆弧）
输入线段数目或 [块(B)]:B↙　　　　　　　　　（选择图块模式）
输入要插入的块名:SPX↙　　　　　　　　　　　（输入图块名"SPX"）
是否对齐块和对象？[是(Y)/否(N)] <Y>:↙（保持图块与插入的位置的切线垂直）
输入线段数目:50↙　　　　　　（长直线的分段个数，分为 50 段，结果见图 10-26）

10.4 样板图的应用

　　为了按规范统一绘图格式、提高绘图工作效率，使某一批图样具有统一的格式、标注样式、文字样式、图层和布局等，必须创建符合自己行业或单位规范的样板图，因此本节将详细介绍样板图的设置与应用方法。

　　建立样板图时涉及的设置包括图形单位的设置、图形极限的设置、图层的设置、尺寸单位的设置、文字样式的设置、图框的设置、布局的设置和保存为 DWT 格式。

　　在创建样板图时，必须选择合适的样板图作为基础，并在此基础上设置上述参数，如果样板图中的默认设置与所要求的设置相同则可以不必设置。

❶ 样板图图形单位的设置

　　可以使用 UNITS 命令设置测量的当前单位及当前单位的精度。单击"格式"\"单位"选项，出现图 2-12 所示对话框。在长度和角度选项组中设置数据类型和精度，通过修改这些设置来控制图形设计参数的输入格式及标注时的数据位数与格式。"拖放比例"中的单位既可以选择具体单位，也可以选择"无单位"选项。角度框中的"顺时针"选项未选中时，表示角度以逆时针方向为正；否则，以顺时针方向为正。

❷ 样板图图形极限的设置

　　可以在当前的模型或布局选型卡中，设置并控制图形边界和栅格显示的界限。可通过输入坐标确定图形界限，将绘图的范围限制在矩形区域内。图形界限决定能显示网格点的绘图区域、ZOOM 命令的比例选项显示的区域和 ZOOM 命令的全部选项显示的最小区域。

打印图形时,也可以指定图形界限作为打印区域。

AutoCAD 系统提供了从 A0~A4 符合国际规格的样板图,样板图已设置了图形界限,用户可以直接选用。在建筑、运输、地图、交通等行业中,可以按 1∶1(1 个图形单位等于 1mm)或其他比例设置图形界限。图形界限必须大于现有图形的范围,因为在图形中还要添加尺寸标注、文字注视和其他相关的内容。

③ **样板图图层的设置**

图层的设置格式可以保存到样板图中,供绘制新图形时使用。一般可以根据图形的复杂程度和绘图的需要进行图层设置。如图形相对简单时,仅以线型为图层;图形复杂时以图形的层次划分为图层;更多的是二者的组合。详细设置见前面单元。

④ **样板图尺寸单位、文字样式、布局的设置**

尺寸单位、文字样式、布局的设置都可以保存到样板图中,供绘制新图形时参考,这些设置的保存对保持一批图样具有相同格式非常重要。

⑤ **样板图图框的设置**

图框是图样中必不可少的部分,因此,图框的设置也是规范图样的重要步骤。在图框设置中应将图框放在布局中(最好不放在模型空间中),创建图框的步骤如下:

①创建图框图形并添加属性。

②将此图形创建为块,再生成外部块,并将此块文件存放在"Template"目录下。

③创建新的布局,并将此块定位到布局中,即在新创建的布局中包含此图框。使用这种布局的技巧是:选择比例时,选择按图样空间缩放;选择视窗时,在图样空间选择合适的显示区域,将来模型空间的图形将自动缩放到指定区域,否则将不会在图样空间看到模型空间的任何图形。

⑥ **保存为 DWT 格式**

上述设置完成后,可以将此图形存为 DWT 格式文件。具体步骤如下:

①从"文件"菜单中选择"另存为"命令,出现图 10-27 所示的对话框。

②在"文件类型"下拉列表框中选择"AutoCAD 图形样板文件(*.dwt)"。

③在"文件名"下拉列表框中输入样板文件名,文件自动保存在"Template"目录下。

图 10-27 "图形另存为"对话框

通过上述操作可以创建符合行业或企业规范和标准的样板图,以后每当打开 AutoCAD 创建新图形时,可以直接选择此样板图。

单元小结

本单元主要介绍利用 AutoCAD 2008 绘制道路与桥梁设计图的高级技巧和信息查询方法，可以帮助设计者提高工作效率。本单元的主要内容和基本操作见表 10-2。

主要内容和基本操作　　　　　　　　　　　　　　　表 10-2

工作任务	主 要 内 容	主要命令或操作
10.1　高级图形查询	基本信息查询 综合信息查询	ID（坐标查询命令）、DIST（长度查询命令）、AREA（面积查询命令）、MASSPROP（面域/质量特性）
10.2　Excel、Word 与 AutoCAD 在公路工程中的组合应用	绘制公路占地线 将 Excel 表格导入 AutoCAD 在 Word 文档中插入 AutoCAD 图形	LINE（直线命令） MTEXT（多行文字命令） 选择性粘贴
10.3　图块的应用	块的操作 利用块绘制示坡线	BLOCK（块定义命令）、INSERT（块的插入命令） EXPLODE（分解命令）、DIVIDE（绘制定数等分点命令）
10.4　样板图的应用	样板图图形的设置与使用	UNITS（单位）、LIMITS（图形界限命令） LAYER（图层）、LAYOUT（布局命令） 样板图

自我检测

1. 绘制图 10-26 的陡坎图形，注意示坡线间距。
2. 制作符合个人习惯的样板图。
3. 练习图 10-2 的坐标、长度、面积、周长、体积等的查询。
4. 参照图 10-13、图 10-14、图 10-15，将某特定的 Excel 表格插入 AutoCAD。
5. 参照图 10-16、图 10-17，练习把 AutoCAD 绘制的图形插入 Word。

单元 11

二次开发技术

 学习目标

1. 了解 AutoCAD 2008 的二次开发的基本方法。
2. 掌握脚本语言(SCR)等快速绘制公路平面设计图、纵断面图、横断面图、互通立交图、桥梁结构图等图形的基本方法。

 工作任务

1. 各种二次开发方法的使用。
2. 路线设计图程序开发。
3. 小桥涵设计图程序开发。

 学习指南

熟练的 AutoCAD 操作者要掌握一定的二次开发方法才能更好地提高工作效率。学习时可以从脚本文件学起,有条件时可以采用 VBA 进行二次开发。先利用二次开发手段制作局部设计程序,而后再开发相对综合的程序。程序开发应在功能架构上定位准确,务求专用高效。

本单元重点:利用脚本语言参数化绘制基本图形和公路、桥梁、互通立交等专业图形。

本单元难点:利用脚本语言参数化绘制程序编制。

11.1 各种二次开发方法的使用

利用 AutoCAD 2008 进行二次开发的方法有很多,主要有脚本文件、编程语言开发(VBA、LISP、VC),下面仅就脚本文件的编写和高级语言制作脚本文件做一介绍。

一 脚本文件的编写

把一系列的 AutoCAD 2008 命令和参数组合在一起构成一命令序列,相当于一个程序,调用这个程序,就可按指定顺序执行这些命令(类似于 DOS 中的批处理功能),这个命令序列称为脚本(或命令组)。把脚本以文件的形式存储在磁盘上,就称为脚本文件,其文件类型为". SCR"。脚本文件是一种 ASCII 码文本文件。

① 脚本文件的作用

(1)把经常需要重复使用的命令序列编写成脚本文件,代替交互操作,既简化操作又节省了时间。

(2)脚本文件可作为一个完整的绘图程序直接执行,还可以用任一种高级语言生成脚本文件,实现参数化绘图。

(3)脚本文件还可作为菜单文件调用,使菜单文件简化。

(4)可以利用脚本文件播放幻灯片。

脚本与菜单宏及 AutoLISP 不一样,它可以连续地控制 AutoCAD,甚至当打开或开始一张新图时也是如此。当改变图形时,AutoCAD 要重新初始化 AutoLISP 和菜单,这意味着 AutoLISP 和菜单宏局限于单个图形,而脚本则可以进入和脱开各种 AutoCAD 图形。由于脚本可以从图形内部或外部控制 AutoCAD,因此脚本能够指示 AutoCAD 开始新图形,编辑已有图形,输出图形或重新配置 AutoCAD。

② 脚本文件的格式

【实例 11-1】 用脚本文件绘制一个圆心在(100,100),半径为 50 的圆,并完成缩放。
CIRCLE 100,100 50 ZOOM ALL

注意:在脚本文件中,空格具有特定的含义,不得随意增加或删除空格。否则,可能导致脚本文件执行时的非正常中断或误执行。

为醒目起见,本节所举脚本文件示例中均以"□"表示空格。

编写脚本文件的格式规则为:

(1)空格即代表<Enter>键。

(2)每行结尾无论有无空格都自动加一空格。

(3)脚本文件是以ASCII码格式建立的,可在任意编辑器里编写。正确编写脚本文件的前提是必须十分清楚所用AutoCAD命令的使用情况。

(4)以";"开头的为注释行,注释不能与命令或其他输入位于同一行。

(5)字母大小写不限。

建立了脚本文件以后,在AutoCAD中用SCRIPT命令即可测试和运行此文件。脚本中如有错误,会自行中止并返回命令提示,此时应观看文本窗口以寻找出错处的线索,然后修改、保存并重新测试和运行脚本文件。

用户可通过按<Backspace>或<Esc>键停止脚本的运行,这时脚本命令会完成当前的命令并返回到命令提示。用户可运行其他命令,然后用RESUME命令继续执行脚本文件。

3 脚本文件的编写与调用

【**实例11-2**】 编写脚本文件绘制图11-1所示的图形,保存该脚本文件并在其他图形中调用该脚本文件。

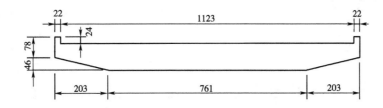

图11-1 利用脚本文件得到的图形(尺寸单位:cm)

操作步骤如下:

(1)编写一个脚本文件绘出如图11-1所示的图形并标注尺寸,假定该文件名为"LX-1.S-CR"(初学者最好把这个文件存放在C盘根目录下)。

;绘制桥墩帽梁
;输入命令
PLINE
;输入起点坐标
100,200
;定义线宽
W

.3

.3

;绘制梁顶

102.2,200□102.2,197.6□214.5,197.6□214.5,200□216.7,200

;绘制梁底和侧面

216.7,192.2□196.4,187.6□120.3,187.6□100,192.2□C

;显示全图

ZOOM□ALL□

在 AutoCAD 系统外,用任一文本编辑软件输入上述文件内容,然后将其存入名为"LX-1.SCR"的文件中后退出。

注意:所有文本行左侧不能留空格,所有标点符号均用半角字符格式。

(2)调用该脚本文件绘图:在 AutoCAD 命令提示符下,键入 SCRIPT,将显示图 11-2 所示"Select SCRIPT File(选择脚本文件)"对话框。

图 11-2 "选择脚本文件"对话框

在对话框中的"文件名"栏处输入"LX-1",再用鼠标单击"打开"按钮,系统即可自动执行 LX-1.SCR 文件,绘制出如图 11-1 所示的图形。

(3)执行 SCRIPT 命令后,交互区的内容(按 <F2> 功能键可查看)如下。

命令:SCRIPT✓

命令:PLINE

指定起点:100,200

当前线宽为 0.0000

指定下一个点或 [圆弧(A)/半宽(H)/长度(L)/放弃(U)/宽度(W)]:W

指定起点宽度 <0.0000>:.3

指定端点宽度 <0.3000>:.3

指定下一个点或 [圆弧(A)/半宽(H)/长度(L)/放弃(U)/宽度(W)]:102.2,200
指定下一点或 [圆弧(A)/闭合(C)/半宽(H)/长度(L)/放弃(U)/宽度(W)]:102.2,197.6
指定下一点或 [圆弧(A)/闭合(C)/半宽(H)/长度(L)/放弃(U)/宽度(W)]:214.5,197.6
指定下一点或 [圆弧(A)/闭合(C)/半宽(H)/长度(L)/放弃(U)/宽度(W)]:214.5,200
指定下一点或 [圆弧(A)/闭合(C)/半宽(H)/长度(L)/放弃(U)/宽度(W)]:216.7,200
指定下一点或 [圆弧(A)/闭合(C)/半宽(H)/长度(L)/放弃(U)/宽度(W)]:216.7,192.2
指定下一点或 [圆弧(A)/闭合(C)/半宽(H)/长度(L)/放弃(U)/宽度(W)]:196.4,187.6
指定下一点或 [圆弧(A)/闭合(C)/半宽(H)/长度(L)/放弃(U)/宽度(W)]:120.3,187.6
指定下一点或 [圆弧(A)/闭合(C)/半宽(H)/长度(L)/放弃(U)/宽度(W)]:100,192.2
指定下一点或 [圆弧(A)/闭合(C)/半宽(H)/长度(L)/放弃(U)/宽度(W)]:C
命令:ZOOM
指定窗口角点,输入比例因子 (nX 或 nXP),或
[全部(A)/中心点(C)/动态(D)/范围(E)/上一个(P)/比例(S)/窗口(W)] <实时>:ALL

二 利用高级语言制作脚本文件

下面是利用 Visual Basic 6.0 编制的各种基本图形绘制、文字注解、尺寸标注、格式定义的子程序。由这些程序形成的中间文件 *.SCR 被 AutoCAD 调用后可以直接得到系统界面的设计图形。虽然它不如程序类开发的自动化程度高,但是由于它易于上手,思路清晰,可以作为二次开发人员的入门学习素材,这些利用高级语言制作的脚本文件当然也可以完成路桥设计图的绘制。

1 基本图元的绘制子程序

(1)多段线绘制子程序
①多段线起点绘制子程序。
```
Sub Plinestart(scrno, xianxing $, x1, y1, WW, xxbl)
    If xianxing $ = "hidden" Or xianxing $ = "HIDDEN" Then
        Print#scrno, "linetype"
        Print#scrno, "set"
        Print#scrno, "hidden"
    Else
        If xianxing $ = "center" Or xianxing $ = "CENTER" Then
            Print#scrno, "linetype"
            Print#scrno, "set"
            Print#scrno, "center"
```

```
        Else
            Print#scrno,"linetype"
            Print#scrno,"set"
            Print#scrno,"continuous"
        End If
    End If
        Print#scrno,""
        Print#scrno,"ltscale"
        Write#scrno, xxbl
        Print#scrno,"PLINE"
        Write#scrno, x1, y1
        Print#scrno,"W"
        Write#scrno, WW
        Write#scrno, WW
End Sub
```

②多段线中间点子程序。

```
Sub Plinemid(scrno, x2, y2)
        Write#scrno, x2, y2
End Sub
```

③多段线结束绘制子程序。

```
Sub Plineend(scrno)
        Print#scrno,""
End Sub
```

④多义线圆弧绘制子程序。

```
Sub Plarc(scrno, dx, dy, jiaodu)
    Print#scrno,"arc"
    Print#scrno,"angle"
    Write#scrno, jiaodu
    Print#scrno,"@";
    Write#scrno, dx, dy  相对坐标
    Print#scrno,"LINE"
End Sub
```

⑤采用相对直角坐标绘制多段线中间点的子程序。

```
Sub Plinexdmid(scrno, dx, dy)
    Print#scrno,"@";
    Write#scrno, dx, dy
```

End Sub

(2) 画弧子程序

Sub Arcplot(scrno, Xa, Ya, xb, yb, R)
  Print#scrno, "ARC"
  Write#scrno, Xa, Ya
  Print#scrno, "E"
  Write#scrno, xb, yb
  Print#scrno, "R"
  Write#scrno, R
End Sub

(3) 画圆子程序

Sub Circle1plot(scrno, X0, Y0, R)
  Print#scrno, "CIRCLE"
  Write#scrno, X0, Y0
  Write#scrno, R
End Sub

Sub Circle3pplot(scrno, Xa, Ya, xb, yb, xc, yc)
  Print#scrno, "CIRCLE"
  Print#scrno, "3P"
  Write#scrno, Xa, Ya
  Write#scrno, xb, yb
  Write#scrno, xc, yc
End Sub

(4) 圆环绘制子程序

Sub Donutplot(scrno, INSIDE, OUTSIDE, xc, yc)
  Print#scrno, "DONUT"
  Write#scrno, INSIDE
  Write#scrno, OUTSIDE
  Write#scrno, xc, yc
  Print#scrno, ""
End Sub

② 文字与标注的子程序

(1) 单行文字绘制子程序

Sub Text(scrno, Xa, Ya, texthighth, angle, text$)
  Print#scrno, "-style"

```
            Print#scrno,""
            Print#scrno,"宋体"(WINDOWS98 下为"simsun.ttf",WINDOWSXP 下为"宋体")
            Write#scrno, texthighth
            Write#scrno, 0.7
            Write#scrno, 0
            Print#scrno,""
            Print#scrno,""
            Print#scrno,"-text"
            Write#scrno, Xa, Ya
            Write#scrno, angle
            Print#scrno, text $
End Sub
```

(2)线性标注子程序

```
Sub Biaozhu(scrno, Xa, Ya, xb, yb, xc, yc, text $ )
        Print#scrno,"dimlinear"
        Write#scrno, Xa, Ya
        Write#scrno, xb, yb
        Print#scrno,"text"
        Print#scrno, text $
        Write#scrno, xc, yc
End Sub
```

11.2 路线设计图程序开发

路线设计图有平面设计图、纵断面设计图、横断设计图,下面以脚本语言开发横断面图和纵断面图绘制为例做一介绍。

一、横断面图的绘制

横断面数据见表 11-1。

横 断 面 数 据   表11-1

桩号(m)	中桩地面高程(m)	高差平距(m)				中桩设计高程(m)	路拱横坡		路基边坡	
		左 侧		右 侧			路面	路肩	路堤	路基
		相邻	高差	相邻	高差					
K10+100	97.500	-4.47 -4.21	0.39 0.05	3.39 2.79 5.05	-0.43 -0.11 -1.19	98.5	2	3	1:1.5	1:1
K10+120	98.000	-4.29 -5.43	-1.20 -0.19	10.20	-2.85	98.5	2	3	1:1.5	1:1
K10+140	99.500	-13.62	-3.09	14.33	3.25	98.5	2	3	1:1.5	1:1

1 VB程序框图（见图11-3）

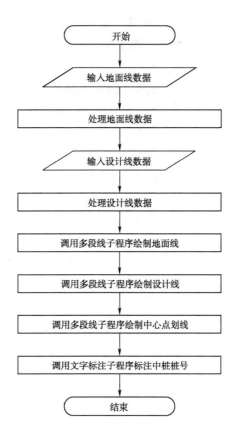

图11-3 横断面绘制的流程图

2 程序源代码

……

Close

```
Dim I, j, tjwjh As Integer
tzwjh = 99
Open 目录名 + "横断面设计图.scr" For Output As #tzwjh
Open 目录名 + "hd-dmx.txt" For Input As #89
Open 目录名 + "hd-sjx.txt" For Input As #90
'读入地面线数据
Input#89, NuMdm '读入断面个数
ReDim Ldmx(NuMdm, 20), Ldmy(NuMdm, 20), Rdmx(NuMdm, 20), Rdmy(NuMdm, 20), zhanghao(NuMdm), dmg(NuMdm), Lnum(NuMdm), Rnum(NuMdm) As Single
ReDim lSJX(NuMdm, 20), LSJy(NuMdm, 20), RSJx(NuMdm, 20), RSJy(NuMdm, 20), SJG(NuMdm), Lsjnum(NuMdm), Rsjnum(NuMdm) As Single
For I = 1 To NuMdm
    Input #89, zhanghao(I), dmg(I) '读入桩号和地面高
    Input #89, Lnum(I) '读入左侧的特征点个数
    For j = 1 To Lnum(I)
        Input #89, Ldmx(I, j), Ldmy(I, j) '读入各点平距和高差
Next j
Input#89, Rnum(I)
For j = 1 To Rnum(I)
    Input#89, Rdmx(I, j), Rdmy(I, j)
Next j
Input#90, zhanghao(I), SJG(I) '读入桩号和中桩设计高
Input#90, Lsjnum(I) '左侧路基的特征点个数
For j = 1 To Lsjnum(I)
    Input#90, LSJX(I, j), LSJy(I, j) '相邻各特征点连线的平距和坡度
    LSJX(I, j) = LSJX(I, j)
    LSJy(I, j) = -lSJX(I, j) * LSJy(I, j) '计算相邻特征点的高差
Next j
Input#90, Rsjnum(I)
For j = 1 To Rsjnum(I)
    Input#90, RSJx(I, j), RSJy(I, j)
    RSJx(I, j) = RSJx(I, j)
    RSJy(I, j) = RSJx(I, j) * RSJy(I, j)
Next j
Next I
'绘制横断地面线
```

zzwz = 0 '中桩的横向位置
For I = 1 To NuMdm
    Call plinestart(tzwjh, "center", zzwz, (I - 1) * 20 + dmg(I), 0, 0.02)
    Call plinexdmid(tzwjh, zzwz, 5)
    Call plineend(tzwjh)
    Call plinestart(tzwjh, "con", zzwz, (I - 1) * 20 + dmg(I), 0.05, 1)
    For j = 1 To Lnum(I)
        Call plinexdmid(tzwjh, Ldmx(I, j), Ldmy(I, j))
    Next j
    Call plineend(tzwjh)
    Call plinestart(tzwjh, "con", zzwz, (I - 1) * 20 + dmg(I), 0.05, 1)
    For j = 1 To Rnum(I)
        Call plinexdmid(tzwjh, Rdmx(I, j), Rdmy(I, j))
    Next j
    Call plineend(tzwjh)
Next I
'绘制横断设计线
For I = 1 To NuMdm
    Call plinestart(tzwjh, "con", zzwz, (I - 1) * 20 + SJG(I), 0.1, 1)
    For j = 1 To Lsjnum(I)
    Call plinexdmid(tzwjh, lSJX(I, j), LSJy(I, j))
Next j
Call plineend(tzwjh)
Call plinestart(tzwjh, "con", zzwz, (I - 1) * 20 + SJG(I), 0.1, 1)
For j = 1 To Rsjnum(I)
    Call plinexdmid(tzwjh, RSJx(I, j), RSJy(I, j))
Next j
Call plineend(tzwjh)
Next I
Close
'标注桩号
……

3 数据文件

(1)地面线数据

3

10100,97.500
2
-4.47,0.39,-4.21,0.05
3
3.39,-0.43,2.79,-0.11,5.05,-1.19
10120,98.000
2
-4.29,-1.20
-5.43,-0.19
1
10.20,2.85
10140,99.500
1
-13.62,-3.09
1
14.33,3.25

(2)设计线数据

10100,98.500
3
-3.5,-0.02,-0.75,-0.03,-7.5,-0.6667
3
3.5,-0.02,0.75,-0.03,7.5,-0.6667
10120,98.500
3
-3.5,-0.02,-0.75,-0.03,-7.5,-0.6667
7
3.5,-0.02,0.75,-0.03,1,-1.0,1,0,1,1,1,0,5,2
10140,98.500
6
-3.5,-0.02,-0.75,-0.03,-1,-1.0,-1,0,-1,1,-1,0
7
3.5,-0.02,0.75,-0.03,1,-1.0,1,0,1,1,1,0,5,2

4 输出成果（见图 11-4）

在得到图 11-4 的图形后，利用剪切和延长命令，可以使设计线的效果显得更加合理，如果在 VB 程序中增加插值计算和线性方程组求解子程序，则可以直接绘制出设计线的外端线,使绘图一步到位。

二 纵断面图的绘制

图 11-5 是纵断面图绘制的流程图,形成的纵断面图见图 6-26。

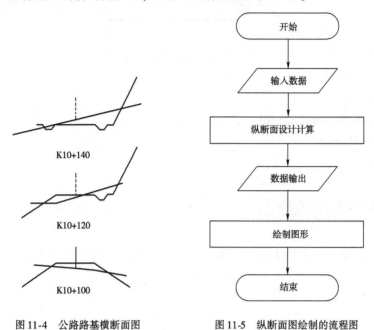

图 11-4　公路路基横断面图　　图 11-5　纵断面图绘制的流程图

11.3 小桥涵设计图程序开发

一 钢筋图的绘制

以直角弯钩钢筋的绘制为例,绘制钢筋所需的参数包括钢筋各段长度、弯勾处的半径、钢筋直径等。在程序中通过读取这些参数,形成绘制钢筋的文件,并在图形界面得到钢筋的设计图形。利用以下代码调用相关子程序绘制的结果见图 11-6。

X0 = 100 ; Y0 = 100
Call plinestart(scrno, "con", X0, Y0, 1, 1)
dx = 0 ; dy = -6
Call plinexdmid(scrno, dx, dy) dx = 6 ; dy = -6

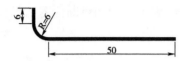

图 11-6 直角弯钩钢筋的绘制

Call plarc(scrno, dx, dy, 90)
dx = 50 ; dy = 0
Call plinexdmid(scrno, dx, dy)
Call plineend(scrno)
Close #scrno

二 小桥涵布置图的绘制

图 11-7 是小桥涵布置图绘制的流程图,形成的小桥涵布置图见图 7-51。

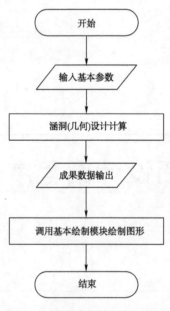

图 11-7 小桥涵布置图绘制的流程图

单元小结

本单元介绍了利用 AutoCAD 2008 进行二次开发的各种方法,利用 VBA 及脚本文件开发绘制专业图形的方法,利用这些方法可以明显提高专业图形绘制效率。本单元的主要内容和基本要点见表11-2。

主要内容和基本要点 表11-2

工作任务	主要内容	基本要点
11.1 各种二次开发方法的使用	各种二次开发方法综述	程序的运行环境、源程序的格式 各基本图形的绘制子程序 脚本文件的中空格、逗号的格式 脚本文件的调用技巧
11.2 路线设计图程序开发	利用脚本语言绘制纵横断面图形	工作流程框图与子程序调用
11.3 小桥涵设计图程序开发	钢筋图绘制 小桥涵布置图绘制	工作流程框图与子程序调用

自我检测

利用脚本文件,绘制图 11-4 中的路线横断面图。

参 考 文 献

[1] 朱照宏,等.道路勘察设计开发与应用指南[M].北京:人民交通出版社,2003.
[2] 张立明,闫志刚.AutoCAD 2008 道桥制图[M].北京:人民交通出版社,2008.
[3] 二代龙震工作室.AutoCAD VBA 函数库查询词典[M].北京:中国铁道出版社,2003.
[4] 许金良,等.道路与桥梁工程计算机绘图[M].北京:人民交通出版社,2004.
[5] 巩宁平.建筑 CAD 2008 中文版[M].北京:机械工业出版社,2009.
[6] 黄和平.中文版 AutoCAD 2008 实用教程[M].北京:清华大学出版社,2007.
[7] Marion Cottingham. AutoCAD VBA 从入门到精通[M].孔祥丰,等译.北京:电子工业出版社,2001.
[8] 吴国雄,李方.互通立体交叉设计范例[M].北京:人民交通出版社,2002.
[9] 苏建林,张邻生.AutoCAD 公路与桥梁绘图基础[M].北京:人民交通出版社,2003.
[10] 虞自奋.AutoCAD 2008 高级案例解析[M].北京:中国电力出版社,2008.
[11] 胡腾,等.精通 AutoCAD 2008 中文版[M].北京:清华大学出版社,2007.
[12] 张余,付劲英,周秀.中文版 AutoCAD 2008 从入门到精通[M].北京:清华大学出版社,2008.
[13] 刘清云,黄嫣.AutoCAD 2008 自学手册[M].北京:清华大学出版社,2007.
[14] 文杰书院.AutoCAD 2008 中文版从入门到精通[M].北京:机械工业出版社,2009.
[15] 盛享王景文化,曾全.AutoCAD 2008 功能速查与应用完全手册[M].北京:人民邮电出版社,2008.